GREGO

VOCABULÁRIO

PORTUGUÊS GREGO

Para alargar o seu léxico e apurar as suas competências linguísticas

9000 palavras

Vocabulário Português Brasileiro-Grego - 9000 palavras

Por Andrey Taranov

Os vocabulários da T&P Books destinam-se a ajudar a aprender, a memorizar, e a rever palavras estrangeiras. O dicionário é dividido em temas, cobrindo todas as principais esferas de atividades quotidianas, negócios, ciência, cultura, etc.

O processo de aprendizagem, utilizando os dicionários baseados em temáticas da T&P Books dá-lhe as seguintes vantagens:

- Informação de origem corretamente agrupada predetermina o sucesso em fases subsequentes da memorização de palavras
- Disponibilização de palavras derivadas da mesma raiz, o que permite a memorização de unidades de texto (em vez de palavras separadas)
- Pequenas unidades de palavras facilitam o processo de estabelecimento de vínculos associativos necessários para a consolidação do vocabulário
- O nível de conhecimento da língua pode ser estimado pelo número de palavras aprendidas

T&P Books Publishing
www.tpbooks.com

ISBN: 978-1-78767-276-5

Este livro também está disponível em formato E-book.
Por favor visite www.tpbooks.com ou as principais livrarias on-line.

VOCABULÁRIO GREGO
palavras mais úteis

Os vocabulários da T&P Books destinam-se a ajudar a aprender, a memorizar, e a rever palavras estrangeiras. O vocabulário contém mais de 9000 palavras de uso comum organizadas tematicamente.

O vocabulário contém as palavras mais comummente usadas
Recomendado como adicional para qualquer curso de línguas
Satisfaz as necessidades dos iniciados e dos alunos avançados de línguas estrangeiras
Conveniente para o uso diário, sessões de revisão e atividades de auto-teste
Permite avaliar o seu vocabulário

Características especias do vocabulário

- As palavras estão organizadas de acordo com o seu significado, e não por ordem alfabética
- As palavras são apresentadas em três colunas para facilitar os processos de revisão e auto-teste
- As palavras compostas são divididas em pequenos blocos para facilitar o processo de aprendizagem
- O vocabulário oferece uma transcrição simples e adequada de cada palavra estrangeira

O vocabulário contém 256 tópicos incluindo:

Conceitos básicos, Números, Cores, Meses, Estações do ano, Unidades de medida, Roupas & Acessórios, Alimentos & Nutrição, Restaurante, Membros da Família, Parentes, Caráter, Sentimentos, Emoções, Doenças, Cidade, Passeios, Compras, Dinheiro, Casa, Lar, Escritório, Trabalho no Escritório, Importação & Exportação, Marketing, Pesquisa de Emprego, Esportes, Educação, Computador, Internet, Ferramentas, Natureza, Países, Nacionalidades e muito mais ...

TABELA DE CONTEÚDOS

GUIA DE PRONUNCIAÇÃO

Alfabeto fonético T&P	Exemplo Grego	Exemplo Português
[a]	αγαπάω [ayapáo]	chamar
[e]	έπαινος [épenos]	metal
[i]	φυσικός [fisikós]	sinônimo
[o]	οθόνη [oθóni]	lobo
[u]	βουτάω [vutáo]	bonita
[b]	καμπάνα [kabána]	barril
[d]	ντετέκτιβ [detéktiv]	dentista
[f]	ράμφος [rámfos]	safári
[g]	γκολφ [golʲf]	gosto
[ɣ]	γραβάτα [ɣraváta]	agora
[j]	μπάιτ [bájt]	Vietnã
[ʝ]	Αίγυπτος [éʝiptos]	Vietnã
[k]	ακόντιο [akóndio]	aquilo
[lʲ]	αλάτι [alʲáti]	barulho
[m]	μάγος [máɣos]	magnólia
[n]	ασανσέρ [asansér]	natureza
[p]	βλέπω [vlépo]	presente
[r]	ρόμβος [rómvos]	riscar
[s]	σαλάτα [salʲáta]	sanita
[ð]	πόδι [póði]	[z] - fricativa dental sonora não-sibilante
[θ]	λάθος [lʲáθos]	[s] - fricativa dental surda não-sibilante
[t]	κινητό [kinitó]	tulipa
[tʃ]	check-in [tʃek-in]	Tchau!
[v]	βραχιόλι [vraxióli]	fava
[x]	νύχτα [níxta]	fricativa uvular surda
[w]	ουίσκι [wíski]	página web
[z]	κουζίνα [kuzína]	sésamo
[']	έξι [éksi]	acento principal

11

ABREVIATURAS
usadas no vocabulário

Abreviaturas do Português

adj	-	adjetivo
adv	-	advérbio
anim.	-	animado
conj.	-	conjunção
desp.	-	esporte
etc.	-	Etcetera
ex.	-	por exemplo
f	-	nome feminino
f pl	-	feminino plural
fem.	-	feminino
inanim.	-	inanimado
m	-	nome masculino
m pl	-	masculino plural
m, f	-	masculino, feminino
masc.	-	masculino
mat.	-	matemática
mil.	-	militar
pl	-	plural
prep.	-	preposição
pron.	-	pronome
sb.	-	sobre
sing.	-	singular
v aux	-	verbo auxiliar
vi	-	verbo intransitivo
vi, vt	-	verbo intransitivo, transitivo
vr	-	verbo reflexivo
vt	-	verbo transitivo

Abreviaturas do Grego

αρ.	-	nome masculino
αρ.πλ.	-	masculino plural
αρ./θηλ.	-	masculino, feminino
θηλ.	-	nome feminino
θηλ.πλ.	-	feminino plural
ουδ.	-	neutro
ουδ.πλ.	-	neutro plural
πλ.	-	plural

CONCEITOS BÁSICOS

Conceitos básicos. Parte 1

1. Pronomes

eu	εγώ	[eγó]
você	εσύ	[esí]

ele	αυτός	[aftós]
ela	αυτή	[aftí]
ele, ela (neutro)	αυτό	[aftó]

nós	εμείς	[emís]
vocês	εσείς	[esís]

2. Cumprimentos. Saudações. Despedidas

Oi!	Γεια σου!	[ja su]
Olá!	Γεια σας!	[ja sas]
Bom dia!	Καλημέρα!	[kaliméra]
Boa tarde!	Καλό απόγευμα!	[kaljó apójevma]
Boa noite!	Καλησπέρα!	[kalispéra]

cumprimentar (vt)	χαιρετώ	[xeretó]
Oi!	Γεια!	[ja]
saudação (f)	χαιρετισμός (αp.)	[xeretizmós]
saudar (vt)	χαιρετώ	[xeretó]
E aí, novidades?	Τι νέα;	[ti néa]

Até breve!	Τα λέμε σύντομα!	[ta léme síndoma]
Adeus! (sing.)	Αντίο!	[adío]
Adeus! (pl)	Αντίο σας!	[adío sas]
despedir-se (dizer adeus)	αποχαιρετώ	[apoxeretó]
Até mais!	Γεια!	[ja]

Obrigado! -a!	Ευχαριστώ!	[efxaristó]
Muito obrigado! -a!	Ευχαριστώ πολύ!	[efxaristó polí]
De nada	Παρακαλώ	[parakaljó]
Não tem de quê	Δεν είναι τίποτα	[ðen íne típota]
Não foi nada!	Τίποτα	[típota]

Desculpa!	Με συγχωρείς!	[me sinxorís]
Desculpe!	Με συγχωρείτε!	[me sinxoríte]
desculpar (vt)	συγχωρώ	[sinxoró]
desculpar-se (vr)	ζητώ συγγνώμη	[zitó siɣnómi]
Me desculpe	Συγγνώμη	[siɣnómi]

Desculpe!	Με συγχωρείτε!	[me sinxoríte]
perdoar (vt)	συγχωρώ	[sinxoró]
por favor	παρακαλώ	[parakaló]

Não se esqueça!	Μην ξεχάσετε!	[min ksexásete]
Com certeza!	Βεβαίως! Φυσικά!	[vevéos], [fisiká]
Claro que não!	Όχι βέβαια!	[óxi vévea]
Está bem! De acordo!	Συμφωνώ!	[simfonó]
Chega!	Αρκετά!	[arketá]

3. Como se dirigir a alguém

senhor	Κύριε	[kírie]
senhora	Κυρία	[kiría]
senhorita	Δεσποινίς	[ðespinís]
jovem	Νεαρέ	[nearé]
menino	Αγόρι	[ayóri]
menina	δεσποινίς	[ðespinís]

4. Números cardinais. Parte 1

zero	μηδέν	[miðén]
um	ένα	[éna]
dois	δύο	[ðío]
três	τρία	[tría]
quatro	τέσσερα	[tésera]

cinco	πέντε	[pénde]
seis	έξι	[éksi]
sete	εφτά	[eftá]
oito	οχτώ	[oxtó]
nove	εννέα	[enéa]

dez	δέκα	[ðéka]
onze	ένδεκα	[énðeka]
doze	δώδεκα	[ðóðeka]
treze	δεκατρία	[ðekatría]
catorze	δεκατέσσερα	[ðekatésera]

quinze	δεκαπέντε	[ðekapénde]
dezesseis	δεκαέξι	[ðekaéksi]
dezessete	δεκαεφτά	[ðekaeftá]
dezoito	δεκαοχτώ	[ðekaoxtó]
dezenove	δεκαεννέα	[ðekaenéa]

vinte	είκοσι	[íkosi]
vinte e um	είκοσι ένα	[íkosi éna]
vinte e dois	είκοσι δύο	[ikosi ðío]
vinte e três	είκοσι τρία	[ikosi tría]

| trinta | τριάντα | [triánda] |
| trinta e um | τριάντα ένα | [triánda éna] |

| trinta e dois | τριάντα δύο | [triánda ðío] |
| trinta e três | τριάντα τρία | [triánda tría] |

quarenta	σαράντα	[saránda]
quarenta e um	σαράντα ένα	[saránda éna]
quarenta e dois	σαράντα δύο	[saránda ðío]
quarenta e três	σαράντα τρία	[saránda tría]

cinquenta	πενήντα	[penínda]
cinquenta e um	πενήντα ένα	[penínda éna]
cinquenta e dois	πενήντα δύο	[penínda ðío]
cinquenta e três	πενήντα τρία	[penínda tría]

sessenta	εξήντα	[eksínda]
sessenta e um	εξήντα ένα	[eksínda éna]
sessenta e dois	εξήντα δύο	[eksínda ðío]
sessenta e três	εξήντα τρία	[eksínda tría]

setenta	εβδομήντα	[evðomínda]
setenta e um	εβδομήντα ένα	[evðomínda éna]
setenta e dois	εβδομήντα δύο	[evðomínda ðío]
setenta e três	εβδομήντα τρία	[evðomínda tría]

oitenta	ογδόντα	[oyðónda]
oitenta e um	ογδόντα ένα	[oyðónda éna]
oitenta e dois	ογδόντα δύο	[oyðónda ðío]
oitenta e três	ογδόντα τρία	[oyðónda tría]

noventa	ενενήντα	[enenínda]
noventa e um	ενενήντα ένα	[enenínda éna]
noventa e dois	ενενήντα δύο	[enenínda ðío]
noventa e três	ενενήντα τρία	[enenínda tría]

5. Números cardinais. Parte 2

cem	εκατό	[ekató]
duzentos	διακόσια	[ðiakósia]
trezentos	τριακόσια	[triakósia]
quatrocentos	τετρακόσια	[tetrakósia]
quinhentos	πεντακόσια	[pendakósia]

seiscentos	εξακόσια	[eksakósia]
setecentos	εφτακόσια	[eftakósia]
oitocentos	οχτακόσια	[oxtakósia]
novecentos	εννιακόσια	[eniakósia]

mil	χίλια	[xília]
dois mil	δύο χιλιάδες	[ðío xiliáðes]
três mil	τρεις χιλιάδες	[tris xiliáðes]
dez mil	δέκα χιλιάδες	[ðéka xiliáðes]
cem mil	εκατό χιλιάδες	[ekató xiliáðes]

| um milhão | εκατομμύριο (ουδ.) | [ekatomírio] |
| um bilhão | δισεκατομμύριο (ουδ.) | [ðisekatomírio] |

6. Números ordinais

primeiro (adj)	πρώτος	[prótos]
segundo (adj)	δεύτερος	[ðéfteros]
terceiro (adj)	τρίτος	[trítos]
quarto (adj)	τέταρτος	[tétartos]
quinto (adj)	πέμπτος	[pémptos]
sexto (adj)	έκτος	[éktos]
sétimo (adj)	έβδομος	[évðomos]
oitavo (adj)	όγδοος	[óγðoos]
nono (adj)	ένατος	[énatos]
décimo (adj)	δέκατος	[ðékatos]

7. Números. Frações

fração (f)	κλάσμα (ουδ.)	[klʲázma]
um meio	ένα δεύτερο	[éna ðéftero]
um terço	ένα τρίτο	[éna tríto]
um quarto	ένα τέταρτο	[éna tétarto]
um oitavo	ένα όγδοο	[éna óγðoo]
um décimo	ένα δέκατο	[éna ðékato]
dois terços	δύο τρίτα	[ðío tríta]
três quartos	τρία τέταρτα	[tría tétarta]

8. Números. Operações básicas

subtração (f)	αφαίρεση (θηλ.)	[aféresi]
subtrair (vi, vt)	αφαιρώ	[aferó]
divisão (f)	διαίρεση (θηλ.)	[ðiéresi]
dividir (vt)	διαιρώ	[ðieró]
adição (f)	πρόσθεση (θηλ.)	[prósθesi]
somar (vt)	αθροίζω	[aθrízo]
adicionar (vt)	προσθέτω	[prosθéto]
multiplicação (f)	πολλαπλασιασμός (αρ.)	[polʲaplʲasiazmós]
multiplicar (vt)	πολλαπλασιάζω	[polʲaplʲasiázo]

9. Números. Diversos

algarismo, dígito (m)	ψηφίο (ουδ.)	[psifío]
número (m)	αριθμός (αρ.)	[ariθmós]
numeral (m)	αριθμητικό (ουδ.)	[ariθmitikó]
menos (m)	μείον (ουδ.)	[míon]
mais (m)	συν (ουδ.)	[sin]
fórmula (f)	τύπος (αρ.)	[típos]
cálculo (m)	υπολογισμός (αρ.)	[ipolʲojizmós]
contar (vt)	μετράω	[metráo]

| calcular (vt) | υπολογίζω | [ipol'oɟízo] |
| comparar (vt) | συγκρίνω | [singríno] |

| Quanto? | Πόσο; | [póso] |
| Quantos? -as? | Πόσα; | [pósa] |

soma (f)	ποσό (ουδ.)	[posó]
resultado (m)	αποτέλεσμα (ουδ.)	[apotélezma]
resto (m)	υπόλοιπο (ουδ.)	[ipólipo]

alguns, algumas ...	μερικοί	[merikí]
pouco (~ tempo)	λίγο	[líγo]
resto (m)	υπόλοιπο (ουδ.)	[ipólipo]
um e meio	ενάμισι (ουδ.)	[enámisi]
dúzia (f)	δωδεκάδα (θηλ.)	[ðoðekáða]

ao meio	στα δύο	[sta ðío]
em partes iguais	ισομερώς	[isomerós]
metade (f)	μισό (ουδ.)	[misó]
vez (f)	φορά (θηλ.)	[forá]

10. Os verbos mais importantes. Parte 1

abrir (vt)	ανοίγω	[aníγo]
acabar, terminar (vt)	τελειώνω	[telióno]
aconselhar (vt)	συμβουλεύω	[simvulévo]
adivinhar (vt)	μαντεύω	[mandévo]
advertir (vt)	προειδοποιώ	[proiðopió]

ajudar (vt)	βοηθώ	[voiθó]
almoçar (vi)	τρώω μεσημεριανό	[tróo mesimerianó]
alugar (~ um apartamento)	νοικιάζω	[nikiázo]
amar (pessoa)	αγαπάω	[aγapáo]
ameaçar (vt)	απειλώ	[apil'ó]

anotar (escrever)	σημειώνω	[simióno]
apressar-se (vr)	βιάζομαι	[viázome]
arrepender-se (vr)	λυπάμαι	[lipáme]
assinar (vt)	υπογράφω	[ipoγráfo]
brincar (vi)	αστειεύομαι	[astiévome]

brincar, jogar (vi, vt)	παίζω	[pézo]
buscar (vt)	ψάχνω	[psáxno]
caçar (vi)	κυνηγώ	[kiniγó]
cair (vi)	πέφτω	[péfto]
cavar (vt)	σκάβω	[skávo]
chamar (~ por socorro)	καλώ	[kal'ó]

chegar (vi)	έρχομαι	[érxome]
chorar (vi)	κλαίω	[kléo]
começar (vt)	αρχίζω	[arxízo]
comparar (vt)	συγκρίνω	[singríno]
concordar (dizer "sim")	συμφωνώ	[simfonó]
confiar (vt)	εμπιστεύομαι	[embistévome]

confundir (equivocar-se)	μπερδεύω	[berδévo]
conhecer (vt)	γνωρίζω	[ɣnorízo]
contar (fazer contas)	υπολογίζω	[ipolʲoʝízo]
contar com ...	υπολογίζω σε ...	[ipolʲoʝízo se]
continuar (vt)	συνεχίζω	[sinexízo]

controlar (vt)	ελέγχω	[elénxo]
convidar (vt)	προσκαλώ	[proskalʲó]
correr (vi)	τρέχω	[tréxo]
criar (vt)	δημιουργώ	[δimiurɣó]
custar (vt)	κοστίζω	[kostízo]

11. Os verbos mais importantes. Parte 2

dar (vt)	δίνω	[δíno]
dar uma dica	υπαινίσσομαι	[ipenísome]
decorar (enfeitar)	στολίζω	[stolízo]
defender (vt)	υπερασπίζω	[iperaspízo]
deixar cair (vt)	ρίχνω	[ríxno]

descer (para baixo)	κατεβαίνω	[katevéno]
desculpar-se (vr)	ζητώ συγνώμη	[zitó siɣnómi]
dirigir (~ uma empresa)	διευθύνω	[δiefθíno]
discutir (notícias, etc.)	συζητώ	[sizitó]

disparar, atirar (vi)	πυροβολώ	[pirovolʲó]
dizer (vt)	λέω	[léo]
duvidar (vt)	αμφιβάλλω	[amfiválʲo]
encontrar (achar)	βρίσκω	[vrísko]
enganar (vt)	εξαπατώ	[eksapató]

entender (vt)	καταλαβαίνω	[katalʲavéno]
entrar (na sala, etc.)	μπαίνω	[béno]
enviar (uma carta)	στέλνω	[stélʲno]
errar (enganar-se)	κάνω λάθος	[káno lʲáθos]
escolher (vt)	επιλέγω	[epiléɣo]

esconder (vt)	κρύβω	[krívo]
escrever (vt)	γράφω	[ɣráfo]
esperar (aguardar)	περιμένω	[periméno]
esperar (ter esperança)	ελπίζω	[elʲpízo]
esquecer (vt)	ξεχνάω	[ksexnáo]

estudar (vt)	μελετάω	[meletáo]
exigir (vt)	απαιτώ	[apetó]
existir (vi)	υπάρχω	[ipárxo]
explicar (vt)	εξηγώ	[eksiɣó]

falar (vi)	μιλάω	[milʲáo]
faltar (a la escuela, etc.)	απουσιάζω	[apusiázo]
fazer (vt)	κάνω	[káno]
ficar em silêncio	σιωπώ	[siopó]
gabar-se (vr)	καυχιέμαι	[kafxiéme]
gostar (apreciar)	μου αρέσει	[mu arési]

gritar (vi)	φωνάζω	[fonázo]
guardar (fotos, etc.)	διατηρώ	[ðiatiró]
informar (vt)	πληροφορώ	[pliroforó]
insistir (vi)	επιμένω	[epiméno]

insultar (vt)	προσβάλλω	[prozválˈo]
interessar-se (vr)	ενδιαφέρομαι	[enðiaférome]
ir (a pé)	πηγαίνω	[pijéno]
ir nadar	κάνω μπάνιο	[káno bánio]
jantar (vi)	τρώω βραδινό	[tróo vraðinó]

12. Os verbos mais importantes. Parte 3

ler (vt)	διαβάζω	[ðiavázo]
libertar, liberar (vt)	απελευθερώνω	[apelefθeróno]
matar (vt)	σκοτώνω	[skotóno]
mencionar (vt)	αναφέρω	[anaféro]
mostrar (vt)	δείχνω	[ðíxno]

mudar (modificar)	αλλάζω	[alˈázo]
nadar (vi)	κολυμπώ	[kolibó]
negar-se a ... (vr)	αρνούμαι	[arnúme]
objetar (vt)	αντιλέγω	[andiléɣo]

observar (vt)	παρατηρώ	[paratiró]
ordenar (mil.)	διατάζω	[ðiatázo]
ouvir (vt)	ακούω	[akúo]
pagar (vt)	πληρώνω	[pliróno]
parar (vi)	σταματάω	[stamatáo]

parar, cessar (vt)	σταματώ	[stamató]
participar (vi)	συμμετέχω	[simetéxo]
pedir (comida, etc.)	παραγγέλνω	[parangélˈno]
pedir (um favor, etc.)	ζητώ	[zitó]
pegar (tomar)	παίρνω	[pérno]

pegar (uma bola)	πιάνω	[piáno]
pensar (vi, vt)	σκέφτομαι	[skéftome]
perceber (ver)	παρατηρώ	[paratiró]
perdoar (vt)	συγχωρώ	[sinxoró]
perguntar (vt)	ρωτάω	[rotáo]

permitir (vt)	επιτρέπω	[epitrépo]
pertencer a ... (vi)	ανήκω σε ...	[aníko se]
planejar (vt)	σχεδιάζω	[sxeðiázo]
poder (~ fazer algo)	μπορώ	[boró]
possuir (uma casa, etc.)	κατέχω	[katéxo]

preferir (vt)	προτιμώ	[protimó]
preparar (vt)	μαγειρεύω	[majirévo]
prever (vt)	προβλέπω	[provlépo]
prometer (vt)	υπόσχομαι	[ipósxome]
pronunciar (vt)	προφέρω	[proféro]
propor (vt)	προτείνω	[protíno]

punir (castigar)	τιμωρώ	[timoró]
quebrar (vt)	σπάω	[spáo]
queixar-se de ...	παραπονιέμαι	[paraponiéme]
querer (desejar)	θέλω	[θélʲo]

13. Os verbos mais importantes. Parte 4

ralhar, repreender (vt)	μαλώνω	[malʲóno]
recomendar (vt)	προτείνω	[protíno]
repetir (dizer outra vez)	επαναλαμβάνω	[epanalʲamváno]
reservar (~ um quarto)	κλείνω	[klíno]
responder (vt)	απαντώ	[apandó]

rezar, orar (vi)	προσεύχομαι	[proséfxome]
rir (vi)	γελάω	[jelʲáo]
roubar (vt)	κλέβω	[klévo]
saber (vt)	ξέρω	[kséro]
sair (~ de casa)	βγαίνω	[vjéno]

salvar (resgatar)	σώζω	[sózo]
seguir (~ alguém)	ακολουθώ	[akolʲuθó]
sentar-se (vr)	κάθομαι	[káθome]
ser necessário	χρειάζομαι	[xriázome]

ser, estar	είμαι	[íme]
significar (vt)	σημαίνω	[siméno]
sorrir (vi)	χαμογελάω	[xamojelʲáo]
subestimar (vt)	υποτιμώ	[ipotimó]
surpreender-se (vr)	εκπλήσσομαι	[ekplísome]

tentar (~ fazer)	προσπαθώ	[prospaθó]
ter (vt)	έχω	[éxo]
ter fome	πεινάω	[pináo]

ter medo	φοβάμαι	[fováme]
ter sede	διψάω	[ðipsáo]
tocar (com as mãos)	αγγίζω	[angízo]
tomar café da manhã	παίρνω πρωινό	[pérno proinó]
trabalhar (vi)	δουλεύω	[ðulévo]
traduzir (vt)	μεταφράζω	[metafrázo]

unir (vt)	ενώνω	[enóno]
vender (vt)	πουλώ	[pulʲó]
ver (vt)	βλέπω	[vlépo]
virar (~ para a direita)	στρίβω	[strívo]
voar (vi)	πετάω	[petáo]

14. Cores

cor (f)	χρώμα (ουδ.)	[xróma]
tom (m)	απόχρωση (θηλ.)	[apóxrosi]
tonalidade (m)	τόνος (αρ.)	[tónos]

arco-íris (m)	ουράνιο τόξο (ουδ.)	[uránio tókso]
branco (adj)	λευκός, άσπρος	[lefkós], [áspros]
preto (adj)	μαύρος	[mávros]
cinza (adj)	γκρίζος	[grízos]

verde (adj)	πράσινος	[prásinos]
amarelo (adj)	κίτρινος	[kítrinos]
vermelho (adj)	κόκκινος	[kókinos]

azul (adj)	μπλε	[ble]
azul claro (adj)	γαλανός	[ɣalʲanós]
rosa (adj)	ροζ	[roz]
laranja (adj)	πορτοκαλί	[portokalí]
violeta (adj)	βιολετί	[violetí]
marrom (adj)	καφετής	[kafetís]

| dourado (adj) | χρυσός | [xrisós] |
| prateado (adj) | αργυρόχροος | [arɣiróxroos] |

bege (adj)	μπεζ	[bez]
creme (adj)	κρεμ	[krem]
turquesa (adj)	τιρκουάζ, τουρκουάζ	[tirkuáz], [turkuáz]
vermelho cereja (adj)	βυσσινής	[visinís]
lilás (adj)	λιλά, λουλακής	[lilʲá], [lʲulʲakís]
carmim (adj)	βαθυκόκκινος	[vaθikókinos]

claro (adj)	ανοιχτός	[anixtós]
escuro (adj)	σκούρος	[skúros]
vivo (adj)	έντονος	[édonos]

de cor	έγχρωμος	[énxromos]
a cores	έγχρωμος	[énxromos]
preto e branco (adj)	ασπρόμαυρος	[asprómavros]
unicolor (de uma só cor)	μονόχρωμος	[monóxromos]
multicolor (adj)	πολύχρωμος	[políxromos]

15. Questões

Quem?	Ποιος;	[pios]
O que?	Τι;	[ti]
Onde?	Πού;	[pú]
Para onde?	Πού;	[pú]
De onde?	Από πού;	[apó pú]
Quando?	Πότε;	[póte]
Para quê?	Γιατί;	[jatí]
Por quê?	Γιατί;	[jatí]

Para quê?	Γιατί;	[jatí]
Como?	Πώς;	[pos]
Qual (~ é o problema?)	Ποιος;	[pios]
Qual (~ deles?)	Ποιος;	[pios]

| A quem? | Σε ποιον; | [se pion] |
| De quem? | Για ποιον; | [ja pion] |

21

| Do quê? | Για ποιο; | [ja pio] |
| Com quem? | Με ποιον; | [me pion] |

Quantos? -as?	Πόσα;	[pósa]
Quanto?	Πόσο;	[póso]
De quem? (masc.)	Ποιανού;	[pianú]

16. Preposições

com (prep.)	με	[me]
sem (prep.)	χωρίς	[xorís]
a, para (exprime lugar)	σε	[se]
sobre (ex. falar ~)	για	[ja]
antes de ...	πριν	[prin]
em frente de ...	μπροστά	[brostá]

debaixo de ...	κάτω από	[káto apó]
sobre (em cima de)	πάνω από	[páno apó]
em ..., sobre ...	σε	[se]
de, do (sou ~ Rio de Janeiro)	από	[apó]
de (feito ~ pedra)	από	[apó]

| em (~ 3 dias) | σε ... | [se ...] |
| por cima de ... | πάνω από | [páno apó] |

17. Palavras funcionais. Advérbios. Parte 1

Onde?	Πού;	[pú]
aqui	εδώ	[eðó]
lá, ali	εκεί	[ekí]

| em algum lugar | κάπου | [kápu] |
| em lugar nenhum | πουθενά | [puθená] |

| perto de ... | δίπλα | [ðípļa] |
| perto da janela | δίπλα στο παράθυρο | [ðípļa sto paráθiro] |

Para onde?	Πού;	[pú]
aqui	εδώ	[eðó]
para lá	εκεί	[ekí]
daqui	αποδώ	[apoðó]
de lá, dali	αποκεί	[apokí]

| perto | κοντά | [kondá] |
| longe | μακριά | [makriá] |

perto de ...	κοντά σε	[kondá se]
à mão, perto	κοντά	[kondá]
não fica longe	κοντά	[kondá]

| esquerdo (adj) | αριστερός | [aristerós] |
| à esquerda | στα αριστερά | [sta aristerá] |

para a esquerda	αριστερά	[aristerá]
direito (adj)	δεξιός	[ðeksiós]
à direita	στα δεξιά	[sta ðeksiá]
para a direita	δεξιά	[ðeksiá]
em frente	μπροστά	[brostá]
da frente	μπροστινός	[brostinós]
adiante (para a frente)	μπροστά	[brostá]
atrás de ...	πίσω	[píso]
de trás	από πίσω	[apó píso]
para trás	πίσω	[píso]
meio (m), metade (f)	μέση (θηλ.)	[mési]
no meio	στη μέση	[sti mési]
do lado	από το πλάι	[apó to pli̯áj]
em todo lugar	παντού	[pandú]
por todos os lados	γύρω	[ji̯íro]
de dentro	από μέσα	[apó mésa]
para algum lugar	κάπου	[kápu]
diretamente	κατ'ευθείαν	[katefθían]
de volta	πίσω	[píso]
de algum lugar	από οπουδήποτε	[apó opuðípote]
de algum lugar	από κάπου	[apó kápu]
em primeiro lugar	πρώτον	[próton]
em segundo lugar	δεύτερον	[ðéfteron]
em terceiro lugar	τρίτον	[tríton]
de repente	ξαφνικά	[ksafniká]
no início	στην αρχή	[stin arxí]
pela primeira vez	πρώτη φορά	[próti forá]
muito antes de ...	πολύ πριν από ...	[polí prin apó]
de novo	εκ νέου	[ek néu]
para sempre	για πάντα	[i̯a pánda]
nunca	ποτέ	[poté]
de novo	πάλι	[páli]
agora	τώρα	[tóra]
frequentemente	συχνά	[sixná]
então	τότε	[tóte]
urgentemente	επειγόντως	[epíi̯óndos]
normalmente	συνήθως	[siníθos]
a propósito, ...	παρεμπιπτόντως, ...	[parembiptóndos]
é possível	πιθανόν	[piθanón]
provavelmente	πιθανόν	[piθanón]
talvez	ίσως	[ísos]
além disso, ...	εξάλλου ...	[eksálli̯u]
por isso ...	συνεπώς	[sinepós]
apesar de ...	παρόλο που ...	[paróli̯o pu]
graças a ...	χάρη σε ...	[xári se]
que (pron.)	τι	[ti]

que (conj.)	ότι	[óti]
algo	κάτι	[káti]
alguma coisa	οτιδήποτε	[otiδípote]
nada	τίποτα	[típota]

quem	ποιος	[pios]
alguém (~ que ...)	κάποιος	[kápios]
alguém (com ~)	κάποιος	[kápios]

ninguém	κανένας	[kanénas]
para lugar nenhum	πουθενά	[puθená]
de ninguém	κανενός	[kanenós]
de alguém	κάποιου	[kápiu]

tão	έτσι	[étsi]
também (gostaria ~ de ...)	επίσης	[epísis]
também (~ eu)	επίσης	[epísis]

18. Palavras funcionais. Advérbios. Parte 2

Por quê?	Γιατί;	[jatí]
por alguma razão	για κάποιο λόγο	[ja kápio ʲóγo]
porque ...	διότι ...	[δióti]
por qualquer razão	για κάποιο λόγο	[ja kápio ʲóγo]

e (tu ~ eu)	και	[ke]
ou (ser ~ não ser)	ή	[i]
mas (porém)	μα	[ma]
para (~ a minha mãe)	για	[ja]

muito, demais	πάρα	[pára]
só, somente	μόνο	[móno]
exatamente	ακριβώς	[akrivós]
cerca de (~ 10 kg)	περίπου	[perípu]

aproximadamente	κατά προσέγγιση	[katá proséngisi]
aproximado (adj)	προσεγγιστικός	[prosengistikós]
quase	σχεδόν	[sxeδón]
resto (m)	υπόλοιπο (ouδ.)	[ipólipo]

cada (adj)	κάθε	[káθe]
qualquer (adj)	οποιοσδήποτε	[opiozδípote]
muitas pessoas	πολλοί	[polí]
todos	όλοι	[óli]

em troca de ...	... σε αντάλλαγμα	[se andálʲaɣma]
em troca	σε αντάλλαγμα	[se andálʲaɣma]
à mão	με το χέρι	[me to xéri]
pouco provável	δύσκολα	[δískolʲa]

provavelmente	πιθανόν	[piθanón]
de propósito	επίτηδες	[epítiδes]
por acidente	κατά λάθος	[katá ʲáθos]
muito	πολύ	[polí]

por exemplo	για παράδειγμα	[ja paráδiɣma]
entre	μεταξύ	[metaksí]
entre (no meio de)	ανάμεσα	[anámesa]
tanto	τόσο πολύ	[tóso polí]
especialmente	ιδιαίτερα	[iδiétera]

Conceitos básicos. Parte 2

19. Opostos

| rico (adj) | πλούσιος | [pl'úsios] |
| pobre (adj) | φτωχός | [ftoxós] |

| doente (adj) | άρρωστος | [árostos] |
| bem (adj) | υγιής | [ijiís] |

| grande (adj) | μεγάλος | [meɣál'os] |
| pequeno (adj) | μικρός | [mikrós] |

| rapidamente | γρήγορα | [ɣríɣora] |
| lentamente | αργά | [arɣá] |

| rápido (adj) | γρήγορος | [ɣríɣoros] |
| lento (adj) | αργός | [arɣós] |

| alegre (adj) | χαρούμενος | [xarúmenos] |
| triste (adj) | στεναχωρημένος | [stenaxoriménos] |

| juntos (ir ~) | μαζί | [mazí] |
| separadamente | χώρια | [xória] |

| em voz alta (ler ~) | φωναχτά | [fonaxtá] |
| para si (em silêncio) | από μέσα | [apó mésa] |

| alto (adj) | ψηλός | [psil'ós] |
| baixo (adj) | χαμηλός | [xamilós] |

| profundo (adj) | βαθύς | [vaθís] |
| raso (adj) | ρηχός | [rixós] |

| sim | ναι | [ne] |
| não | όχι | [óxi] |

| distante (adj) | μακρινός | [makrinós] |
| próximo (adj) | κοντινός | [kondinós] |

| longe | μακριά | [makriá] |
| à mão, perto | κοντά | [kondá] |

| longo (adj) | μακρύς | [makrís] |
| curto (adj) | κοντός | [kondós] |

| bom (bondoso) | καλός | [kal'ós] |
| mal (adj) | κακός | [kakós] |

| casado (adj) | παντρεμένος | [pandreménos] |

solteiro (adj)	ανύπαντρος	[anípandros]
proibir (vt)	απαγορεύω	[apaɣorévo]
permitir (vt)	επιτρέπω	[epitrépo]
fim (m)	τέλος (ουδ.)	[téljos]
início (m)	αρχή (θηλ.)	[arxí]
esquerdo (adj)	αριστερός	[aristerós]
direito (adj)	δεξιός	[ðeksiós]
primeiro (adj)	πρώτος	[prótos]
último (adj)	τελευταίος	[teleftéos]
crime (m)	έγκλημα (ουδ.)	[énglima]
castigo (m)	τιμωρία (θηλ.)	[timoría]
ordenar (vt)	διατάζω	[ðiatázo]
obedecer (vt)	υπακούω	[ipakúo]
reto (adj)	ευθύς	[efθís]
curvo (adj)	στραβός	[stravós]
paraíso (m)	παράδεισος (αρ.)	[paráðisos]
inferno (m)	κόλαση (θηλ.)	[kóljasi]
nascer (vi)	γεννιέμαι	[jeniéme]
morrer (vi)	πεθαίνω	[peθéno]
forte (adj)	δυνατός	[ðinatós]
fraco, débil (adj)	αδύναμος	[aðínamos]
velho, idoso (adj)	γέρος	[jéros]
jovem (adj)	νέος	[néos]
velho (adj)	παλιός	[paliós]
novo (adj)	καινούριος	[kenúrios]
duro (adj)	σκληρός	[sklirós]
macio (adj)	μαλακός	[maljakós]
quente (adj)	ζεστός	[zestós]
frio (adj)	κρύος	[kríos]
gordo (adj)	χοντρός	[xondrós]
magro (adj)	αδύνατος	[aðínatos]
estreito (adj)	στενός	[stenós]
largo (adj)	φαρδύς	[farðís]
bom (adj)	καλός	[kaljós]
mau (adj)	κακός	[kakós]
valente, corajoso (adj)	θαρραλέος	[θaraléos]
covarde (adj)	δειλός	[ðiljós]

27

20. Dias da semana

segunda-feira (f)	Δευτέρα (θηλ.)	[ðeftéra]
terça-feira (f)	Τρίτη (θηλ.)	[tríti]
quarta-feira (f)	Τετάρτη (θηλ.)	[tetárti]
quinta-feira (f)	Πέμπτη (θηλ.)	[pémpti]
sexta-feira (f)	Παρασκευή (θηλ.)	[paraskeví]
sábado (m)	Σάββατο (ουδ.)	[sávato]
domingo (m)	Κυριακή (θηλ.)	[kiriakí]
hoje	σήμερα	[símera]
amanhã	αύριο	[ávrio]
depois de amanhã	μεθαύριο	[meθávrio]
ontem	χθες, χτες	[xθes], [xtes]
anteontem	προχτές	[proxtés]
dia (m)	μέρα, ημέρα (θηλ.)	[méra], [iméra]
dia (m) de trabalho	εργάσιμη μέρα (θηλ.)	[eryásimi méra]
feriado (m)	αργία (θηλ.)	[arjía]
dia (m) de folga	ρεπό (ουδ.)	[repó]
fim (m) de semana	σαββατοκύριακο (ουδ.)	[savatokíriako]
o dia todo	όλη μέρα	[óli méra]
no dia seguinte	την επόμενη μέρα	[tinepómeni méra]
há dois dias	δύο μέρες πριν	[ðío méres prin]
na véspera	την παραμονή	[tin paramoní]
diário (adj)	καθημερινός	[kaθimerinós]
todos os dias	καθημερινά	[kaθimeriná]
semana (f)	εβδομάδα (θηλ.)	[evðomáða]
na semana passada	την προηγούμενη εβδομάδα	[tin proiɣúmeni evðomáda]
semana que vem	την επόμενη εβδομάδα	[tin epómeni evðomáda]
semanal (adj)	εβδομαδιαίος	[evðomaðiéos]
toda semana	εβδομαδιαία	[evðomaðiéa]
duas vezes por semana	δύο φορές την εβδομάδα	[dío forés tinevðomáda]
toda terça-feira	κάθε Τρίτη	[káθe tríti]

21. Horas. Dia e noite

manhã (f)	πρωί (ουδ.)	[proí]
de manhã	το πρωί	[to proí]
meio-dia (m)	μεσημέρι	[mesiméri]
à tarde	το απόγευμα	[to apójevma]
tardinha (f)	βράδυ (ουδ.)	[vráði]
à tardinha	το βράδυ	[to vráði]
noite (f)	νύχτα (θηλ.)	[níxta]
à noite	τη νύχτα	[ti níxta]
meia-noite (f)	μεσάνυχτα (ουδ.πλ.)	[mesánixta]
segundo (m)	δευτερόλεπτο (ουδ.)	[ðefterólepto]
minuto (m)	λεπτό (ουδ.)	[leptó]

hora (f)	ώρα (θηλ.)	[óra]
meia hora (f)	μισή ώρα (θηλ.)	[misí óra]
quarto (m) de hora	τέταρτο (ουδ.)	[tétarto]
quinze minutos	δεκαπέντε λεπτά	[ðekapénde leptá]
vinte e quatro horas	εικοσιτετράωρο (ουδ.)	[ikositetráoro]

nascer (m) do sol	ανατολή (θηλ.)	[anatolí]
amanhecer (m)	ξημέρωμα (ουδ.)	[ksiméroma]
madrugada (f)	νωρίς το πρωί (ουδ.)	[norís to proí]
pôr-do-sol (m)	ηλιοβασίλεμα (ουδ.)	[iliovasílema]

de madrugada	νωρίς το πρωί	[norís to proí]
esta manhã	σήμερα το πρωί	[símera to proí]
amanhã de manhã	αύριο το πρωί	[ávrio to proí]

esta tarde	σήμερα το απόγευμα	[símera to apójevma]
à tarde	το απόγευμα	[to apójevma]
amanhã à tarde	αύριο το απόγευμα	[ávrio to apójevma]

esta noite, hoje à noite	απόψε	[apópse]
amanhã à noite	αύριο το βράδυ	[ávrio to vráði]

às três horas em ponto	στις τρεις ακριβώς	[stis tris akrivós]
por volta das quatro	στις τέσσερις περίπου	[stis téseris perípu]
às doze	μέχρι τις δώδεκα	[méxri tis ðóðeka]

em vinte minutos	σε είκοσι λεπτά	[se íkosi leptá]
em uma hora	σε μια ώρα	[se mia óra]
a tempo	έγκαιρα	[éngera]

... um quarto para	παρά τέταρτο	[pará tétarto]
dentro de uma hora	μέσα σε μια ώρα	[mésa se mia óra]
a cada quinze minutos	κάθε δεκαπέντε λεπτά	[káθe ðekapénde leptá]
as vinte e quatro horas	όλο το εικοσιτετράωρο	[ólʲo to ikositetráoro]

22. Meses. Estações

janeiro (m)	Ιανουάριος (αρ.)	[januários]
fevereiro (m)	Φεβρουάριος (αρ.)	[fevruários]
março (m)	Μάρτιος (αρ.)	[mártios]
abril (m)	Απρίλιος (αρ.)	[aprílios]
maio (m)	Μάιος (αρ.)	[májos]
junho (m)	Ιούνιος (αρ.)	[iúnios]

julho (m)	Ιούλιος (αρ.)	[iúlios]
agosto (m)	Αύγουστος (αρ.)	[ávγustos]
setembro (m)	Σεπτέμβριος (αρ.)	[septémvrios]
outubro (m)	Οκτώβριος (αρ.)	[októvrios]
novembro (m)	Νοέμβριος (αρ.)	[noémvrios]
dezembro (m)	Δεκέμβριος (αρ.)	[ðekémvrios]

primavera (f)	άνοιξη (θηλ.)	[ániksi]
na primavera	την άνοιξη	[tin ániksi]
primaveril (adj)	ανοιξιάτικος	[aniksiátikos]

verão (m)	καλοκαίρι (ουδ.)	[kaľokéri]
no verão	το καλοκαίρι	[to kaľokéri]
de verão	καλοκαιρινός	[kaľokerinós]
outono (m)	φθινόπωρο (ουδ.)	[fθinóporo]
no outono	το φθινόπωρο	[to fθinóporo]
outonal (adj)	φθινοπωρινός	[fθinoporinós]
inverno (m)	χειμώνας (αρ.)	[ximónas]
no inverno	το χειμώνα	[to ximóna]
de inverno	χειμωνιάτικος	[ximoniátikos]
mês (m)	μήνας (αρ.)	[mínas]
este mês	αυτόν το μήνα	[aftón to mína]
mês que vem	τον επόμενο μήνα	[ton epómeno mína]
no mês passado	τον προηγούμενο μήνα	[ton proiχúmeno mína]
um mês atrás	ένα μήνα πριν	[éna mína prin]
em um mês	σε ένα μήνα	[se éna mína]
em dois meses	σε δύο μήνες	[se δío mínes]
todo o mês	ολόκληρος μήνας	[oľókliros mínas]
um mês inteiro	ολόκληρος ο μήνας	[oľókliros o mínas]
mensal (adj)	μηνιαίος	[miniéos]
mensalmente	μηνιαία	[miniéa]
todo mês	κάθε μήνα	[káθe mína]
duas vezes por mês	δύο φορές το μήνα	[δío forés tomína]
ano (m)	χρόνος (αρ.)	[xrónos]
este ano	φέτος	[fétos]
ano que vem	του χρόνου	[tu xrónu]
no ano passado	πέρσι	[pérsi]
há um ano	ένα χρόνο πριν	[éna xróno prin]
em um ano	σε ένα χρόνο	[se éna xróno]
dentro de dois anos	σε δύο χρόνια	[se δío xrónia]
todo o ano	ολόκληρος χρόνος	[oľókliros oxrónos]
um ano inteiro	ολόκληρος ο χρόνος	[oľókliros o xrónos]
cada ano	κάθε χρόνο	[káθe xróno]
anual (adj)	ετήσιος	[etísios]
anualmente	ετήσια	[etísia]
quatro vezes por ano	τέσσερις φορές το χρόνο	[teseris forés toxróno]
data (~ de hoje)	ημερομηνία (θηλ.)	[imerominía]
data (ex. ~ de nascimento)	ημερομηνία (θηλ.)	[imerominía]
calendário (m)	ημερολόγιο (ουδ.)	[imeroľójo]
meio ano	μισός χρόνος	[misós xrónos]
seis meses	εξάμηνο (ουδ.)	[eksámino]
estação (f)	εποχή (θηλ.)	[epoxí]
século (m)	αιώνας (αρ.)	[eónas]

23. Tempo. Diversos

tempo (m)	χρόνος (αρ.)	[xrónos]
momento (m)	στιγμή (θηλ.)	[stiɣmí]
instante (m)	στιγμή (θηλ.)	[stiɣmí]
instantâneo (adj)	στιγμιαίος	[stiɣmiéos]
lapso (m) de tempo	διάστημα (ουδ.)	[ðiástima]
vida (f)	ζωή (θηλ.)	[zoí]
eternidade (f)	αιωνιότητα (θηλ.)	[eoniótita]
época (f)	εποχή (θηλ.)	[epoxí]
era (f)	εποχή (θηλ.)	[epoxí]
ciclo (m)	κύκλος (αρ.)	[kíklɪos]
período (m)	περίοδος (θηλ.)	[períoðos]
prazo (m)	περίοδος (θηλ.)	[períoðos]
futuro (m)	μέλλον (ουδ.)	[mélɪon]
futuro (adj)	μελλοντικός	[melɪondikós]
da próxima vez	την επόμενη φορά	[tin epómeni forá]
passado (m)	παρελθόν (ουδ.)	[parelɪθón]
passado (adj)	παρελθοντικός	[parelɪθondikós]
na última vez	την προηγούμενη φορά	[tin proiɣúmeni forá]
mais tarde	αργότερα	[arɣótera]
depois de ...	μετά	[metá]
atualmente	σήμερα	[símera]
agora	τώρα	[tóra]
imediatamente	αμέσως	[amésos]
em breve	σύντομα	[síndoma]
de antemão	προκαταβολικά	[prokatavoliká]
há muito tempo	παλιά	[paliá]
recentemente	πρόσφατα	[prósfata]
destino (m)	μοίρα (θηλ.)	[míra]
recordações (f pl)	θύμησες (θηλ.πλ.)	[θímises]
arquivo (m)	αρχείο (ουδ.)	[arxío]
durante ...	κατά τη διάρκεια ...	[katá ti ðiárkia]
durante muito tempo	πολλή ώρα	[polí óra]
pouco tempo	λίγο καιρό	[líɣo keró]
cedo (levantar-se ~)	νωρίς	[norís]
tarde (deitar-se ~)	αργά	[arɣá]
para sempre	για πάντα	[ja pánda]
começar (vt)	αρχίζω	[arxízo]
adiar (vt)	αναβάλλω	[anaválɪo]
ao mesmo tempo	ταυτόχρονα	[taftóxrona]
permanentemente	μόνιμα	[mónima]
constante (~ ruído, etc.)	αδιάκοπος	[aðiákopos]
temporário (adj)	προσωρινός	[prosorinós]
às vezes	μερικές φορές	[merikés forés]
raras vezes, raramente	σπάνια	[spánia]
frequentemente	συχνά	[sixná]

24. Linhas e formas

quadrado (m)	τετράγωνο (ουδ.)	[tetráγono]
quadrado (adj)	τετράγωνος	[tetráγonos]
círculo (m)	κύκλος (αρ.)	[kíklʲos]
redondo (adj)	κυκλικός	[kiklikós]
triângulo (m)	τρίγωνο (ουδ.)	[tríγono]
triangular (adj)	τρίγωνος	[tríγonos]

oval (f)	οβάλ (ουδ.)	[ovalʲ]
oval (adj)	οβάλ, ωοειδής	[ovalʲ], [ooiðís]
retângulo (m)	ορθογώνιο (ουδ.)	[orθoγóno]
retangular (adj)	ορθογώνιος	[orθoγónios]

pirâmide (f)	πυραμίδα (θηλ.)	[piramíða]
losango (m)	ρόμβος (αρ.)	[rómvos]
trapézio (m)	τραπέζιο (ουδ.)	[trapézio]
cubo (m)	κύβος (αρ.)	[kívos]
prisma (m)	πρίσμα (ουδ.)	[prízma]

circunferência (f)	περιφέρεια (θηλ.)	[periféria]
esfera (f)	σφαίρα (θηλ.)	[sféra]
globo (m)	μπάλα (θηλ.)	[bálʲa]
diâmetro (m)	διάμετρος (θηλ.)	[ðiámetros]
raio (m)	ακτίνα (θηλ.)	[aktína]
perímetro (m)	περίμετρος (θηλ.)	[perímetros]
centro (m)	κέντρο (ουδ.)	[kéndro]

horizontal (adj)	οριζόντιος	[orizóndios]
vertical (adj)	κάθετος	[káθetos]
paralela (f)	παράλληλη γραμμή (θηλ.)	[parálili gramí]
paralelo (adj)	παράλληλος	[parálilʲos]

linha (f)	γραμμή (θηλ.)	[γramí]
traço (m)	γραμμή (θηλ.)	[γramí]
reta (f)	ευθεία (θηλ.)	[efθía]
curva (f)	καμπύλη (θηλ.)	[kabíli]
fino (linha ~a)	λεπτός	[leptós]
contorno (m)	περίγραμμα (ουδ.)	[períγrama]

interseção (f)	τομή (θηλ.)	[tomí]
ângulo (m) reto	ορθή γωνία (θηλ.)	[orθí γonía]
segmento (m)	τμήμα (ουδ.)	[tmíma]
setor (m)	τομέας (αρ.)	[toméas]
lado (de um triângulo, etc.)	πλευρά (θηλ.)	[plevrá]
ângulo (m)	γωνία (θηλ.)	[γonía]

25. Unidades de medida

peso (m)	βάρος (ουδ.)	[város]
comprimento (m)	μάκρος (ουδ.)	[mákros]
largura (f)	πλάτος (ουδ.)	[plʲátos]
altura (f)	ύψος (ουδ.)	[ípsos]

profundidade (f)	βάθος (ουδ.)	[váθos]
volume (m)	όγκος (αρ.)	[óngos]
área (f)	εμβαδόν (ουδ.)	[emvaδón]

grama (m)	γραμμάριο (ουδ.)	[γramário]
miligrama (m)	χιλιοστόγραμμο (ουδ.)	[xiliostóγramo]
quilograma (m)	κιλό (ουδ.)	[kiljó]
tonelada (f)	τόνος (αρ.)	[tónos]
libra (453,6 gramas)	λίβρα (θηλ.)	[lívra]
onça (f)	ουγγιά (θηλ.)	[ungiá]

metro (m)	μέτρο (ουδ.)	[métro]
milímetro (m)	χιλιοστό (ουδ.)	[xiliostó]
centímetro (m)	εκατοστό (ουδ.)	[ekatostó]
quilômetro (m)	χιλιόμετρο (ουδ.)	[xiliómetro]
milha (f)	μίλι (ουδ.)	[míli]

polegada (f)	ίντσα (θηλ.)	[íntsa]
pé (304,74 mm)	πόδι (ουδ.)	[póδi]
jarda (914,383 mm)	γιάρδα (θηλ.)	[járδa]

metro (m) quadrado	τετραγωνικό μέτρο (ουδ.)	[tetraγonikó métro]
hectare (m)	εκτάριο (ουδ.)	[ektário]

litro (m)	λίτρο (ουδ.)	[lítro]
grau (m)	βαθμός (αρ.)	[vaθmós]
volt (m)	βολτ (ουδ.)	[voljt]
ampère (m)	αμπέρ (ουδ.)	[ambér]
cavalo (m) de potência	ιπποδύναμη (θηλ.)	[ipoδínami]

quantidade (f)	ποσότητα (θηλ.)	[posótita]
um pouco de ...	λίγος ...	[líγos]
metade (f)	μισό (ουδ.)	[misó]
dúzia (f)	δωδεκάδα (θηλ.)	[δoδekáδa]
peça (f)	τεμάχιο (ουδ.)	[temáxio]

tamanho (m), dimensão (f)	μέγεθος (ουδ.)	[méjeθos]
escala (f)	κλίμακα (θηλ.)	[klímaka]

mínimo (adj)	ελάχιστος	[eljáxistos]
menor, mais pequeno	μικρότερος	[mikróteros]
médio (adj)	μεσαίος	[meséos]
máximo (adj)	μέγιστος	[méjistos]
maior, mais grande	μεγαλύτερος	[meγalíteros]

26. Recipientes

pote (m) de vidro	βάζο (ουδ.)	[vázo]
lata (~ de cerveja)	κουτί (ουδ.)	[kutí]
balde (m)	κουβάς (αρ.)	[kuvás]
barril (m)	βαρέλι (ουδ.)	[varéli]

bacia (~ de plástico)	λεκάνη (θηλ.)	[lekáni]
tanque (m)	δεξαμενή (θηλ.)	[δeksamení]

cantil (m) de bolso	φλασκί (ουδ.)	[fﬂaskí]
galão (m) de gasolina	κάνιστρο (ουδ.)	[kánistro]
cisterna (f)	δεξαμενή (θηλ.)	[ðeksamení]

caneca (f)	κούπα (θηλ.)	[kúpa]
xícara (f)	φλιτζάνι (ουδ.)	[fﬂidzáni]
pires (m)	πιατάκι (ουδ.)	[piatáki]
copo (m)	ποτήρι (ουδ.)	[potíri]
taça (f) de vinho	κρασοπότηρο (ουδ.)	[krasopótiro]
panela (f)	κατσαρόλα (θηλ.)	[katsarólʲa]

| garrafa (f) | μπουκάλι (ουδ.) | [bukáli] |
| gargalo (m) | λαιμός (αρ.) | [lemós] |

jarra (f)	καράφα (θηλ.)	[karáfa]
jarro (m)	κανάτα (θηλ.)	[kanáta]
recipiente (m)	δοχείο (ουδ.)	[ðoxío]
pote (m)	πήλινο (ουδ.)	[pílino]
vaso (m)	βάζο (ουδ.)	[vázo]

frasco (~ de perfume)	μπουκαλάκι (ουδ.)	[bukalʲáki]
frasquinho (m)	φιαλίδιο (ουδ.)	[fialíðio]
tubo (m)	σωληνάριο (ουδ.)	[solinário]

saco (ex. ~ de açúcar)	σακί, τσουβάλι (ουδ.)	[sakí], [tsuváli]
sacola (~ plastica)	σακούλα (θηλ.)	[sakúlʲa]
maço (de cigarros, etc.)	πακέτο (ουδ.)	[pakéto]

caixa (~ de sapatos, etc.)	κουτί (ουδ.)	[kutí]
caixote (~ de madeira)	κιβώτιο (ουδ.)	[kivótio]
cesto (m)	καλάθι (ουδ.)	[kalʲáθi]

27. Materiais

material (m)	υλικό (ουδ.)	[ilikó]
madeira (f)	ξύλο (ουδ.)	[ksílʲo]
de madeira	ξύλινος	[ksílinos]

| vidro (m) | γυαλί (ουδ.) | [jalí] |
| de vidro | γυάλινος | [jálinos] |

| pedra (f) | πέτρα (θηλ.) | [pétra] |
| de pedra | πέτρινος | [pétrinos] |

| plástico (m) | πλαστικό (ουδ.) | [plʲastikó] |
| plástico (adj) | πλαστικός | [plʲastikós] |

| borracha (f) | λάστιχο (ουδ.) | [lʲástixo] |
| de borracha | λαστιχένιος | [lʲastixénios] |

tecido, pano (m)	ύφασμα (ουδ.)	[ífazma]
de tecido	από ύφασμα	[apó ífazma]
papel (m)	χαρτί (ουδ.)	[xartí]
de papel	χάρτινος	[xártinos]

papelão (m)	χαρτόνι (ουδ.)	[xartóni]
de papelão	χαρτονένιος	[xartonénios]

polietileno (m)	πολυαιθυλένιο (ουδ.)	[polieθilénio]
celofane (m)	σελοφάν (ουδ.)	[selʲofán]
madeira (f) compensada	κοντραπλακέ (ουδ.)	[kondraplʲaké]

porcelana (f)	πορσελάνη (θηλ.)	[porselʲáni]
de porcelana	πορσελάνινος	[porselʲáninos]
argila (f), barro (m)	πηλός (αρ.)	[pilʲós]
de barro	πήλινος	[pílinos]
cerâmica (f)	κεραμική (θηλ.)	[keramikí]
de cerâmica	κεραμικός	[keramikós]

28. Metais

metal (m)	μέταλλο (ουδ.)	[métalʲo]
metálico (adj)	μεταλλικός	[metalikós]
liga (f)	κράμα (ουδ.)	[kráma]

ouro (m)	χρυσάφι (ουδ.)	[xrisáfi]
de ouro	χρυσός	[xrisós]
prata (f)	ασήμι (ουδ.)	[asími]
de prata	ασημένιος	[asiménios]

ferro (m)	σίδηρος (αρ.)	[síðiros]
de ferro	σιδερένιος	[siðerénios]
aço (m)	ατσάλι (ουδ.)	[atsáli]
de aço (adj)	ατσάλινος	[atsálinos]
cobre (m)	χαλκός (αρ.)	[xalʲkós]
de cobre	χάλκινος	[xálʲkinos]

alumínio (m)	αλουμίνιο (ουδ.)	[alʲumínio]
de alumínio	αλουμινένιος	[alʲuminénios]
bronze (m)	μπρούντζος (αρ.)	[brúndzos]
de bronze	μπρούντζινος	[brúndzinos]

latão (m)	ορείχαλκος (αρ.)	[oríxalʲkos]
níquel (m)	νικέλιο (ουδ.)	[nikélio]
platina (f)	πλατίνα (θηλ.)	[plʲatína]
mercúrio (m)	υδράργυρος (αρ.)	[iðrárjiros]
estanho (m)	κασσίτερος (αρ.)	[kasíteros]
chumbo (m)	μόλυβδος (αρ.)	[mólivðos]
zinco (m)	ψευδάργυρος (αρ.)	[psevðárjiros]

O SER HUMANO

O ser humano. O corpo

29. Humanos. Conceitos básicos

ser (m) humano	άνθρωπος (αρ.)	[ánθropos]
homem (m)	άντρας, άνδρας (αρ.)	[ándras], [ánðras]
mulher (f)	γυναίκα (θηλ.)	[jinéka]
criança (f)	παιδί (ουδ.)	[peðí]
menina (f)	κορίτσάκι (ουδ.)	[koritsáki]
menino (m)	αγόρι (ουδ.)	[aγóri]
adolescente (m)	έφηβος (αρ.)	[éfivos]
velho (m)	γέρος (αρ.)	[jéros]
velha (f)	γριά (ουδ.)	[χriá]

30. Anatomia humana

organismo (m)	οργανισμός (αρ.)	[orχanizmós]
coração (m)	καρδιά (θηλ.)	[karðiá]
sangue (m)	αίμα (ουδ.)	[éma]
artéria (f)	αρτηρία (θηλ.)	[artiría]
veia (f)	φλέβα (θηλ.)	[fléva]
cérebro (m)	εγκέφαλος (αρ.)	[engéfalos]
nervo (m)	νεύρο (ουδ.)	[névro]
nervos (m pl)	νεύρα (ουδ.πλ.)	[névra]
vértebra (f)	σπόνδυλος (αρ.)	[spónðilos]
coluna (f) vertebral	σπονδυλική στήλη (θηλ.)	[sponðilikí stíli]
estômago (m)	στομάχι (ουδ.)	[stomáxi]
intestinos (m pl)	σπλάχνα (ουδ.πλ.)	[splíáxna]
intestino (m)	έντερο (ουδ.)	[éndero]
fígado (m)	ήπαρ (ουδ.)	[ípar]
rim (m)	νεφρό (ουδ.)	[nefró]
osso (m)	οστό (ουδ.)	[ostó]
esqueleto (m)	σκελετός (αρ.)	[skeletós]
costela (f)	πλευρό (ουδ.)	[plevró]
crânio (m)	κρανίο (ουδ.)	[kranío]
músculo (m)	μυς (αρ.)	[mis]
bíceps (m)	δικέφαλος (αρ.)	[ðikéfalíos]
tríceps (m)	τρικέφαλος (αρ.)	[trikéfalíos]
tendão (m)	τένοντας (αρ.)	[ténondas]
articulação (f)	άρθρωση (θηλ.)	[árθrosi]

pulmões (m pl)	πνεύμονες (αρ.πλ.)	[pnévmones]
órgãos (m pl) genitais	γεννητικά όργανα (ουδ.πλ.)	[jenitiká óryana]
pele (f)	δέρμα (ουδ.)	[δérma]

31. Cabeça

cabeça (f)	κεφάλι (ουδ.)	[kefáli]
rosto, cara (f)	πρόσωπο (ουδ.)	[prósopo]
nariz (m)	μύτη (θηλ.)	[míti]
boca (f)	στόμα (ουδ.)	[stóma]

olho (m)	μάτι (ουδ.)	[máti]
olhos (m pl)	μάτια (ουδ.πλ.)	[mátia]
pupila (f)	κόρη (θηλ.)	[kóri]
sobrancelha (f)	φρύδι (ουδ.)	[fríδi]
cílio (f)	βλεφαρίδα (θηλ.)	[vlefaríδa]
pálpebra (f)	βλέφαρο (ουδ.)	[vléfaro]

língua (f)	γλώσσα (θηλ.)	[χlósa]
dente (m)	δόντι (ουδ.)	[δóndi]
lábios (m pl)	χείλη (ουδ.πλ.)	[χíli]
maçãs (f pl) do rosto	ζυγωματικά (ουδ.πλ.)	[ziγomatiká]
gengiva (f)	ούλο (ουδ.)	[úlo]
palato (m)	ουρανίσκος (αρ.)	[uranískos]

narinas (f pl)	ρουθούνια (ουδ.πλ.)	[ruθúnia]
queixo (m)	πηγούνι (ουδ.)	[piχúni]
mandíbula (f)	σαγόνι (ουδ.)	[sayóni]
bochecha (f)	μάγουλο (ουδ.)	[máyulo]
testa (f)	μέτωπο (ουδ.)	[métopo]
têmpora (f)	κρόταφος (αρ.)	[krótafos]
orelha (f)	αυτί (ουδ.)	[aftí]
costas (f pl) da cabeça	πίσω μέρος του κεφαλιού (ουδ.)	[píso méros tu kefaliú]
pescoço (m)	αυχένας , σβέρκος (αρ.)	[afxénas], [svérkos]
garganta (f)	λαιμός (αρ.)	[lemós]

cabelo (m)	μαλλιά (ουδ.πλ.)	[maliá]
penteado (m)	χτένισμα (ουδ.)	[xténizma]
corte (m) de cabelo	κούρεμα (ουδ.)	[kúrema]
peruca (f)	περούκα (θηλ.)	[perúka]

bigode (m)	μουστάκι (ουδ.)	[mustáki]
barba (f)	μούσι (ουδ.)	[músi]
ter (~ barba, etc.)	φορώ	[foró]
trança (f)	κοτσίδα (θηλ.)	[kotsíδa]
suíças (f pl)	φαβορίτες (θηλ.πλ.)	[favorítes]

ruivo (adj)	κοκκινομάλλης	[kokinomális]
grisalho (adj)	γκρίζος	[grízos]
careca (adj)	φαλακρός	[falakrós]
calva (f)	φαλάκρα (θηλ.)	[falákra]
rabo-de-cavalo (m)	αλογοουρά (θηλ.)	[aloyourá]
franja (f)	φράντζα (θηλ.)	[frándza]

32. Corpo humano

mão (f)	χέρι (ουδ.)	[xéri]
braço (m)	χέρι (ουδ.)	[xéri]
dedo (m)	δάχτυλο (ουδ.)	[ðáxtilʲo]
polegar (m)	αντίχειρας (αρ.)	[andíxiras]
dedo (m) mindinho	μικρό δάχτυλο (ουδ.)	[mikró ðáxtilʲo]
unha (f)	νύχι (ουδ.)	[níxi]
punho (m)	γροθιά (θηλ.)	[ɣroθxá]
palma (f)	παλάμη (θηλ.)	[palʲámi]
pulso (m)	καρπός (αρ.)	[karpós]
antebraço (m)	πήχης (αρ.)	[píxis]
cotovelo (m)	αγκώνας (αρ.)	[angónas]
ombro (m)	ώμος (αρ.)	[ómos]
perna (f)	πόδι (ουδ.)	[póði]
pé (m)	πόδι (ουδ.)	[póði]
joelho (m)	γόνατο (ουδ.)	[ɣónato]
panturrilha (f)	γάμπα (θηλ.)	[ɣámba]
quadril (m)	γοφός (αρ.)	[ɣofós]
calcanhar (m)	φτέρνα (θηλ.)	[ftérna]
corpo (m)	σώμα (ουδ.)	[sóma]
barriga (f), ventre (m)	κοιλιά (θηλ.)	[kiliá]
peito (m)	στήθος (ουδ.)	[stíθos]
seio (m)	στήθος (ουδ.)	[stíθos]
lado (m)	λαγόνα (θηλ.)	[lʲaɣóna]
costas (dorso)	πλάτη (θηλ.)	[plʲáti]
região (f) lombar	οσφυική χώρα (θηλ.)	[osfikí xóra]
cintura (f)	οσφύς (θηλ.)	[osfís]
umbigo (m)	ομφαλός (αρ.)	[omfalʲós]
nádegas (f pl)	οπίσθια (ουδ.πλ.)	[opísθxa]
traseiro (m)	πισινός (αρ.)	[pisinós]
sinal (m), pinta (f)	ελιά (θηλ.)	[eliá]
sinal (m) de nascença	σημάδι εκ γενετής (ουδ.)	[simáði ek jenetís]
tatuagem (f)	τατουάζ (ουδ.)	[tatuáz]
cicatriz (f)	ουλή (θηλ.)	[ulí]

Vestuário & Acessórios

33. Roupa exterior. Casacos

roupa (f)	ενδύματα (ουδ.πλ.)	[enðímata]
roupa (f) exterior	πανωφόρια (ουδ.πλ.)	[panofória]
roupa (f) de inverno	χειμωνιάτικα ρούχα (ουδ.πλ.)	[ximoniátika rúxa]

sobretudo (m)	παλτό (ουδ.)	[palˈtó]
casaco (m) de pele	γούνα (θηλ.)	[ɣúna]
jaqueta (f) de pele	κοντογούνι (ουδ.)	[kondoɣúni]
casaco (m) acolchoado	πουπουλένιο μπουφάν (ουδ.)	[pupulénio bufán]

casaco (m), jaqueta (f)	μπουφάν (ουδ.)	[bufán]
impermeável (m)	αδιάβροχο (ουδ.)	[aðiávroxo]
a prova d'água	αδιάβροχος	[aðiávroxos]

34. Vestuário de homem & mulher

camisa (f)	πουκάμισο (ουδ.)	[pukámiso]
calça (f)	παντελόνι (ουδ.)	[pandelˈóni]
jeans (m)	τζιν (ουδ.)	[dzin]
paletó, terno (m)	σακάκι (ουδ.)	[sakáki]
terno (m)	κοστούμι (ουδ.)	[kostúmi]

vestido (ex. ~ de noiva)	φόρεμα (ουδ.)	[fórema]
saia (f)	φούστα (θηλ.)	[fústa]
blusa (f)	μπλούζα (θηλ.)	[blˈúza]
casaco (m) de malha	ζακέτα (θηλ.)	[zakéta]
casaco, blazer (m)	σακάκι (ουδ.)	[sakáki]

camiseta (f)	μπλουζάκι (ουδ.)	[blˈuzáki]
short (m)	σορτς (ουδ.)	[sorts]
training (m)	αθλητική φόρμα (θηλ.)	[aθlitikí fórma]
roupão (m) de banho	μπουρνούζι (ουδ.)	[burnúzi]
pijama (m)	πιτζάμα (θηλ.)	[pidzáma]
suéter (m)	πουλόβερ (ουδ.)	[pulˈóver]
pulôver (m)	πουλόβερ (ουδ.)	[pulˈóver]

colete (m)	γιλέκο (ουδ.)	[ʝiléko]
fraque (m)	φράκο (ουδ.)	[fráko]
smoking (m)	σμόκιν (ουδ.)	[smókin]

uniforme (m)	στολή (θηλ.)	[stolí]
roupa (f) de trabalho	τα ρούχα της δουλειάς (ουδ.πλ.)	[ta rúxa tis ðuliás]

macacão (m)	φόρμα (θηλ.)	[fórma]
jaleco (m), bata (f)	ρόμπα (θηλ.)	[rómpa]

35. Vestuário. Roupa interior

roupa (f) íntima	εσώρουχα (ουδ.πλ.)	[esóruxa]
camiseta (f)	φανέλα (θηλ.)	[fanél'a]
meias (f pl)	κάλτσες (θηλ.πλ.)	[kál'tses]

camisola (f)	νυχτικό (ουδ.)	[nixtikó]
sutiã (m)	σουτιέν (ουδ.)	[sutién]
meias longas (f pl)	κάλτσες μέχρι το γόνατο (θηλ.πλ.)	[kál'tses méxri to γónato]
meias-calças (f pl)	καλτσόν (ουδ.)	[kal'tsón]
meias (~ de nylon)	κάλτσες (θηλ.πλ.)	[kál'tses]
maiô (m)	μαγιό (ουδ.)	[majió]

36. Adereços de cabeça

chapéu (m), touca (f)	καπέλο (ουδ.)	[kapél'o]
chapéu (m) de feltro	καπέλο, φεντόρα (ουδ.)	[kapél'o], [fedóra]
boné (m) de beisebol	καπέλο του μπέιζμπολ (ουδ.)	[kapél'o tu béjzbol']
boina (~ italiana)	κασκέτο (ουδ.)	[kaskéto]

boina (ex. ~ basca)	μπερές (αρ.)	[berés]
capuz (m)	κουκούλα (θηλ.)	[kukúl'a]
chapéu panamá (m)	παναμάς (αρ.)	[panamás]
touca (f)	πλεκτό καπέλο (ουδ.)	[plektó kapél'o]

| lenço (m) | μαντήλι (ουδ.) | [mandíli] |
| chapéu (m) feminino | γυναικείο καπέλο (ουδ.) | [jinekío kapél'o] |

capacete (m) de proteção	κράνος (ουδ.)	[krános]
bibico (m)	δίκοχο (ουδ.)	[δíkoxo]
capacete (m)	κράνος (ουδ.)	[krános]

| chapéu-coco (m) | μπόουλερ (αρ.) | [bóuler] |
| cartola (f) | ψηλό καπέλο (ουδ.) | [psil'ó kapél'o] |

37. Calçado

calçado (m)	υποδήματα (ουδ.πλ.)	[ipoδímata]
botinas (f pl), sapatos (m pl)	παπούτσια (ουδ.πλ.)	[papútsia]
sapatos (de salto alto, etc.)	γόβες (θηλ.πλ.)	[γóves]
botas (f pl)	μπότες (θηλ.πλ.)	[bótes]
pantufas (f pl)	παντόφλες (θηλ.πλ.)	[pandófles]

tênis (~ Nike, etc.)	αθλητικά (ουδ.πλ.)	[aθlitiká]
tênis (~ Converse)	αθλητικά παπούτσια (ουδ.πλ.)	[aθlitiká papútsia]
sandálias (f pl)	σανδάλια (ουδ.)	[sanδália]

sapateiro (m)	τσαγκάρης (αρ.)	[tsangáris]
salto (m)	τακούνι (ουδ.)	[takúni]
par (m)	ζευγάρι (ουδ.)	[zevγári]

cadarço (m)	κορδόνι (ουδ.)	[korðóni]
amarrar os cadarços	δένω τα κορδόνια	[ðéno ta korðónia]
calçadeira (f)	κόκκαλο παπουτσιών (ουδ.)	[kókalʲo paputsion]
graxa (f) para calçado	κρέμα παπουτσιών (θηλ.)	[kréma paputsión]

38. Têxtil. Tecidos

algodão (m)	βαμβάκι (ουδ.)	[vamváki]
de algodão	βαμβακερός	[vamvakerós]
linho (m)	λινάρι (ουδ.)	[linári]
de linho	λινός	[linós]

seda (f)	μετάξι (ουδ.)	[metáksi]
de seda	μεταξωτός	[metaksotós]
lã (f)	μαλλί (ουδ.)	[malí]
de lã	μάλλινος	[málinos]

veludo (m)	βελούδο (ουδ.)	[velʲúðo]
camurça (f)	καστόρι (ουδ.)	[kastóri]
veludo (m) cotelê	κοτλέ (ουδ.)	[kotlé]

nylon (m)	νάιλον (ουδ.)	[nájlʲon]
de nylon	από νάιλον	[apó nájlʲon]
poliéster (m)	πολυεστέρας (αρ.)	[poliestéras]
de poliéster	πολυεστερικός	[poliesterikós]

couro (m)	δέρμα (ουδ.)	[ðérma]
de couro	δερμάτινος	[ðermátinos]
pele (f)	γούνα (θηλ.)	[ɣúna]
de pele	γούνινος	[ɣúninos]

39. Acessórios pessoais

luva (f)	γάντια (ουδ.πλ.)	[ɣándia]
cachecol (m)	κασκόλ (ουδ.)	[kaskólʲ]

óculos (m pl)	γυαλιά (ουδ.πλ.)	[jaliá]
armação (f)	σκελετός (αρ.)	[skeletós]
guarda-chuva (m)	ομπρέλα (θηλ.)	[ombrélʲa]
bengala (f)	μπαστούνι (ουδ.)	[bastúni]
escova (f) para o cabelo	βούρτσα (θηλ.)	[vúrtsa]
leque (m)	βεντάλια (θηλ.)	[vendália]

gravata (f)	γραβάτα (θηλ.)	[ɣraváta]
gravata-borboleta (f)	παπιγιόν (ουδ.)	[papijón]
suspensórios (m pl)	τιράντες (θηλ.πλ.)	[tirándes]
lenço (m)	μαντήλι (ουδ.)	[mandíli]

pente (m)	χτένα (θηλ.)	[xténa]
fivela (f) para cabelo	φουρκέτα (θηλ.)	[furkéta]
grampo (m)	φουρκέτα (θηλ.)	[furkéta]
fivela (f)	πόρπη (θηλ.)	[pórpi]

| cinto (m) | ζώνη (θηλ.) | [zóni] |
| alça (f) de ombro | λουρί (αρ.) | [lʲurí] |

bolsa (f)	τσάντα (θηλ.)	[tsánda]
bolsa (feminina)	τσάντα (θηλ.)	[tsánda]
mochila (f)	σακίδιο (ουδ.)	[sakíðio]

40. Vestuário. Diversos

moda (f)	μόδα (θηλ.)	[móða]
na moda (adj)	της μόδας	[tis móðas]
estilista (m)	σχεδιαστής (αρ.)	[sxeðiastís]

colarinho (m)	γιακάς (αρ.)	[ʝakás]
bolso (m)	τσέπη (θηλ.)	[tsépi]
de bolso	της τσέπης	[tis tsépis]
manga (f)	μανίκι (ουδ.)	[maníki]
ganchinho (m)	θηλιά (θηλ.)	[θiliá]
bragueta (f)	φερμουάρ (ουδ.)	[fermuár]

zíper (m)	φερμουάρ (ουδ.)	[fermuár]
colchete (m)	κούμπωμα (ουδ.)	[kúmboma]
botão (m)	κουμπί (ουδ.)	[kumbí]
botoeira (casa de botão)	κουμπότρυπα (θηλ.)	[kumbótripa]
soltar-se (vr)	βγαίνω	[vʝéno]

costurar (vi)	ράβω	[rávo]
bordar (vt)	κεντώ	[kendó]
bordado (m)	κέντημα (ουδ.)	[kéndima]
agulha (f)	βελόνα (θηλ.)	[velʲóna]
fio, linha (f)	κλωστή (θηλ.)	[klʲostí]
costura (f)	ραφή (θηλ.)	[rafí]

sujar-se (vr)	λερώνομαι	[lerónome]
mancha (f)	λεκές (αρ.)	[lekés]
amarrotar-se (vr)	τσαλακώνομαι	[tsalʲakónome]
rasgar (vt)	σκίζω	[skízo]
traça (f)	σκόρος (αρ.)	[skóros]

41. Cuidados pessoais. Cosméticos

pasta (f) de dente	οδοντόκρεμα (θηλ.)	[oðondókrema]
escova (f) de dente	οδοντόβουρτσα (θηλ.)	[oðondóvutsa]
escovar os dentes	πλένω τα δόντια	[pléno ta ðóndia]

gilete (f)	ξυράφι (ουδ.)	[ksiráfi]
creme (m) de barbear	κρέμα ξυρίσματος (θηλ.)	[kréma ksirízmatos]
barbear-se (vr)	ξυρίζομαι	[ksirízome]

sabonete (m)	σαπούνι (ουδ.)	[sapúni]
xampu (m)	σαμπουάν (ουδ.)	[sambuán]
tesoura (f)	ψαλίδι (ουδ.)	[psalíði]

lixa (f) de unhas	λίμα νυχιών (θηλ.)	[líma nixión]
corta-unhas (m)	νυχοκόπτης (αρ.)	[nixokóptis]
pinça (f)	τσιμπιδάκι (ουδ.)	[tsimbiðáki]

cosméticos (m pl)	καλλυντικά (ουδ.πλ.)	[kalindiká]
máscara (f)	μάσκα (θηλ.)	[máska]
manicure (f)	μανικιούρ (ουδ.)	[manikiúr]
fazer as unhas	κάνω μανικιούρ	[káno manikiúr]
pedicure (f)	πεντικιούρ (ουδ.)	[pedikiúr]

bolsa (f) de maquiagem	τσαντάκι καλλυντικών (ουδ.)	[tsandáki kalindikón]
pó (de arroz)	πούδρα (θηλ.)	[púðra]
pó (m) compacto	πουδριέρα (θηλ.)	[puðriéra]
blush (m)	ρουζ (ουδ.)	[ruz]

perfume (m)	άρωμα (ουδ.)	[ároma]
água-de-colônia (f)	κολόνια (θηλ.)	[koljónia]
loção (f)	λοσιόν (θηλ.)	[ljosión]
colônia (f)	κολόνια (θηλ.)	[koljónia]

sombra (f) de olhos	σκιά ματιών (θηλ.)	[skiá matión]
delineador (m)	μολύβι ματιών (ουδ.)	[molívi matión]
máscara (f), rímel (m)	μάσκαρα (θηλ.)	[máskara]

batom (m)	κραγιόν (ουδ.)	[krajión]
esmalte (m)	βερνίκι νυχιών (ουδ.)	[verníki nixión]
laquê (m), spray fixador (m)	λακ μαλλιών (ουδ.)	[ljak malión]
desodorante (m)	αποσμητικό (ουδ.)	[apozmitikó]

creme (m)	κρέμα (θηλ.)	[kréma]
creme (m) de rosto	κρέμα προσώπου (θηλ.)	[kréma prosópu]
creme (m) de mãos	κρέμα χεριών (θηλ.)	[kréma xerión]
creme (m) antirrugas	αντιρυτιδική κρέμα (θηλ.)	[andiritiðikí kréma]
creme (m) de dia	κρέμα ημέρας (θηλ.)	[kréma iméras]
creme (m) de noite	κρέμα νυκτός (θηλ.)	[kréma niktós]

absorvente (m) interno	ταμπόν (ουδ.)	[tabón]
papel (m) higiênico	χαρτί υγείας (ουδ.)	[xartí ijías]
secador (m) de cabelo	πιστολάκι (ουδ.)	[pistoljáki]

42. Joalheria

joias (f pl)	κοσμήματα (ουδ.πλ.)	[kozmímata]
precioso (adj)	πολύτιμος	[polítimos]
marca (f) de contraste	σφραγίδα (θηλ.)	[sfrajíða]

anel (m)	δαχτυλίδι (ουδ.)	[ðaxtilíði]
aliança (f)	βέρα (θηλ.)	[véra]
pulseira (f)	βραχιόλι (ουδ.)	[vraxióli]

brincos (m pl)	σκουλαρίκια (ουδ.πλ.)	[skuljaríkia]
colar (m)	κολιέ (ουδ.)	[kolié]
coroa (f)	στέμμα (ουδ.)	[stéma]
colar (m) de contas	χάντρες (θηλ.πλ.)	[xándres]

diamante (m)	διαμάντι (ουδ.)	[ðiamándi]
esmeralda (f)	σμαράγδι (ουδ.)	[zmaráɣði]
rubi (m)	ρουμπίνι (ουδ.)	[rubíni]
safira (f)	ζαφείρι (ουδ.)	[zafíri]
pérola (f)	μαργαριτάρι (ουδ.)	[marɣaritári]
âmbar (m)	κεχριμπάρι (ουδ.)	[kexribári]

43. Relógios de pulso. Relógios

relógio (m) de pulso	ρολόι χειρός (ουδ.)	[rolʲój xirós]
mostrador (m)	πλάκα ρολογιού (θηλ.)	[plʲáka rolʲojú]
ponteiro (m)	δείκτης (αρ.)	[ðíktis]
bracelete (em aço)	μπρασελέ (ουδ.)	[braselé]
bracelete (em couro)	λουράκι (ουδ.)	[lʲuráki]

pilha (f)	μπαταρία (θηλ.)	[bataría]
acabar (vi)	εξαντλούμαι	[eksantlʲúme]
trocar a pilha	αλλάζω μπαταρία	[alʲázo bataría]
estar adiantado	πηγαίνω μπροστά	[pijéno brostá]
estar atrasado	πηγαίνω πίσω	[pijéno píso]

relógio (m) de parede	ρολόι τοίχου (ουδ.)	[rolʲój tíxu]
ampulheta (f)	κλεψύδρα (θηλ.)	[klepsíðra]
relógio (m) de sol	ηλιακό ρολόι (ουδ.)	[iliakó rolʲój]
despertador (m)	ξυπνητήρι (ουδ.)	[ksipnitíri]
relojoeiro (m)	ωρολογοποιός (αρ.)	[orolʲoɣopiós]
reparar (vt)	επισκευάζω	[episkevázo]

Alimentação. Nutrição

44. Comida

carne (f)	κρέας (ουδ.)	[kréas]
galinha (f)	κότα (θηλ.)	[kóta]
frango (m)	κοτόπουλο (ουδ.)	[kotópulʲo]
pato (m)	πάπια (θηλ.)	[pápia]
ganso (m)	χήνα (θηλ.)	[xína]
caça (f)	θήραμα (ουδ.)	[θírama]
peru (m)	γαλοπούλα (θηλ.)	[ɣalʲopúlʲa]

carne (f) de porco	χοιρινό κρέας (ουδ.)	[xirinó kréas]
carne (f) de vitela	μοσχαρίσιο κρέας (ουδ.)	[mosxarísio kréas]
carne (f) de carneiro	αρνήσιο κρέας (ουδ.)	[arnísio kréas]
carne (f) de vaca	βοδινό κρέας (ουδ.)	[voðinó kréas]
carne (f) de coelho	κουνέλι (ουδ.)	[kunéli]

linguiça (f), salsichão (m)	λουκάνικο (ουδ.)	[lʲukániko]
salsicha (f)	λουκάνικο (ουδ.)	[lʲukániko]
bacon (m)	μπέικον (ουδ.)	[béjkon]
presunto (m)	ζαμπόν (ουδ.)	[zabón]
pernil (m) de porco	καπνιστό χοιρομέρι (ουδ.)	[kapnistó xiroméri]

patê (m)	πατέ (ουδ.)	[paté]
fígado (m)	συκώτι (ουδ.)	[sikóti]
guisado (m)	κιμάς (αρ.)	[kimás]
língua (f)	γλώσσα (θηλ.)	[ɣlʲósa]

ovo (m)	αυγό (ουδ.)	[avɣó]
ovos (m pl)	αυγά (ουδ.πλ.)	[avɣá]
clara (f) de ovo	ασπράδι (ουδ.)	[aspráði]
gema (f) de ovo	κρόκος (αρ.)	[krókos]

peixe (m)	ψάρι (ουδ.)	[psári]
mariscos (m pl)	θαλασσινά (θηλ.πλ.)	[θalʲasiná]
caviar (m)	χαβιάρι (ουδ.)	[xaviári]

caranguejo (m)	καβούρι (ουδ.)	[kavúri]
camarão (m)	γαρίδα (θηλ.)	[ɣaríða]
ostra (f)	στρείδι (ουδ.)	[stríði]
lagosta (f)	ακανθωτός αστακός (αρ.)	[akanθotós astakós]
polvo (m)	χταπόδι (ουδ.)	[xtapóði]
lula (f)	καλαμάρι (ουδ.)	[kalʲamári]

esturjão (m)	οξύρυγχος (αρ.)	[oksírinxos]
salmão (m)	σολομός (αρ.)	[solʲomós]
halibute (m)	ιππόγλωσσος (αρ.)	[ipóɣlʲosos]
bacalhau (m)	μπακαλιάρος (αρ.)	[bakaliáros]
cavala, sarda (f)	σκουμπρί (ουδ.)	[skumbrí]

atum (m)	τόνος (αρ.)	[tónos]
enguia (f)	χέλι (ουδ.)	[xéli]

truta (f)	πέστροφα (θηλ.)	[péstrofa]
sardinha (f)	σαρδέλα (θηλ.)	[sarðélʲa]
lúcio (m)	λούτσος (αρ.)	[lʲútsos]
arenque (m)	ρέγγα (θηλ.)	[rénga]

pão (m)	ψωμί (ουδ.)	[psomí]
queijo (m)	τυρί (ουδ.)	[tirí]
açúcar (m)	ζάχαρη (θηλ.)	[záxari]
sal (m)	αλάτι (ουδ.)	[alʲáti]

arroz (m)	ρύζι (ουδ.)	[rízi]
massas (f pl)	ζυμαρικά (ουδ.πλ.)	[zimariká]
talharim, miojo (m)	νουντλς (ουδ.πλ.)	[nudls]

manteiga (f)	βούτυρο (ουδ.)	[vútiro]
óleo (m) vegetal	φυτικό λάδι (ουδ.)	[fitikó lʲáði]
óleo (m) de girassol	ηλιέλαιο (ουδ.)	[iliéleo]
margarina (f)	μαργαρίνη (θηλ.)	[marɣaríni]

azeitonas (f pl)	ελιές (θηλ.πλ.)	[eliés]
azeite (m)	ελαιόλαδο (ουδ.)	[eleólʲaðo]

leite (m)	γάλα (ουδ.)	[ɣálʲa]
leite (m) condensado	συμπυκνωμένο γάλα (ουδ.)	[simbiknoméno ɣálʲa]
iogurte (m)	γιαούρτι (ουδ.)	[jaúrti]
creme (m) azedo	ξινή κρέμα (θηλ.)	[ksiní kréma]
creme (m) de leite	κρέμα γάλακτος (θηλ.)	[kréma ɣálʲaktos]

maionese (f)	μαγιονέζα (θηλ.)	[majonéza]
creme (m)	κρέμα (θηλ.)	[kréma]

grãos (m pl) de cereais	πλιγούρι (ουδ.)	[pliɣúri]
farinha (f)	αλεύρι (ουδ.)	[alévri]
enlatados (m pl)	κονσέρβες (θηλ.πλ.)	[konsérves]

flocos (m pl) de milho	κορν φλέικς (ουδ.πλ.)	[kornfléjks]
mel (m)	μέλι (ουδ.)	[méli]
geleia (m)	μαρμελάδα (θηλ.)	[marmelʲáða]
chiclete (m)	τσίχλα (θηλ.)	[tsíxlʲa]

45. Bebidas

água (f)	νερό (ουδ.)	[neró]
água (f) potável	πόσιμο νερό (ουδ.)	[pósimo neró]
água (f) mineral	μεταλλικό νερό (ουδ.)	[metalikó neró]

sem gás (adj)	χωρίς ανθρακικό	[xorís anθrakikó]
gaseificada (adj)	ανθρακούχος	[anθrakúxos]
com gás	ανθρακούχο	[anθrakúxo]
gelo (m)	πάγος (αρ.)	[páɣos]
com gelo	με πάγο	[me páɣo]

não alcoólico (adj)	χωρίς αλκοόλ	[xorís alʲkoólʲ]
refrigerante (m)	αναψυκτικό (ουδ.)	[anapsiktikó]
refresco (m)	αναψυκτικό (ουδ.)	[anapsiktikó]
limonada (f)	λεμονάδα (θηλ.)	[lemonáða]

bebidas (f pl) alcoólicas	αλκοολούχα ποτά (ουδ.πλ.)	[alʲkoolʲúxa potá]
vinho (m)	κρασί (ουδ.)	[krasí]
vinho (m) branco	λευκό κρασί (ουδ.)	[lefkó krasí]
vinho (m) tinto	κόκκινο κρασί (ουδ.)	[kókino krasí]

licor (m)	λικέρ (ουδ.)	[likér]
champanhe (m)	σαμπάνια (θηλ.)	[sambánia]
vermute (m)	βερμούτ (ουδ.)	[vermút]

uísque (m)	ουίσκι (ουδ.)	[wíski]
vodca (f)	βότκα (θηλ.)	[vótka]
gim (m)	τζιν (ουδ.)	[dzin]
conhaque (m)	κονιάκ (ουδ.)	[konják]
rum (m)	ρούμι (ουδ.)	[rúmi]

café (m)	καφές (αρ.)	[kafés]
café (m) preto	σκέτος καφές (αρ.)	[skétos kafés]
café (m) com leite	καφές με γάλα (αρ.)	[kafés me ɣálʲa]
cappuccino (m)	καπουτσίνο (αρ.)	[kaputsíno]
café (m) solúvel	στιγμιαίος καφές (αρ.)	[stiɣmiéos kafes]

leite (m)	γάλα (ουδ.)	[ɣálʲa]
coquetel (m)	κοκτέιλ (ουδ.)	[koktéjlʲ]
batida (f), milkshake (m)	μιλκσέικ (ουδ.)	[milʲkséjk]

suco (m)	χυμός (αρ.)	[ximós]
suco (m) de tomate	χυμός ντομάτας (αρ.)	[ximós domátas]
suco (m) de laranja	χυμός πορτοκαλιού (αρ.)	[ximós portokaliú]
suco (m) fresco	φρέσκος χυμός (αρ.)	[fréskos ximós]

cerveja (f)	μπύρα (θηλ.)	[bíra]
cerveja (f) clara	ανοιχτόχρωμη μπύρα (θηλ.)	[anixtóxromi bíra]
cerveja (f) preta	σκούρα μπύρα (θηλ.)	[skúra bíra]

chá (m)	τσάι (ουδ.)	[tsáj]
chá (m) preto	μαύρο τσάι (ουδ.)	[mávro tsaj]
chá (m) verde	πράσινο τσάι (ουδ.)	[prásino tsaj]

46. Vegetais

vegetais (m pl)	λαχανικά (ουδ.πλ.)	[lʲaxaniká]
verdura (f)	χόρτα (ουδ.)	[xórta]

tomate (m)	ντομάτα (θηλ.)	[domáta]
pepino (m)	αγγούρι (ουδ.)	[angúri]
cenoura (f)	καρότο (ουδ.)	[karóto]
batata (f)	πατάτα (θηλ.)	[patáta]
cebola (f)	κρεμμύδι (ουδ.)	[kremíði]
alho (m)	σκόρδο (ουδ.)	[skórðo]

couve (f)	λάχανο (ουδ.)	[l'áxano]
couve-flor (f)	κουνουπίδι (ουδ.)	[kunupíδi]
couve-de-bruxelas (f)	λαχανάκι Βρυξελλών (ουδ.)	[l'axanáki vriksel'ón]
brócolis (m pl)	μπρόκολο (ουδ.)	[brókol'o]

beterraba (f)	παντζάρι (ουδ.)	[pandzári]
berinjela (f)	μελιτζάνα (θηλ.)	[melidzána]
abobrinha (f)	κολοκύθι (ουδ.)	[kol'okíθi]
abóbora (f)	κολοκύθα (θηλ.)	[kol'okíθa]
nabo (m)	γογγύλι (ουδ.), ρέβα (θηλ.)	[γongíli], [réva]

salsa (f)	μαϊντανός (αρ.)	[majdanós]
endro, aneto (m)	άνηθος (αρ.)	[ániθos]
alface (f)	μαρούλι (ουδ.)	[marúli]
aipo (m)	σέλινο (ουδ.)	[sélino]
aspargo (m)	σπαράγγι (ουδ.)	[sparángi]
espinafre (m)	σπανάκι (ουδ.)	[spanáki]

ervilha (f)	αρακάς (αρ.)	[arakás]
feijão (~ soja, etc.)	κουκί (ουδ.)	[kukí]
milho (m)	καλαμπόκι (ουδ.)	[kal'ambóki]
feijão (m) roxo	κόκκινο φασόλι (ουδ.)	[kókino fasóli]

pimentão (m)	πιπεριά (θηλ.)	[piperiá]
rabanete (m)	ρεπανάκι (ουδ.)	[repanáki]
alcachofra (f)	αγκινάρα (θηλ.)	[anginára]

47. Frutos. Nozes

fruta (f)	φρούτο (ουδ.)	[frúto]
maçã (f)	μήλο (ουδ.)	[míl'o]
pera (f)	αχλάδι (ουδ.)	[axl'áδi]
limão (m)	λεμόνι (ουδ.)	[lemóni]
laranja (f)	πορτοκάλι (ουδ.)	[portokáli]
morango (m)	φράουλα (θηλ.)	[frául'a]

tangerina (f)	μανταρίνι (ουδ.)	[mandaríni]
ameixa (f)	δαμάσκηνο (ουδ.)	[δamáskino]
pêssego (m)	ροδάκινο (ουδ.)	[roδákino]
damasco (m)	βερίκοκο (ουδ.)	[veríkoko]
framboesa (f)	σμέουρο (ουδ.)	[zméuro]
abacaxi (m)	ανανάς (αρ.)	[ananás]

banana (f)	μπανάνα (θηλ.)	[banána]
melancia (f)	καρπούζι (ουδ.)	[karpúzi]
uva (f)	σταφύλι (ουδ.)	[stafíli]
ginja (f)	βύσσινο (ουδ.)	[vísino]
cereja (f)	κεράσι (ουδ.)	[kerási]
melão (m)	πεπόνι (ουδ.)	[pepóni]

toranja (f)	γκρέιπφρουτ (ουδ.)	[gréjpfrut]
abacate (m)	αβοκάντο (ουδ.)	[avokádo]
mamão (m)	παπάγια (θηλ.)	[papája]
manga (f)	μάγκο (ουδ.)	[mángo]

romã (f)	ρόδι (ουδ.)	[róði]
groselha (f) vermelha	κόκκινο φραγκοστάφυλο (ουδ.)	[kókino frangostáfilʲo]
groselha (f) negra	μαύρο φραγκοστάφυλο (ουδ.)	[mávro frangostáfilʲo]
groselha (f) espinhosa	λαγοκέρασο (ουδ.)	[lʲagokéraso]
mirtilo (m)	μύρτιλλο (ουδ.)	[mírtilʲo]
amora (f) silvestre	βατόμουρο (ουδ.)	[vatómuro]

passa (f)	σταφίδα (θηλ.)	[stafíða]
figo (m)	σύκο (ουδ.)	[síko]
tâmara (f)	χουρμάς (αρ.)	[xurmás]

amendoim (m)	φυστίκι (ουδ.)	[fistíki]
amêndoa (f)	αμύγδαλο (ουδ.)	[amíɣðalʲo]
noz (f)	καρύδι (ουδ.)	[karíði]
avelã (f)	φουντούκι (ουδ.)	[fundúki]
coco (m)	καρύδα (θηλ.)	[karíða]
pistaches (m pl)	φυστίκια (ουδ.πλ.)	[fistíkia]

48. Pão. Bolaria

pastelaria (f)	ζαχαροπλαστική (θηλ.)	[zaxaroplʲastikí]
pão (m)	ψωμί (ουδ.)	[psomí]
biscoito (m), bolacha (f)	μπισκότο (ουδ.)	[biskóto]

chocolate (m)	σοκολάτα (θηλ.)	[sokolʲáta]
de chocolate	σοκολατένιος	[sokolʲaténios]
bala (f)	καραμέλα (θηλ.)	[karamélʲa]
doce (bolo pequeno)	κέικ (ουδ.)	[kéjk]
bolo (m) de aniversário	τούρτα (θηλ.)	[túrta]

torta (f)	πίτα (θηλ.)	[píta]
recheio (m)	γέμιση (θηλ.)	[ʲémisi]

geleia (m)	μαρμελάδα (θηλ.)	[marmelʲáða]
marmelada (f)	μαρμελάδα (θηλ.)	[marmelʲáða]
wafers (m pl)	γκοφρέτες (θηλ.πλ.)	[gofrétes]
sorvete (m)	παγωτό (ουδ.)	[paɣotó]

49. Pratos cozinhados

prato (m)	πιάτο (ουδ.)	[piáto]
cozinha (~ portuguesa)	κουζίνα (θηλ.)	[kuzína]
receita (f)	συνταγή (θηλ.)	[sindaʲí]
porção (f)	μερίδα (θηλ.)	[meríða]

salada (f)	σαλάτα (θηλ.)	[salʲáta]
sopa (f)	σούπα (θηλ.)	[súpa]

caldo (m)	ζωμός (αρ.)	[zomós]
sanduíche (m)	σάντουιτς (ουδ.)	[sánduits]

ovos (m pl) fritos	τηγανητά αυγά (ουδ.πλ.)	[tiɣanitá avɣá]
hambúrguer (m)	χάμπουργκερ (ουδ.)	[xámburger]
bife (m)	μπριζόλα (θηλ.)	[brizólʲa]

acompanhamento (m)	συνοδευτικό πιάτο (ουδ.)	[sinoðeftikó piáto]
espaguete (m)	σπαγγέτι (ουδ.)	[spagéti]
purê (m) de batata	πουρές (αρ.)	[purés]
pizza (f)	πίτσα (θηλ.)	[pítsa]
omelete (f)	ομελέτα (θηλ.)	[omeléta]

fervido (adj)	βραστός	[vrastós]
defumado (adj)	καπνιστός	[kapnistós]
frito (adj)	τηγανητός	[tiɣanitós]
seco (adj)	αποξηραμένος	[apoksiraménos]
congelado (adj)	κατεψυγμένος	[katepsiɣménos]
em conserva (adj)	τουρσί	[tursí]

doce (adj)	γλυκός	[ɣlikós]
salgado (adj)	αλμυρός	[alʲmirós]
frio (adj)	κρύος	[kríos]
quente (adj)	ζεστός	[zestós]
amargo (adj)	πικρός	[pikrós]
gostoso (adj)	νόστιμος	[nóstimos]

cozinhar em água fervente	βράζω	[vrázo]
preparar (vt)	μαγειρεύω	[majirévo]
fritar (vt)	τηγανίζω	[tiɣanízo]
aquecer (vt)	ζεσταίνω	[zesténo]

salgar (vt)	αλατίζω	[alʲatízo]
apimentar (vt)	πιπερώνω	[piperóno]
ralar (vt)	τρίβω	[trívo]
casca (f)	φλούδα (θηλ.)	[flʲúða]
descascar (vt)	καθαρίζω	[kaθarízo]

50. Especiarias

sal (m)	αλάτι (ουδ.)	[alʲáti]
salgado (adj)	αλμυρός	[alʲmirós]
salgar (vt)	αλατίζω	[alʲatízo]

pimenta-do-reino (f)	μαύρο πιπέρι (ουδ.)	[mávro pipéri]
pimenta (f) vermelha	κόκκινο πιπέρι (ουδ.)	[kókino pipéri]
mostarda (f)	μουστάρδα (θηλ.)	[mustárða]
raiz-forte (f)	χρένο (ουδ.)	[xréno]

condimento (m)	μπαχαρικό (ουδ.)	[baxarikó]
especiaria (f)	καρύκευμα (ουδ.)	[karíkevma]
molho (~ inglês)	σάλτσα (θηλ.)	[sálʲtsa]
vinagre (m)	ξίδι (ουδ.)	[ksíði]

anis estrelado (m)	γλυκάνισος (αρ.)	[ɣlikánisos]
manjericão (m)	βασιλικός (αρ.)	[vasilikós]
cravo (m)	γαρίφαλο (ουδ.)	[ɣarífalʲo]

gengibre (m)	πιπερόριζα (θηλ.)	[piperóriza]
coentro (m)	κόλιανδρος (αρ.)	[kólianðros]
canela (f)	κανέλα (θηλ.)	[kanélʲa]

gergelim (m)	σουσάμι (ουδ.)	[susámi]
folha (f) de louro	φύλλο δάφνης (ουδ.)	[fílʲo ðáfnis]
páprica (f)	πάπρικα (θηλ.)	[páprika]
cominho (m)	κύμινο (ουδ.)	[kímino]
açafrão (m)	σαφράν (ουδ.)	[safrán]

51. Refeições

| comida (f) | τροφή (θηλ.), φαγητό (ουδ.) | [trofí], [faʝitó] |
| comer (vt) | τρώω | [tróo] |

café (m) da manhã	πρωινό (ουδ.)	[proinó]
tomar café da manhã	παίρνω πρωινό	[pérno proinó]
almoço (m)	μεσημεριανό (ουδ.)	[mesimerianó]
almoçar (vi)	τρώω μεσημεριανό	[tróo mesimerianó]

| jantar (m) | δείπνο (ουδ.) | [ðípno] |
| jantar (vi) | τρώω βραδινό | [tróo vraðinó] |

| apetite (m) | όρεξη (θηλ.) | [óreksi] |
| Bom apetite! | Καλή όρεξη! | [kalí óreksi] |

abrir (~ uma lata, etc.)	ανοίγω	[aníɣo]
derramar (~ líquido)	χύνω	[xíno]
derramar-se (vr)	χύνομαι	[xínome]

ferver (vi)	βράζω	[vrázo]
ferver (vt)	βράζω	[vrázo]
fervido (adj)	βρασμένος	[vrazménos]

| esfriar (vt) | κρυώνω | [krióno] |
| esfriar-se (vr) | κρυώνω | [krióno] |

| sabor, gosto (m) | γεύση (θηλ.) | [ʝéfsi] |
| fim (m) de boca | επίγευση (θηλ.) | [epíʝefsi] |

emagrecer (vi)	αδυνατίζω	[aðinatízo]
dieta (f)	δίαιτα (θηλ.)	[ðíeta]
vitamina (f)	βιταμίνη (θηλ.)	[vitamíni]
caloria (f)	θερμίδα (θηλ.)	[θermíða]

| vegetariano (m) | χορτοφάγος (αρ.) | [xortofáɣos] |
| vegetariano (adj) | χορτοφάγος | [xortofáɣos] |

gorduras (f pl)	λίπη (ουδ.πλ.)	[lípi]
proteínas (f pl)	πρωτεΐνες (θηλ.πλ.)	[proteínes]
carboidratos (m pl)	υδατάνθρακες (αρ.πλ.)	[iðatánθrakes]
fatia (~ de limão, etc.)	φέτα (θηλ.)	[féta]
pedaço (~ de bolo)	κομμάτι (ουδ.)	[komáti]
migalha (f), farelo (m)	ψίχουλο (ουδ.)	[psíxulʲo]

52. Por a mesa

colher (f)	κουτάλι (ουδ.)	[kutáli]
faca (f)	μαχαίρι (ουδ.)	[maxéri]
garfo (m)	πιρούνι (ουδ.)	[pirúni]

xícara (f)	φλιτζάνι (ουδ.)	[flidzáni]
prato (m)	πιάτο (ουδ.)	[piáto]
pires (m)	πιατάκι (ουδ.)	[piatáki]
guardanapo (m)	χαρτοπετσέτα (θηλ.)	[xartopetséta]
palito (m)	οδοντογλυφίδα (θηλ.)	[oðondoɣlifíða]

53. Restaurante

restaurante (m)	εστιατόριο (ουδ.)	[estiatório]
cafeteria (f)	καφετέρια (θηλ.)	[kafetéria]
bar (m), cervejaria (f)	μπαρ (ουδ.), μπυραρία (θηλ.)	[bar], [biraría]
salão (m) de chá	τσαγερί (θηλ.)	[tsajerí]

garçom (m)	σερβιτόρος (αρ.)	[servitóros]
garçonete (f)	σερβιτόρα (θηλ.)	[servitóra]
barman (m)	μπάρμαν (αρ.)	[bárman]

cardápio (m)	κατάλογος (αρ.)	[katáḷoɣos]
lista (f) de vinhos	κατάλογος κρασιών (αρ.)	[katáḷoɣos krasión]
reservar uma mesa	κλείνω τραπέζι	[klíno trapézi]

prato (m)	πιάτο (ουδ.)	[piáto]
pedir (vt)	παραγγέλνω	[parangélno]
fazer o pedido	κάνω παραγγελία	[káno parangelía]

aperitivo (m)	απεριτίφ (ουδ.)	[aperitíf]
entrada (f)	ορεκτικό (ουδ.)	[orektikó]
sobremesa (f)	επιδόρπιο (ουδ.)	[epiðórpio]

conta (f)	λογαριασμός (αρ.)	[loɣariazmós]
pagar a conta	πληρώνω λογαριασμό	[pliróno loɣariazmó]
dar o troco	δίνω τα ρέστα	[δíno ta résta]
gorjeta (f)	πουρμπουάρ (ουδ.)	[purbuár]

Família, parentes e amigos

54. Informação pessoal. Formulários

nome (m)	όνομα (ουδ.)	[ónoma]
sobrenome (m)	επώνυμο (ουδ.)	[epónimo]
data (f) de nascimento	ημερομηνία γέννησης (θηλ.)	[imerominía jénisis]
local (m) de nascimento	τόπος γέννησης (αρ.)	[tópos jénisis]
nacionalidade (f)	εθνικότητα (θηλ.)	[eθnikótita]
lugar (m) de residência	τόπος διαμονής (αρ.)	[tópos ðiamonís]
país (m)	χώρα (θηλ.)	[xóra]
profissão (f)	επάγγελμα (ουδ.)	[epángeljma]
sexo (m)	φύλο (ουδ.)	[fíljo]
estatura (f)	ύψος, μπόι (ουδ.)	[ípsos], [bói]
peso (m)	βάρος (ουδ.)	[város]

55. Membros da família. Parentes

mãe (f)	μητέρα (θηλ.)	[mitéra]
pai (m)	πατέρας (αρ.)	[patéras]
filho (m)	γιός (αρ.)	[jos]
filha (f)	κόρη (θηλ.)	[kóri]
caçula (f)	μικρότερη κόρη (ουδ.)	[mikróteri kóri]
caçula (m)	μικρότερος γιός (αρ.)	[mikróteros jos]
filha (f) mais velha	μεγαλύτερη κόρη (θηλ.)	[meɣalíteri kóri]
filho (m) mais velho	μεγαλύτερος γιός (αρ.)	[meɣalíteros jiós]
irmão (m)	αδερφός (αρ.)	[aðerfós]
irmã (f)	αδερφή (θηλ.)	[aðerfí]
primo (m)	ξάδερφος (αρ.)	[ksáðerfos]
prima (f)	ξαδέρφη (θηλ.)	[ksaðérfi]
mamãe (f)	μαμά (θηλ.)	[mamá]
papai (m)	μπαμπάς (αρ.)	[babás]
pais (pl)	γονείς (αρ.πλ.)	[ɣonís]
criança (f)	παιδί (ουδ.)	[peðí]
crianças (f pl)	παιδιά (ουδ.πλ.)	[peðiá]
avó (f)	γιαγιά (θηλ.)	[jajá]
avô (m)	παπούς (αρ.)	[papús]
neto (m)	εγγονός (αρ.)	[engonós]
neta (f)	εγγονή (θηλ.)	[engoní]
netos (pl)	εγγόνια (ουδ.πλ.)	[engónia]
tio (m)	θείος (αρ.)	[θíos]
tia (f)	θεία (θηλ.)	[θía]

sobrinho (m)	ανιψιός (αρ.)	[anipsiós]
sobrinha (f)	ανιψιά (θηλ.)	[anipsiá]
sogra (f)	πεθερά (θηλ.)	[peθerá]
sogro (m)	πεθερός (αρ.)	[peθerós]
genro (m)	γαμπρός (αρ.)	[ɣambrós]
madrasta (f)	μητριά (θηλ.)	[mitriá]
padrasto (m)	πατριός (αρ.)	[patriós]
criança (f) de colo	βρέφος (ουδ.)	[vréfos]
bebê (m)	βρέφος (ουδ.)	[vréfos]
menino (m)	νήπιο (ουδ.)	[nípio]
mulher (f)	γυναίκα (θηλ.)	[ɟinéka]
marido (m)	άνδρας (αρ.)	[ánðras]
esposo (m)	σύζυγος (αρ.)	[síziɣos]
esposa (f)	σύζυγος (θηλ.)	[síziɣos]
casado (adj)	παντρεμένος	[pandreménos]
casada (adj)	παντρεμένη	[pandreméni]
solteiro (adj)	ανύπαντρος	[anípandros]
solteirão (m)	εργένης (αρ.)	[erɟénis]
divorciado (adj)	χωρισμένος	[xorizménos]
viúva (f)	χήρα (θηλ.)	[xíra]
viúvo (m)	χήρος (αρ.)	[xíros]
parente (m)	συγγενής (αρ.)	[singenís]
parente (m) próximo	κοντινός συγγενής (αρ.)	[kondinós singenís]
parente (m) distante	μακρινός συγγενής (αρ.)	[makrinós singenís]
parentes (m pl)	συγγενείς (αρ.πλ.)	[singenís]
órfão (m), órfã (f)	ορφανό (ουδ.)	[orfanó]
tutor (m)	κηδεμόνας (αρ.)	[kiðemónas]
adotar (um filho)	υιοθετώ	[ioθetó]
adotar (uma filha)	υιοθετώ	[ioθetó]

56. Amigos. Colegas de trabalho

amigo (m)	φίλος (αρ.)	[fílʲos]
amiga (f)	φίλη (θηλ.)	[fíli]
amizade (f)	φιλία (θηλ.)	[filía]
ser amigos	κάνω φιλία	[káno filía]
amigo (m)	φίλος (αρ.)	[fílʲos]
amiga (f)	φιλενάδα (θηλ.)	[filenáða]
parceiro (m)	συνέταιρος (αρ.)	[sinéteros]
chefe (m)	αφεντικό (ουδ.)	[afendikó]
superior (m)	προϊστάμενος (αρ.)	[projstámenos]
subordinado (m)	υφιστάμενος (αρ.)	[ifistámenos]
colega (m, f)	συνεργάτης (αρ.)	[sinerɣátis]
conhecido (m)	γνωστός (αρ.)	[ɣnostós]
companheiro (m) de viagem	συνταξιδιώτης (αρ.)	[sindaksiðiótis]

colega (m) de classe	συμμαθητής (αρ.)	[simaθitís]
vizinho (m)	γείτονας (αρ.)	[jítonas]
vizinha (f)	γειτόνισσα (θηλ.)	[jitónisa]
vizinhos (pl)	γείτονες (αρ.πλ.)	[jítones]

57. Homem. Mulher

mulher (f)	γυναίκα (θηλ.)	[jinéka]
menina (f)	κοπέλα (θηλ.)	[kopél'a]
noiva (f)	νύφη (θηλ.)	[nífi]

bonita, bela (adj)	όμορφη	[ómorfi]
alta (adj)	ψηλή	[psilí]
esbelta (adj)	λεπτή	[leptí]
baixa (adj)	κοντή	[kondí]

| loira (f) | ξανθιά (θηλ.) | [ksanθxá] |
| morena (f) | μελαχρινή (θηλ.) | [mel'axriní] |

de senhora	γυναικείος	[jinekíos]
virgem (f)	παρθένα (θηλ.)	[parθéna]
grávida (adj)	έγκυος	[éngios]

homem (m)	άντρας, άνδρας (αρ.)	[ándras], [ánðras]
loiro (m)	ξανθός (αρ.)	[ksanθós]
moreno (m)	μελαχρινός (αρ.)	[mel'axrinós]
alto (adj)	ψηλός	[psil'ós]
baixo (adj)	κοντός	[kondós]

rude (adj)	άξεστος	[áksestos]
atarracado (adj)	γεροδεμένος	[jeroðeménos]
robusto (adj)	ρωμαλέος	[romaléos]
forte (adj)	δυνατός	[ðinatós]
força (f)	δύναμη (θηλ.)	[ðínami]

gordo (adj)	χοντρός, παχύς	[xondrós], [paxís]
moreno (adj)	μελαψός	[mel'apsós]
esbelto (adj)	λεπτός	[leptós]
elegante (adj)	κομψός	[kompsós]

58. Idade

idade (f)	ηλικία (θηλ.)	[ilikía]
juventude (f)	νιάτα (πλ.)	[niáta]
jovem (adj)	νέος, νεαρός	[néos], [nearós]

| mais novo (adj) | μικρότερος | [mikróteros] |
| mais velho (adj) | μεγαλύτερος | [meyalíteros] |

jovem (m)	νεαρός (αρ.)	[nearós]
adolescente (m)	έφηβος (αρ.)	[éfivos]
rapaz (m)	αγόρι (ουδ.)	[aγóri]

| velho (m) | γέρος (αρ.) | [jéros] |
| velha (f) | γριά (θηλ.) | [γriá] |

adulto	ενήλικος	[enílikos]
de meia-idade	μέσης ηλικίας	[mésis ilikías]
idoso, de idade (adj)	ηλικιωμένος	[ilikioménos]
velho (adj)	γέρος	[jéros]

aposentadoria (f)	σύνταξη (θηλ.)	[síndaksi]
aposentar-se (vr)	βγαίνω σε σύνταξη	[vjéno se síndaksi]
aposentado (m)	συνταξιούχος (αρ.)	[sindaksiúxos]

59. Crianças

criança (f)	παιδί (ουδ.)	[peðí]
crianças (f pl)	παιδιά (ουδ.πλ.)	[peðiá]
gêmeos (m pl), gêmeas (f pl)	δίδυμα (πλ.)	[ðíðima]

berço (m)	κούνια (θηλ.)	[kúnia]
chocalho (m)	κουδουνίστρα (θηλ.)	[kuðunístra]
fralda (f)	πάνα (θηλ.), πάμπερς (ουδ.)	[pána], [pámpers]

chupeta (f), bico (m)	πιπίλα (θηλ.)	[pipíl'a]
carrinho (m) de bebê	καροτσάκι (ουδ.)	[karotsáki]
jardim (m) de infância	παιδικός σταθμός (αρ.)	[peðikós staθmós]
babysitter, babá (f)	νταντά (θηλ.)	[dadá]

infância (f)	παιδικά χρόνια (ουδ.πλ.)	[peðiká xrónia]
boneca (f)	κούκλα (θηλ.)	[kúkl'a]
brinquedo (m)	παιχνίδι (ουδ.)	[pexníði]

bem-educado (adj)	ευγενικός	[evjenikós]
malcriado (adj)	αγενής	[ajenís]
mimado (adj)	κακομαθημένος	[kakomaθiménos]

ser travesso	κάνω αταξίες	[káno ataksíes]
travesso, traquinas (adj)	άτακτος	[átaktos]
travessura (f)	αταξία (θηλ.)	[ataksía]
criança (f) travessa	άτακτο παιδί (ουδ.)	[átakto peðí]

| obediente (adj) | υπάκουος | [ipákuos] |
| desobediente (adj) | ανυπάκουος | [anipákuos] |

dócil (adj)	πειθήνιος	[piθínios]
inteligente (adj)	έξυπνος	[éksipnos]
prodígio (m)	παιδί θαύμα (ουδ.)	[peðiθávma]

60. Casais. Vida de família

beijar (vt)	φιλάω	[fil'áo]
beijar-se (vr)	φιλιέμαι	[filiéme]
família (f)	οικογένεια (θηλ.)	[ikojénia]

familiar (vida ~)	οικογενειακός	[ikojeniakós]
casal (m)	ζευγάρι (ουδ.)	[zevɣári]
matrimônio (m)	γάμος (αρ.)	[ɣámos]
lar (m)	σπίτι (ουδ.)	[spíti]
dinastia (f)	δυναστεία (θηλ.)	[ðinastía]

| encontro (m) | ραντεβού (ουδ.) | [randevú] |
| beijo (m) | φιλί (ουδ.) | [filí] |

amor (m)	αγάπη (θηλ.)	[aɣápi]
amar (pessoa)	αγαπάω	[aɣapáo]
amado, querido (adj)	αγαπημένος	[aɣapiménos]

ternura (f)	τρυφερότητα (θηλ.)	[triferótita]
afetuoso (adj)	τρυφερός	[triferós]
fidelidade (f)	πίστη (θηλ.)	[písti]
fiel (adj)	πιστός	[pistós]
cuidado (m)	φροντίδα (θηλ.)	[frondíða]
carinhoso (adj)	στοργικός	[storjikós]

recém-casados (pl)	νεόνυμφοι (πλ.)	[neónimfi]
lua (f) de mel	ταξίδι του μέλιτος (ουδ.)	[taksíði tu mélitos]
casar-se (com um homem)	παντρεύομαι	[pandrévome]
casar-se (com uma mulher)	παντρεύομαι	[pandrévome]

casamento (m)	γάμος (αρ.)	[ɣámos]
bodas (f pl) de ouro	χρυσή επέτειος (θηλ.)	[xrisí epétios]
aniversário (m)	επέτειος (θηλ.)	[epétios]

| amante (m) | εραστής (αρ.) | [erastís] |
| amante (f) | ερωμένη (θηλ.) | [eroméni] |

adultério (m), traição (f)	απιστία, μοιχεία (θηλ.)	[apistía], [mixía]
cometer adultério	απατώ	[apató]
ciumento (adj)	ζηλιάρης	[ziliáris]
ser ciumento, -a	ζηλεύω	[zilévo]
divórcio (m)	διαζύγιο (ουδ.)	[ðiazíjo]
divorciar-se (vr)	χωρίζω	[xorízo]

brigar (discutir)	τσακώνομαι	[tsakónome]
fazer as pazes	συμφιλιώνομαι	[simfiliónome]
juntos (ir ~)	μαζί	[mazí]
sexo (m)	σεξ (ουδ.)	[seks]

felicidade (f)	ευτυχία (θηλ.)	[eftixía]
feliz (adj)	ευτυχισμένος	[eftixizménos]
infelicidade (f)	κακοτυχία (θηλ.)	[kakotixía]
infeliz (adj)	στεναχωρημένος	[stenaxoriménos]

57

Caráter. Sentimentos. Emoções

61. Sentimentos. Emoções

sentimento (m)	αίσθημα (ουδ.)	[ésθima]
sentimentos (m pl)	αισθήματα (ουδ.πλ.)	[esθímata]

fome (f)	πείνα (θηλ.)	[pína]
ter fome	πεινάω	[pináo]
sede (f)	δίψα (θηλ.)	[δípsa]
ter sede	διψάω	[δipsáo]
sonolência (f)	νύστα (θηλ.)	[nísta]
estar sonolento	νυστάζω	[nistázo]

cansaço (m)	κούραση (θηλ.)	[kúrasi]
cansado (adj)	κουρασμένος	[kurazménos]
ficar cansado	κουράζομαι	[kurázome]

humor (m)	διάθεση (θηλ.)	[δiáθesi]
tédio (m)	ανία (θηλ.)	[anía]
entediar-se (vr)	βαριέμαι	[variéme]
reclusão (isolamento)	απομόνωση (θηλ.)	[apomónosi]
isolar-se (vr)	απομονώνομαι	[apomonónome]

preocupar (vt)	ανησυχώ	[anisixó]
estar preocupado	ανησυχώ	[anisixó]
preocupação (f)	ανησυχία (θηλ.)	[anisixía]
ansiedade (f)	άγχος (ουδ.)	[ánxos]
preocupado (adj)	προβληματισμένος	[provlimatizménos]
estar nervoso	αγχώνομαι	[anxónome]
entrar em pânico	πανικοβάλλομαι	[panikováliome]

esperança (f)	ελπίδα (θηλ.)	[eliρίδa]
esperar (vt)	ελπίζω	[eliρízo]

certeza (f)	σιγουριά (θηλ.)	[siɣuriá]
certo, seguro de ...	σίγουρος	[síɣuros]
indecisão (f)	αβεβαιότητα (θηλ.)	[aveveótita]
indeciso (adj)	αβέβαιος	[avéveos]

bêbado (adj)	μεθυσμένος	[meθizménos]
sóbrio (adj)	νηφάλιος	[nifálios]
fraco (adj)	αδύναμος	[aδínamos]
feliz (adj)	τυχερός	[tixerós]
assustar (vt)	τρομάζω	[tromázo]
fúria (f)	λύσσα (θηλ.)	[lísa]
ira, raiva (f)	οργή (θηλ.)	[orjí]

depressão (f)	κατάθλιψη (θηλ.)	[katáθlipsi]
desconforto (m)	δυσφορία (θηλ.)	[δisforía]

conforto (m)	άνεση (θηλ.)	[ánesi]
arrepender-se (vr)	λυπάμαι	[lipáme]
arrependimento (m)	λύπη (θηλ.)	[lípi]
azar (m), má sorte (f)	ατυχία (θηλ.)	[atixía]
tristeza (f)	στεναχώρια (θηλ.)	[stenaxória]

vergonha (f)	ντροπή (θηλ.)	[dropí]
alegria (f)	χαρά (θηλ.)	[xará]
entusiasmo (m)	ενθουσιασμός (αρ.)	[enθusiazmós]
entusiasta (m)	ενθουσιαστής (αρ.)	[enθusiastís]
mostrar entusiasmo	ενθουσιάζομαι	[enθusiázome]

62. Caráter. Personalidade

caráter (m)	χαρακτήρας (αρ.)	[xaraktíras]
falha (f) de caráter	ελάττωμα (ουδ.)	[elʲátoma]
mente (f)	μυαλό (ουδ.)	[mialʲó]
razão (f)	λογική (θηλ.)	[lʲojikí]

consciência (f)	συνείδηση (θηλ.)	[siníðisi]
hábito, costume (m)	συνήθεια (θηλ.)	[siníθia]
habilidade (f)	ικανότητα (θηλ.)	[ikanótita]
saber (~ nadar, etc.)	ξέρω	[kséro]

paciente (adj)	υπομονετικός	[ipomonetikós]
impaciente (adj)	ανυπόμονος	[anipómonos]
curioso (adj)	περίεργος	[períeryos]
curiosidade (f)	περιέργεια (θηλ.)	[periérjia]

modéstia (f)	σεμνότητα (θηλ.)	[semnótita]
modesto (adj)	σεμνός	[semnós]
imodesto (adj)	άσεμνος	[ásemnos]

preguiça (f)	τεμπελιά (θηλ.)	[tembeliá]
preguiçoso (adj)	τεμπέλης	[tembélis]
preguiçoso (m)	τεμπέλης (αρ.)	[tembélis]

astúcia (f)	πονηριά (θηλ.)	[poniriá]
astuto (adj)	πονηρός	[ponirós]
desconfiança (f)	δυσπιστία (θηλ.)	[ðispistía]
desconfiado (adj)	δύσπιστος	[ðíspistos]

generosidade (f)	γενναιοδωρία (θηλ.)	[jeneoðoría]
generoso (adj)	γενναιόδωρος	[jeneóðoros]
talentoso (adj)	ταλαντούχος	[talʲandúxos]
talento (m)	ταλέντο (ουδ.)	[taléndo]

corajoso (adj)	θαρραλέος	[θaraléos]
coragem (f)	θάρρος (ουδ.)	[θáros]
honesto (adj)	τίμιος	[tímios]
honestidade (f)	τιμιότητα (θηλ.)	[timiótita]

prudente, cuidadoso (adj)	προσεκτικός	[prosektikós]
valoroso (adj)	θαρραλέος	[θaraléos]

sério (adj)	σοβαρός	[sovarós]
severo (adj)	αυστηρός	[afstirós]

decidido (adj)	αποφασιστικός	[apofasistikós]
indeciso (adj)	αναποφάσιστος	[anapofásistos]
tímido (adj)	άτολμος	[átolmos]
timidez (f)	ατολμία (θηλ.)	[atolmía]

confiança (f)	εμπιστοσύνη (θηλ.)	[embistosíni]
confiar (vt)	εμπιστεύομαι	[embistévome]
crédulo (adj)	ευκολόπιστος	[efkolópistos]

sinceramente	ειλικρινά	[ilikriná]
sincero (adj)	ειλικρινής	[ilikrinís]
sinceridade (f)	ειλικρίνεια (θηλ.)	[ilikrínia]
aberto (adj)	ανοιχτός	[anixtós]

calmo (adj)	ήσυχος	[ísixos]
franco (adj)	ειλικρινής	[ilikrinís]
ingênuo (adj)	αφελής	[afelís]
distraído (adj)	αφηρημένος	[afiriménos]
engraçado (adj)	αστείος	[astíos]

ganância (f)	τσιγκουνιά (θηλ.)	[tsinguniá]
ganancioso (adj)	τσιγκούνης	[tsingúnis]
avarento, sovina (adj)	φιλάργυρος	[filárjiros]
mal (adj)	κακός	[kakós]
teimoso (adj)	πεισματάρης	[pizmatáris]
desagradável (adj)	δυσάρεστος	[ðisárestos]

egoísta (m)	εγωιστής (αρ.)	[eɣoistís]
egoísta (adj)	εγωιστικός	[eɣoistikós]
covarde (m)	δειλός	[ðilós]
covarde (adj)	δειλός	[ðilós]

63. O sono. Sonhos

dormir (vi)	κοιμάμαι	[kimáme]
sono (m)	ύπνος (αρ.)	[ípnos]
sonho (m)	όνειρο (ουδ.)	[óniro]
sonhar (ver sonhos)	βλέπω όνειρα	[vlépo ónira]
sonolento (adj)	νυσταγμένος	[nistaɣménos]

cama (f)	κρεβάτι (ουδ.)	[kreváti]
colchão (m)	στρώμα (ουδ.)	[stróma]
cobertor (m)	πάπλωμα (ουδ.)	[páploma]
travesseiro (m)	μαξιλάρι (ουδ.)	[maksilári]
lençol (m)	σεντόνι (ουδ.)	[sendóni]

insônia (f)	αϋπνία (θηλ.)	[aipnía]
sem sono (adj)	άυπνος	[áipnos]
sonífero (m)	υπνωτικό χάπι (ουδ.)	[ipnotikó xápi]
tomar um sonífero	παίρνω υπνωτικό χάπι	[pérno ipnotikó xápi]
estar sonolento	νυστάζω	[nistázo]

bocejar (vi)	χασμουριέμαι	[xazmuriéme]
ir para a cama	πηγαίνω για ύπνο	[pijéno ja ípno]
fazer a cama	στρώνω το κρεβάτι	[stróno to kreváti]
adormecer (vi)	αποκοιμάμαι	[apokimáme]

pesadelo (m)	εφιάλτης (αρ.)	[efiál'tis]
ronco (m)	ροχαλητό (ουδ.)	[roxalitó]
roncar (vi)	ροχαλίζω	[roxalízo]

despertador (m)	ξυπνητήρι (ουδ.)	[ksipnitíri]
acordar, despertar (vt)	ξυπνάω	[ksipnáo]
acordar (vi)	ξυπνάω	[ksipnáo]
levantar-se (vr)	σηκώνομαι	[sikónome]
lavar-se (vr)	πλένομαι	[plénome]

64. Humor. Riso. Alegria

humor (m)	χιούμορ (ουδ.)	[xúmor]
senso (m) de humor	αίσθηση του χιούμορ (θηλ.)	[ésθisi tu xúmor]
divertir-se (vr)	διασκεδάζω	[ðiaskeðázo]
alegre (adj)	χαρούμενος	[xarúmenos]
diversão (f)	ευθυμία (θηλ.)	[efθimía]

sorriso (m)	χαμόγελο (ουδ.)	[xamójel'o]
sorrir (vi)	χαμογελάω	[xamojel'áo]
começar a rir	ξεκινώ να γελάω	[ksekinó na jel'áo]
rir (vi)	γελάω	[jel'áo]
riso (m)	γέλιο (ουδ.)	[jélio]

anedota (f)	ανέκδοτο (ουδ.)	[anékðoto]
engraçado (adj)	αστείος	[astíos]
ridículo, cômico (adj)	αστείος	[astíos]

brincar (vi)	αστειεύομαι	[astiévome]
piada (f)	αστείο (ουδ.)	[astío]
alegria (f)	χαρά (θηλ.)	[xará]
regozijar-se (vr)	χαίρομαι	[xérome]
alegre (adj)	χαρούμενος	[xarúmenos]

65. Discussão, conversação. Parte 1

| comunicação (f) | επικοινωνία (θηλ.) | [epikinonía] |
| comunicar-se (vr) | επικοινωνώ | [epikinonó] |

conversa (f)	κουβέντα (θηλ.)	[kuvénda]
diálogo (m)	διάλογος (αρ.)	[ðiál'oγos]
discussão (f)	συζήτηση (θηλ.)	[sizítisi]
debate (m)	διαμάχη (θηλ.)	[ðiamáxi]
debater (vt)	λογομαχώ	[l'oγomaxó]

| interlocutor (m) | συνομιλητής (αρ.) | [sinomilitís] |
| tema (m) | θέμα (ουδ.) | [θéma] |

61

ponto (m) de vista	άποψη (θηλ.)	[ápopsi]
opinião (f)	άποψη (θηλ.)	[ápopsi]
discurso (m)	ομιλία (θηλ.)	[omilía]

discussão (f)	συζήτηση (θηλ.)	[sizítisi]
discutir (vt)	συζητώ	[sizitó]
conversa (f)	συζήτηση (θηλ.)	[sizítisi]
conversar (vi)	συζητώ	[sizitó]
reunião (f)	συνάντηση (θηλ.)	[sinándisi]
encontrar-se (vr)	συναντιέμαι	[sinandiéme]

provérbio (m)	παροιμία (θηλ.)	[parimía]
ditado, provérbio (m)	ρητό (ουδ.)	[ritó]
adivinha (f)	αίνιγμα (ουδ.)	[éniɣma]
dizer uma adivinha	θέτω αίνιγμα	[θeto éniɣma]
senha (f)	κωδικός (αρ.)	[koðikós]
segredo (m)	μυστικό (ουδ.)	[mistikó]

juramento (m)	όρκος (αρ.)	[órkos]
jurar (vi)	ορκίζομαι	[orkízome]
promessa (f)	υπόσχεση (θηλ.)	[ipósxesi]
prometer (vt)	υπόσχομαι	[ipósxome]

conselho (m)	συμβουλή (θηλ.)	[simvulí]
aconselhar (vt)	συμβουλεύω	[simvulévo]
escutar (~ os conselhos)	υπακούω	[ipakúo]

novidade, notícia (f)	νέα (ουδ.)	[néa]
sensação (f)	εντύπωση (θηλ.)	[endíposi]
informação (f)	στοιχεία (ουδ.πλ.)	[stixía]
conclusão (f)	συμπέρασμα (ουδ.)	[simbérazma]
voz (f)	φωνή (θηλ.)	[foní]
elogio (m)	κομπλιμέντο (ουδ.)	[kombliméndo]
amável, querido (adj)	ευγενικός	[evjenikós]

palavra (f)	λέξη (θηλ.)	[léksi]
frase (f)	φράση (θηλ.)	[frási]
resposta (f)	απάντηση (θηλ.)	[apándisi]

verdade (f)	αλήθεια (θηλ.)	[alíθia]
mentira (f)	ψέμα (ουδ.)	[pséma]

pensamento (m)	σκέψη (θηλ.)	[sképsi]
ideia (f)	ιδέα (θηλ.)	[iðéa]
fantasia (f)	φαντασιοπληξία (θηλ.)	[fandasiopliksía]

66. Discussão, conversação. Parte 2

estimado, respeitado (adj)	αξιοσέβαστος	[aksiosévastos]
respeitar (vt)	σέβομαι	[sévome]
respeito (m)	σεβασμός (αρ.)	[sevazmós]
Estimado ..., Caro ...	Αξιότιμε ...	[aksiótime]
apresentar (alguém a alguém)	συστήνω	[sistíno]

intenção (f)	πρόθεση (θηλ.)	[próθesi]
tencionar (~ fazer algo)	σκοπεύω	[skopévo]
desejo (de boa sorte)	ευχή (θηλ.)	[efxí]
desejar (ex. ~ boa sorte)	εύχομαι	[éfxome]

surpresa (f)	έκπληξη (θηλ.)	[ékpliksi]
surpreender (vt)	εκπλήσσω	[ekplíso]
surpreender-se (vr)	εκπλήσσομαι	[ekplísome]

dar (vt)	δίνω	[δíno]
pegar (tomar)	παίρνω	[pérno]
devolver (vt)	επιστρέφω	[epistréfo]
retornar (vt)	επιστρέφω	[epistréfo]

desculpar-se (vr)	ζητώ συγνώμη	[zitó siɣnómi]
desculpa (f)	συγνώμη (θηλ.)	[siɣnómi]
perdoar (vt)	συγχωρώ	[sinxoró]

falar (vi)	μιλάω	[milʲáo]
escutar (vt)	ακούω	[akúo]
ouvir até o fim	ακούω	[akúo]
entender (compreender)	καταλαβαίνω	[katalʲavéno]

mostrar (vt)	δείχνω	[δíxno]
olhar para ...	κοιτάω	[kitáo]
chamar (alguém para ...)	καλώ	[kalʲó]
perturbar (vt)	ενοχλώ	[enoxlʲó]
entregar (~ em mãos)	μεταβιβάζω	[metavivázo]

pedido (m)	παράκληση (θηλ.)	[paráklisi]
pedir (ex. ~ ajuda)	ζητάω	[zitáo]
exigência (f)	απαίτηση (θηλ.)	[apétisi]
exigir (vt)	απαιτώ	[apetó]

insultar (chamar nomes)	κοροϊδεύω	[koroiδévo]
zombar (vt)	κοροϊδεύω	[koroiδévo]
zombaria (f)	χλευασμός (αρ.)	[xlevazmós]
alcunha (f), apelido (m)	παρατσούκλι (ουδ.)	[paratsúkli]

insinuação (f)	υπαινιγμός (αρ.)	[ipeniɣmós]
insinuar (vt)	υπαινίσσομαι	[ipenísome]
querer dizer	σημαίνω	[siméno]

descrição (f)	περιγραφή (θηλ.)	[periɣrafí]
descrever (vt)	περιγράφω	[periɣráfo]
elogio (m)	έπαινος (αρ.)	[épenos]
elogiar (vt)	παινεύω	[penévo]

desapontamento (m)	απογοήτευση (θηλ.)	[apoɣoítefsi]
desapontar (vt)	απογοητεύω	[apoɣoitévo]
desapontar-se (vr)	απογοητεύομαι	[apoɣoitévome]

suposição (f)	υπόθεση (θηλ.)	[ipóθesi]
supor (vt)	υποθέτω	[ipoθéto]
advertência (f)	προειδοποίηση (θηλ.)	[proiδopíisi]
advertir (vt)	προειδοποιώ	[proiδopió]

67. Discussão, conversação. Parte 3

| convencer (vt) | πείθω | [píθo] |
| acalmar (vt) | καθησυχάζω | [kaθisixázo] |

silêncio (o ~ é de ouro)	σιωπή (θηλ.)	[siopí]
ficar em silêncio	σιωπώ	[siopó]
sussurrar (vt)	ψιθυρίζω	[psiθirízo]
sussurro (m)	ψιθύρισμα (ουδ.)	[psiθírizma]

| francamente | ειλικρινά | [ilikriná] |
| na minha opinião ... | κατά τη γνώμη μου ... | [katá ti ɣnómi mu] |

detalhe (~ da história)	λεπτομέρεια (θηλ.)	[leptoméria]
detalhado (adj)	λεπτομερής	[leptomerís]
detalhadamente	λεπτομερώς	[leptomerós]

| dica (f) | υπαινιγμός (αρ.) | [ipeniɣmós] |
| dar uma dica | υπαινίσσομαι | [ipenísome] |

olhar (m)	βλέμμα (ουδ.)	[vléma]
dar uma olhada	ρίχνω ματιά	[ríxno matiá]
fixo (olhada ~a)	απλανής	[aplanís]
piscar (vi)	ανοιγοκλείνω τα μάτια	[aniɣoklíno ta mátia]
piscar (vt)	κλείνω το μάτι	[klíno to máti]
acenar com a cabeça	γνέφω	[ɣnéfo]

suspiro (m)	αναπνοή (θηλ.)	[anapnoí]
suspirar (vi)	αναστενάζω	[anastenázo]
estremecer (vi)	τρέμω	[trémo]
gesto (m)	χειρονομία (θηλ.)	[xironomía]
tocar (com as mãos)	αγγίζω	[angízo]
agarrar (~ pelo braço)	πιάνω	[piáno]
bater de leve	χτυπώ ελαφρά	[xtipó elafrá]

Cuidado!	Προσοχή!	[prosoxí]
Sério?	Αλήθεια;	[alíθia]
Tem certeza?	Είσαι σίγουρος;	[íse síɣuros]
Boa sorte!	Καλή τύχη!	[kalí tíxi]
Entendi!	Κατάλαβα!	[katálava]
Que pena!	Τι κρίμα!	[ti kríma]

68. Acordo. Recusa

consentimento (~ mútuo)	συγκατάθεση (θηλ.)	[singatáθasi]
consentir (vi)	συμφωνώ	[simfonó]
aprovação (f)	έγκριση (θηλ.)	[éngrisi]
aprovar (vt)	εγκρίνω	[engríno]
recusa (f)	άρνηση (θηλ.)	[árnisi]
negar-se a ...	αρνούμαι	[arnúme]

| Ótimo! | Ωραία! | [oréa] |
| Tudo bem! | Εντάξει! | [endáksi] |

Está bem! De acordo!	Εντάξει!	[endáksi]
proibido (adj)	απαγορευμένος	[apayorevménos]
é proibido	απαγορεύεται	[apayorévete]
é impossível	είναι αδύνατο	[íne aδínato]
incorreto (adj)	λανθασμένος	[lʲanθazménos]

rejeitar (~ um pedido)	απορρίπτω	[aporípto]
apoiar (vt)	υποστηρίζω	[ipostirízo]
aceitar (desculpas, etc.)	δέχομαι	[δéxome]

confirmar (vt)	επιβεβαιώνω	[epiveveóno]
confirmação (f)	επιβεβαίωση (θηλ.)	[epivevéosi]
permissão (f)	άδεια (θηλ.)	[áδia]
permitir (vt)	επιτρέπω	[epitrépo]
decisão (f)	απόφαση (θηλ.)	[apófasi]
não dizer nada	σιωπώ	[siopó]

condição (com uma ~)	όρος (αρ.)	[óros]
pretexto (m)	πρόφαση (θηλ.)	[prófasi]
elogio (m)	έπαινος (αρ.)	[épenos]
elogiar (vt)	παινεύω	[penévo]

69. Sucesso. Boa sorte. Insucesso

êxito, sucesso (m)	επιτυχία (θηλ.)	[epitixía]
com êxito	επιτυχώς	[epitixós]
bem sucedido (adj)	επιτυχής	[epitixís]

sorte (fortuna)	τύχη (θηλ.)	[tíxi]
Boa sorte!	Καλή τύχη!	[kalí tíxi]
de sorte	τυχερός	[tixerós]
sortudo, felizardo (adj)	τυχερός	[tixerós]
fracasso (m)	αποτυχία (θηλ.)	[apotixía]
pouca sorte (f)	ατυχία (θηλ.)	[atixía]
azar (m), má sorte (f)	ατυχία (θηλ.)	[atixía]
mal sucedido (adj)	αποτυχημένος	[apotiximénos]
catástrofe (f)	καταστροφή (θηλ.)	[katastrofí]

orgulho (m)	υπερηφάνεια (θηλ.)	[iperifánia]
orgulhoso (adj)	υπερήφανος	[iperífanos]
estar orgulhoso, -a	είμαι περήφανος	[íme perífanos]
vencedor (m)	νικητής (αρ.)	[nikitís]
vencer (vi, vt)	νικάω, κερδίζω	[nikáo], [kerδízo]
perder (vt)	χάνω	[xáno]
tentativa (f)	προσπάθεια (θηλ.)	[prospáθia]
tentar (vt)	προσπαθώ	[prospaθó]
chance (m)	ευκαιρία (θηλ.)	[efkería]

70. Conflitos. Emoções negativas

grito (m)	κραυγή (θηλ.)	[kravʲí]
gritar (vi)	φωνάζω	[fonázo]

começar a gritar	ξεκινώ να φωνάζω	[ksekinó na fonázo]
discussão (f)	τσακωμός (αρ.)	[tsakomós]
brigar (discutir)	τσακώνομαι	[tsakónome]
escândalo (m)	καυγάς (αρ.)	[kavγás]
criar escândalo	καυγαδίζω	[kavγadízo]
conflito (m)	σύγκρουση (θηλ.)	[síngrusi]
mal-entendido (m)	παρεξήγηση (θηλ.)	[pareks(j)isi]
insulto (m)	προσβολή (θηλ.)	[prozvolí]
insultar (vt)	προσβάλλω	[prozváljo]
insultado (adj)	προσβεβλημένος	[prozvevliménos]
ofensa (f)	πίκρα (θηλ.)	[píkra]
ofender (vt)	προσβάλλω	[prozváljo]
ofender-se (vr)	θίγομαι	[θíγome]
indignação (f)	αγανάκτηση (θηλ.)	[aγanáktisi]
indignar-se (vr)	αγανακτώ	[aγanaktó]
queixa (f)	παράπονο (ουδ.)	[parápono]
queixar-se (vr)	παραπονιέμαι	[paraponiéme]
desculpa (f)	συγνώμη (θηλ.)	[siγnómi]
desculpar-se (vr)	ζητώ συγνώμη	[zitó siγnómi]
pedir perdão	ζητώ συγχώρεση	[zitó sinxóresi]
crítica (f)	κριτική (θηλ.)	[kritikí]
criticar (vt)	κριτικάρω	[kritikáro]
acusação (f)	κατηγορία (θηλ.)	[katiγoría]
acusar (vt)	κατηγορώ	[katiγoró]
vingança (f)	εκδίκηση (θηλ.)	[ekδíkisi]
vingar (vt)	εκδικούμαι	[ekδikúme]
vingar-se de	παίρνω εκδίκηση	[pérno ekδíkisi]
desprezo (m)	περιφρόνηση (θηλ.)	[perifronísi]
desprezar (vt)	περιφρονώ	[perifronó]
ódio (m)	μίσος (ουδ.)	[mísos]
odiar (vt)	μισώ	[misó]
nervoso (adj)	νευρικός	[nevrikós]
estar nervoso	αγχώνομαι	[anxónome]
zangado (adj)	θυμωμένος	[θimoménos]
zangar (vt)	θυμώνω	[θimóno]
humilhação (f)	ταπείνωση (θηλ.)	[tapínosi]
humilhar (vt)	ταπεινώνω	[tapinóno]
humilhar-se (vr)	ταπεινώνομαι	[tapinónome]
choque (m)	σοκ (ουδ.)	[sok]
chocar (vt)	σοκάρω	[sokáro]
aborrecimento (m)	πρόβλημα (ουδ.)	[próvlima]
desagradável (adj)	δυσάρεστος	[δisárestos]
medo (m)	φόβος (αρ.)	[fóvos]
terrível (tempestade, etc.)	τρομερός	[tromerós]
assustador (ex. história ~a)	τρομακτικός	[tromaktikós]

horror (m)	τρόμος (αρ.)	[trómos]
horrível (crime, etc.)	φρικτός	[friktós]
chorar (vi)	κλαίω	[kléo]
começar a chorar	ξεκινώ να κλαίω	[ksekinó na kléo]
lágrima (f)	δάκρυ (ουδ.)	[ðákri]
falta (f)	λάθος (ουδ.)	[liáθos]
culpa (f)	ενοχή (θηλ.)	[enoxí]
desonra (f)	ντροπή (θηλ.)	[dropí]
protesto (m)	διαμαρτυρία (θηλ.)	[ðiamartiría]
estresse (m)	στρες (ουδ.)	[stres]
perturbar (vt)	ενοχλώ	[enoxlió]
zangar-se com ...	θυμώνω	[θimóno]
zangado (irritado)	θυμωμένος	[θimoménos]
terminar (vt)	τελειώνω	[telióno]
praguejar	βρίζω	[vrízo]
assustar-se	τρομάζω	[tromázo]
golpear (vt)	χτυπάω	[xtipáo]
brigar (na rua, etc.)	παλεύω	[palévo]
resolver (o conflito)	διευθετώ	[ðiefθetó]
descontente (adj)	δυσαρεστημένος	[ðisarestiménos]
furioso (adj)	οργισμένος	[orjizménos]
Não está bem!	Δεν είναι καλό!	[ðen íne kalió]
É ruim!	Είναι κακό!	[íne kakó]

Medicina

71. Doenças

doença (f)	αρρώστια (θηλ.)	[aróstia]
estar doente	είμαι άρρωστος	[íme árostos]
saúde (f)	υγεία (θηλ.)	[ijía]
nariz (m) escorrendo	συνάχι (ουδ.)	[sináxi]
amigdalite (f)	αμυγδαλίτιδα (θηλ.)	[amiýðalítiða]
resfriado (m)	κρυολόγημα (ουδ.)	[kriol'ójima]
ficar resfriado	κρυολογώ	[kriol'oγó]
bronquite (f)	βρογχίτιδα (θηλ.)	[vronxítiða]
pneumonia (f)	πνευμονία (θηλ.)	[pnevmonía]
gripe (f)	γρίππη (θηλ.)	[γrípi]
míope (adj)	μύωπας	[míopas]
presbita (adj)	πρεσβύωπας	[prezvíopas]
estrabismo (m)	στραβισμός (αρ.)	[stravizmós]
estrábico, vesgo (adj)	αλλήθωρος	[alíθoros]
catarata (f)	καταρράκτης (αρ.)	[kataráktis]
glaucoma (m)	γλαύκωμα (ουδ.)	[χl'áfkoma]
AVC (m), apoplexia (f)	αποπληξία (θηλ.)	[apopliksía]
ataque (m) cardíaco	έμφραγμα (ουδ.)	[émfraγma]
enfarte (m) do miocárdio	έμφραγμα του μυοκαρδίου (ουδ.)	[émfraγma tu miokarðíu]
paralisia (f)	παράλυση (θηλ.)	[parálisi]
paralisar (vt)	παραλύω	[paralío]
alergia (f)	αλλεργία (θηλ.)	[alerjía]
asma (f)	άσθμα (ουδ.)	[ásθma]
diabetes (f)	διαβήτης (αρ.)	[ðiavítis]
dor (f) de dente	πονόδοντος (αρ.)	[ponóðondos]
cárie (f)	τερηδόνα (θηλ.)	[teriðóna]
diarreia (f)	διάρροια (θηλ.)	[ðiária]
prisão (f) de ventre	δυσκοιλιότητα (θηλ.)	[ðiskiliótita]
desarranjo (m) intestinal	στομαχική διαταραχή (θηλ.)	[stomaxikí ðiataraxí]
intoxicação (f) alimentar	τροφική δηλητηρίαση (θηλ.)	[trofikí ðilitiríasi]
intoxicar-se	δηλητηριάζομαι	[ðilitiriázome]
artrite (f)	αρθρίτιδα (θηλ.)	[arθrítiða]
raquitismo (m)	ραχίτιδα (θηλ.)	[raxítiða]
reumatismo (m)	ρευματισμοί (αρ.πλ.)	[revmatizmí]
arteriosclerose (f)	αθηροσκλήρωση (θηλ.)	[aθirosklírosi]
gastrite (f)	γαστρίτιδα (θηλ.)	[γastrítiða]
apendicite (f)	σκωληκοειδίτιδα (θηλ.)	[skolikoiðítiða]

| colecistite (f) | χολοκυστίτιδα (θηλ.) | [xolʲokistítiða] |
| úlcera (f) | έλκος (ουδ.) | [élʲkos] |

sarampo (m)	ιλαρά (θηλ.)	[ilʲará]
rubéola (f)	ερυθρά (θηλ.)	[eriθrá]
icterícia (f)	ίκτερος (αρ.)	[íkteros]
hepatite (f)	ηπατίτιδα (θηλ.)	[ipatítiða]

esquizofrenia (f)	σχιζοφρένεια (θηλ.)	[sxizofrénia]
raiva (f)	λύσσα (θηλ.)	[lísa]
neurose (f)	νεύρωση (θηλ.)	[névrosi]
contusão (f) cerebral	διάσειση (θηλ.)	[ðiásisi]

câncer (m)	καρκίνος (αρ.)	[karkínos]
esclerose (f)	σκλήρυνση (θηλ.)	[sklírinsi]
esclerose (f) múltipla	σκλήρυνση κατά πλάκας (θηλ.)	[sklírinsi kataplʲákas]

alcoolismo (m)	αλκοολισμός (αρ.)	[alʲkoolizmós]
alcoólico (m)	αλκοολικός (αρ.)	[alʲkoolikós]
sífilis (f)	σύφιλη (θηλ.)	[sífili]
AIDS (f)	AIDS (ουδ.)	[ejds]

tumor (m)	όγκος (αρ.)	[óngos]
maligno (adj)	κακοήθης	[kakoíθis]
benigno (adj)	καλοήθης	[kalʲoíθis]

febre (f)	πυρετός (αρ.)	[piretós]
malária (f)	ελονοσία (θηλ.)	[elʲonosía]
gangrena (f)	γάγγραινα (θηλ.)	[ɣángrena]
enjoo (m)	ναυτία (θηλ.)	[naftía]
epilepsia (f)	επιληψία (θηλ.)	[epilipsía]

epidemia (f)	επιδημία (θηλ.)	[epiðimía]
tifo (m)	τύφος (αρ.)	[tífos]
tuberculose (f)	φυματίωση (θηλ.)	[fimatíosi]
cólera (f)	χολέρα (θηλ.)	[xoléra]
peste (f) bubônica	πανούκλα (θηλ.)	[panúklʲa]

72. Sintomas. Tratamentos. Parte 1

sintoma (m)	σύμπτωμα (ουδ.)	[símptoma]
temperatura (f)	θερμοκρασία (θηλ.)	[θermokrasía]
febre (f)	υψηλή θερμοκρασία (θηλ.)	[ipsilí θermokrasía]
pulso (m)	παλμός (αρ.)	[palʲmós]

vertigem (f)	ίλιγγος (αρ.)	[ílingos]
quente (testa, etc.)	ζεστός	[zestós]
calafrio (m)	ρίγος (ουδ.)	[ríɣos]
pálido (adj)	χλομός	[xlʲomós]

tosse (f)	βήχας (αρ.)	[víxas]
tossir (vi)	βήχω	[víxo]
espirrar (vi)	φτερνίζομαι	[fternízome]

69

desmaio (m)	λιποθυμία (θηλ.)	[lipoθimía]
desmaiar (vi)	λιποθυμώ	[lipoθimó]

mancha (f) preta	μελανιά (θηλ.)	[melʲaniá]
galo (m)	καρούμπαλο (ουδ.)	[karúmbalʲo]
machucar-se (vr)	χτυπάω	[xtipáo]
contusão (f)	μώλωπας (αρ.)	[mólʲopas]
machucar-se (vr)	χτυπάω	[xtipáo]

mancar (vi)	κουτσαίνω	[kutséno]
deslocamento (f)	εξάρθρημα (ουδ.)	[eksárθrima]
deslocar (vt)	εξαρθρώνω	[eksaθróno]
fratura (f)	κάταγμα (ουδ.)	[kátaγma]
fraturar (vt)	παθαίνω κάταγμα	[paθéno kátaγma]

corte (m)	κόψιμο, σχίσιμο (ουδ.)	[kópsimo], [sxísimo]
cortar-se (vr)	κόβομαι	[kóvome]
hemorragia (f)	αιμορραγία (θηλ.)	[emorajía]

queimadura (f)	έγκαυμα (ουδ.)	[éngavma]
queimar-se (vr)	καίγομαι	[kéγome]

picar (vt)	τρυπώ	[tripó]
picar-se (vr)	τρυπώ	[tripó]
lesionar (vt)	τραυματίζω	[travmatízo]
lesão (m)	τραυματισμός (αρ.)	[travmatizmós]
ferida (f), ferimento (m)	πληγή (θηλ.)	[plijí]
trauma (m)	τραύμα (ουδ.)	[trávma]

delirar (vi)	παραμιλώ	[paramilʲó]
gaguejar (vi)	τραυλίζω	[travlízo]
insolação (f)	ηλίαση (θηλ.)	[ilíasi]

73. Sintomas. Tratamentos. Parte 2

dor (f)	πόνος (αρ.)	[pónos]
farpa (no dedo, etc.)	ακίδα (θηλ.)	[akíδa]

suor (m)	ιδρώτας (αρ.)	[iδrótas]
suar (vi)	ιδρώνω	[iδróno]
vômito (m)	εμετός (αρ.)	[emetós]
convulsões (f pl)	σπασμοί (αρ.πλ.)	[spazmí]

grávida (adj)	έγκυος	[éngios]
nascer (vi)	γεννιέμαι	[jeniéme]
parto (m)	γέννα (θηλ.)	[jéna]
dar à luz	γεννάω	[jenáo]
aborto (m)	έκτρωση (θηλ.)	[éktrosi]

respiração (f)	αναπνοή (θηλ.)	[anapnoí]
inspiração (f)	εισπνοή (θηλ.)	[ispnoí]
expiração (f)	εκπνοή (θηλ.)	[ekpnoí]
expirar (vi)	εκπνέω	[ekpnéo]
inspirar (vi)	εισπνέω	[ispnéo]

inválido (m)	ανάπηρος (αρ.)	[anápiros]
aleijado (m)	σακάτης (αρ.)	[sakátis]
drogado (m)	ναρκομανής (αρ.)	[narkomanís]

surdo (adj)	κουφός, κωφός	[kufós], [kofós]
mudo (adj)	μουγγός	[mungós]
surdo-mudo (adj)	κωφάλαλος	[kofálʲalʲos]

louco, insano (adj)	τρελός	[trelʲós]
louco (m)	τρελός (αρ.)	[trelʲós]
louca (f)	τρελή (θηλ.)	[trelí]
ficar louco	τρελαίνομαι	[trelénome]

gene (m)	γονίδιο (ουδ.)	[yonídio]
imunidade (f)	ανοσία (θηλ.)	[anosía]
hereditário (adj)	κληρονομικός	[klironomikós]
congênito (adj)	συγγενής	[singenís]

vírus (m)	ιός (αρ.)	[jos]
micróbio (m)	μικρόβιο (ουδ.)	[mikróvio]
bactéria (f)	βακτήριο (ουδ.)	[vaktírio]
infecção (f)	μόλυνση (θηλ.)	[mólinsi]

74. Sintomas. Tratamentos. Parte 3

| hospital (m) | νοσοκομείο (ουδ.) | [nosokomío] |
| paciente (m) | ασθενής (αρ.) | [asθenís] |

diagnóstico (m)	διάγνωση (θηλ.)	[ðiáynosi]
cura (f)	θεραπεία (θηλ.)	[θerapía]
tratamento (m) médico	ιατρική περίθαλψη (θηλ.)	[jatrikí períθalʲpsi]
curar-se (vr)	θεραπεύομαι	[θerapévume]
tratar (vt)	περιποιούμαι	[peripiúme]
cuidar (pessoa)	φροντίζω	[frondízo]
cuidado (m)	φροντίδα (θηλ.)	[frondíða]

operação (f)	εγχείρηση (θηλ.)	[enxírisi]
enfaixar (vt)	επιδένω	[epiðéno]
enfaixamento (m)	επίδεση (θηλ.)	[epíðesi]

vacinação (f)	εμβόλιο (ουδ.)	[emvólio]
vacinar (vt)	εμβολιάζω	[emvoliázo]
injeção (f)	ένεση (θηλ.)	[énesi]
dar uma injeção	κάνω ένεση	[káno énesi]

amputação (f)	ακρωτηριασμός (αρ.)	[akrotiriazmós]
amputar (vt)	ακρωτηριάζω	[akrotiriázo]
coma (f)	κώμα (ουδ.)	[kóma]
estar em coma	βρίσκομαι σε κώμα	[vrískome se kóma]
reanimação (f)	εντατική (θηλ.)	[endatikí]

recuperar-se (vr)	αναρρώνω	[anaróno]
estado (~ de saúde)	κατάσταση (θηλ.)	[katástasi]
consciência (perder a ~)	αισθήσεις (θηλ.πλ.)	[esθísis]

memória (f)	μνήμη (θηλ.)	[mními]
tirar (vt)	βγάζω	[vγázo]
obturação (f)	σφράγισμα (ουδ.)	[sfráji̱zma]
obturar (vt)	σφραγίζω	[sfraji̱zo]
hipnose (f)	ύπνωση (θηλ.)	[ípnosi]
hipnotizar (vt)	υπνωτίζω	[ipnotízo]

75. Médicos

médico (m)	γιατρός (αρ.)	[jatrós]
enfermeira (f)	νοσοκόμα (θηλ.)	[nosokóma]
médico (m) pessoal	προσωπικός γιατρός (αρ.)	[prosopikós jatrós]
dentista (m)	οδοντίατρος (αρ.)	[oðondíatros]
oculista (m)	οφθαλμίατρος (αρ.)	[ofθal'míatros]
terapeuta (m)	παθολόγος (αρ.)	[paθol'óγos]
cirurgião (m)	χειρουργός (αρ.)	[xirurγós]
psiquiatra (m)	ψυχίατρος (αρ.)	[psixíatros]
pediatra (m)	παιδίατρος (αρ.)	[peðíatros]
psicólogo (m)	ψυχολόγος (αρ.)	[psixol'óγos]
ginecologista (m)	γυναικολόγος (αρ.)	[jinekol'óγos]
cardiologista (m)	καρδιολόγος (αρ.)	[karðiol'óγos]

76. Medicina. Drogas. Acessórios

medicamento (m)	φάρμακο (ουδ.)	[fármako]
remédio (m)	θεραπεία (θηλ.)	[θerapía]
receitar (vt)	γράφω	[γráfo]
receita (f)	συνταγή (θηλ.)	[sindaji̱í]
comprimido (m)	χάπι (ουδ.)	[xápi]
unguento (m)	αλοιφή (θηλ.)	[alifí]
ampola (f)	αμπούλα (θηλ.)	[ambúl'a]
solução, preparado (m)	διάλυμα (ουδ.)	[ðiálima]
xarope (m)	σιρόπι (ουδ.)	[sirópi]
cápsula (f)	κάψουλα (θηλ.)	[kápsul'a]
pó (m)	σκόνη (θηλ.)	[skóni]
atadura (f)	επίδεσμος (αρ.)	[epíðezmos]
algodão (m)	χειρουργικό βαμβάκι (ουδ.)	[xirurjikó vamváki]
iodo (m)	ιώδιο (ουδ.)	[ióðio]
curativo (m) adesivo	τσιρότο (ουδ.)	[tsiróto]
conta-gotas (m)	σταγονόμετρο (ουδ.)	[staγonómetro]
termômetro (m)	θερμόμετρο (ουδ.)	[θermómetro]
seringa (f)	σύριγγα (θηλ.)	[síringa]
cadeira (f) de rodas	αναπηρικό καροτσάκι (ουδ.)	[anapirikó karotsáki]
muletas (f pl)	πατερίτσες (θηλ.πλ.)	[paterítses]
analgésico (m)	αναλγητικό (ουδ.)	[anal'ji̱tikó]

laxante (m)	καθαρτικό (ουδ.)	[kaθartikó]
álcool (m)	οινόπνευμα (ουδ.)	[inópnevma]
ervas (f pl) medicinais	θεραπευτικά βότανα (ουδ.πλ.)	[θerapeftiká vótana]
de ervas (chá ~)	από βότανα	[apó vótana]

77. Fumar. Produtos tabágicos

tabaco (m)	καπνός (αρ.)	[kapnós]
cigarro (m)	τσιγάρο (ουδ.)	[tsiɣáro]
charuto (m)	πούρο (ουδ.)	[púro]
cachimbo (m)	πίπα (θηλ.)	[pípa]
maço (~ de cigarros)	πακέτο (ουδ.)	[pakéto]

fósforos (m pl)	σπίρτα (ουδ.πλ.)	[spírta]
caixa (f) de fósforos	σπιρτόκουτο (ουδ.)	[spirtókuto]
isqueiro (m)	αναπτήρας (αρ.)	[anaptíras]
cinzeiro (m)	τασάκι (ουδ.)	[tasáki]
cigarreira (f)	τσιγαροθήκη (θηλ.)	[tsiɣaroθíki]

| piteira (f) | καπνοσύριγγα (θηλ.) | [kapnosíringa] |
| filtro (m) | φίλτρο (ουδ.) | [fíl'tro] |

fumar (vi, vt)	καπνίζω	[kapnízo]
acender um cigarro	ανάβω τσιγάρο	[anávo tsiɣáro]
tabagismo (m)	κάπνισμα (ουδ.)	[kápnizma]
fumante (m)	καπνιστής (αρ.)	[kapnistís]

bituca (f)	αποτσίγαρο (ουδ.)	[apotsíɣaro]
fumaça (f)	καπνός (αρ.)	[kapnós]
cinza (f)	στάχτη (θηλ.)	[stáxti]

HABITAT HUMANO

Cidade

78. Cidade. Vida na cidade

cidade (f)	πόλη (θηλ.)	[póli]
capital (f)	πρωτεύουσα (θηλ.)	[protévusa]
aldeia (f)	χωριό (ουδ.)	[xorió]
mapa (m) da cidade	χάρτης πόλης (αρ.)	[xártis pólis]
centro (m) da cidade	κέντρο της πόλης (ουδ.)	[kéndro tis pólis]
subúrbio (m)	προάστιο (ουδ.)	[proástio]
suburbano (adj)	προαστιακός	[proastiakós]
periferia (f)	προάστια (ουδ.πλ.)	[proástia]
arredores (m pl)	περίχωρα (πλ.)	[períxora]
quarteirão (m)	συνοικία (θηλ.)	[sinikía]
quarteirão (m) residencial	οικιστικό τετράγωνο (ουδ.)	[ikistikó tetráγono]
tráfego (m)	κίνηση (θηλ.)	[kínisi]
semáforo (m)	φανάρι (ουδ.)	[fanári]
transporte (m) público	δημόσιες συγκοινωνίες (θηλ.πλ.)	[ðimósies singinoníes]
cruzamento (m)	διασταύρωση (θηλ.)	[ðiastávrosi]
faixa (f)	διάβαση πεζών (θηλ.)	[ðiávasi pezón]
túnel (m) subterrâneo	υπόγεια διάβαση (θηλ.)	[ipójia ðiávasi]
cruzar, atravessar (vt)	περνάω, διασχίζω	[pernáo], [ðiasxízo]
pedestre (m)	πεζός (αρ.)	[pezós]
calçada (f)	πεζοδρόμιο (ουδ.)	[pezoðrómio]
ponte (f)	γέφυρα (θηλ.)	[jéfira]
margem (f) do rio	προκυμαία (θηλ.)	[prokiméa]
fonte (f)	κρήνη (θηλ.)	[kríni]
alameda (f)	αλέα (θηλ.)	[aléa]
parque (m)	πάρκο (ουδ.)	[párko]
bulevar (m)	λεωφόρος (θηλ.)	[leofóros]
praça (f)	πλατεία (θηλ.)	[pl¹atía]
avenida (f)	λεωφόρος (θηλ.)	[leofóros]
rua (f)	δρόμος (αρ.)	[ðrómos]
travessa (f)	παράδρομος (αρ.)	[paráðromos]
beco (m) sem saída	αδιέξοδο (ουδ.)	[aðiéksoðo]
casa (f)	σπίτι (ουδ.)	[spíti]
edifício, prédio (m)	κτίριο (ουδ.)	[ktírio]
arranha-céu (m)	ουρανοξύστης (αρ.)	[uranoksístis]
fachada (f)	πρόσοψη (θηλ.)	[prósopsi]

telhado (m)	στέγη (θηλ.)	[stéji]
janela (f)	παράθυρο (ουδ.)	[paráθiro]
arco (m)	αψίδα (θηλ.)	[apsíδa]
coluna (f)	κολόνα (θηλ.)	[kolʲóna]
esquina (f)	γωνία (θηλ.)	[ɣonía]

vitrine (f)	βιτρίνα (θηλ.)	[vitrína]
letreiro (m)	ταμπέλα (θηλ.)	[tabélʲa]
cartaz (do filme, etc.)	αφίσα (θηλ.)	[afísa]
cartaz (m) publicitário	διαφημιστική αφίσα (θηλ.)	[δiafimistikí afísa]
painel (m) publicitário	διαφημιστική πινακίδα (θηλ.)	[δiafimistikí pinakíδa]

lixo (m)	σκουπίδια (ουδ.πλ.)	[skupíδia]
lata (f) de lixo	σκουπιδοτενεκές (αρ.)	[skupiδotenekés]
jogar lixo na rua	λερώνω με σκουπίδια	[leróno me skupíδia]
aterro (m) sanitário	χωματερή (θηλ.)	[xomaterí]

orelhão (m)	τηλεφωνικός θάλαμος (αρ.)	[tilefonikós θálʲamos]
poste (m) de luz	φανοστάτης (αρ.)	[fanostátis]
banco (m)	παγκάκι (ουδ.)	[pangáki]

polícia (m)	αστυνομικός (αρ.)	[astinomikós]
polícia (instituição)	αστυνομία (θηλ.)	[astinomía]
mendigo, pedinte (m)	ζητιάνος (αρ.)	[zitiános]
desabrigado (m)	άστεγος (αρ.)	[ásteɣos]

79. Instituições urbanas

loja (f)	κατάστημα (ουδ.)	[katástima]
drogaria (f)	φαρμακείο (ουδ.)	[farmakío]
ótica (f)	κατάστημα οπτικών (ουδ.)	[katástima optikón]
centro (m) comercial	εμπορικό κέντρο (ουδ.)	[emborikó kéndro]
supermercado (m)	σουπερμάρκετ (ουδ.)	[supermárket]

padaria (f)	αρτοπωλείο (ουδ.)	[artopolío]
padeiro (m)	φούρναρης (αρ.)	[fúrnaris]
pastelaria (f)	ζαχαροπλαστείο (ουδ.)	[zaxaroplʲastío]
mercearia (f)	μπακάλικο (ουδ.)	[bakáliko]
açougue (m)	κρεοπωλείο (ουδ.)	[kreopolío]

| fruteira (f) | μανάβικο (ουδ.) | [manáviko] |
| mercado (m) | αγορά, λαϊκή (θηλ.) | [aɣorá], [lʲajkí] |

cafeteria (f)	καφετέρια (θηλ.)	[kafetéria]
restaurante (m)	εστιατόριο (ουδ.)	[estiatório]
bar (m)	μπαρ (ουδ.), μπυραρία (θηλ.)	[bar], [biraría]
pizzaria (f)	πιτσαρία (θηλ.)	[pitsaría]

salão (m) de cabeleireiro	κομμωτήριο (ουδ.)	[komotírio]
agência (f) dos correios	ταχυδρομείο (ουδ.)	[taxiδromío]
lavanderia (f)	στεγνοκαθαριστήριο (ουδ.)	[steɣnokaθaristírio]
estúdio (m) fotográfico	φωτογραφείο (ουδ.)	[fotoɣrafío]
sapataria (f)	κατάστημα παπουτσιών (ουδ.)	[katástima paputsión]

| livraria (f) | βιβλιοπωλείο (ουδ.) | [vivliopolío] |
| loja (f) de artigos esportivos | κατάστημα αθλητικών ειδών (ουδ.) | [katástima aθlitikón iδón] |

costureira (m)	κατάστημα επιδιορθώσεων ενδυμάτων (ουδ.)	[katástima epiδiorθóseon enδimáton]
aluguel (m) de roupa	ενοικίαση ενδυμάτων (θηλ.)	[enikíasi enδimáton]
videolocadora (f)	κατάστημα ενοικίασης βίντεο (ουδ.)	[katástima enikíasis vídeo]

circo (m)	τσίρκο (ουδ.)	[tsírko]
jardim (m) zoológico	ζωολογικός κήπος (αρ.)	[zoolⁱojikós kípos]
cinema (m)	κινηματογράφος (αρ.)	[kinimatoɣráfos]
museu (m)	μουσείο (ουδ.)	[musío]
biblioteca (f)	βιβλιοθήκη (θηλ.)	[vivlioθíki]

teatro (m)	θέατρο (ουδ.)	[θéatro]
ópera (f)	όπερα (θηλ.)	[ópera]
boate (casa noturna)	νυχτερινό κέντρο (ουδ.)	[nixterinó kéndro]
cassino (m)	καζίνο (ουδ.)	[kazíno]

mesquita (f)	τζαμί (ουδ.)	[dzamí]
sinagoga (f)	συναγωγή (θηλ.)	[sinaɣojí]
catedral (f)	καθεδρικός (αρ.)	[kaθeδrikós]
templo (m)	ναός (αρ.)	[naós]
igreja (f)	εκκλησία (θηλ.)	[eklisía]

faculdade (f)	πανεπιστήμιο (ουδ.)	[panepistímio]
universidade (f)	πανεπιστήμιο (ουδ.)	[panepistímio]
escola (f)	σχολείο (ουδ.)	[sxolío]

prefeitura (f)	νομός (αρ.)	[nómos]
câmara (f) municipal	δημαρχείο (ουδ.)	[δimarxío]
hotel (m)	ξενοδοχείο (ουδ.)	[ksenoδoxío]
banco (m)	τράπεζα (θηλ.)	[trápeza]

embaixada (f)	πρεσβεία (θηλ.)	[prezvía]
agência (f) de viagens	ταξιδιωτικό γραφείο (ουδ.)	[taksiδiotikó ɣrafío]
agência (f) de informações	γραφεία πληροφοριών (ουδ.)	[ɣrafío pliroforión]
casa (f) de câmbio	ανταλλακτήριο συναλλάγματος (ουδ.)	[andalⁱaktírio sinalⁱáɣmatos]

| metrô (m) | μετρό (ουδ.) | [metró] |
| hospital (m) | νοσοκομείο (ουδ.) | [nosokomío] |

| posto (m) de gasolina | βενζινάδικο (ουδ.) | [venzináδiko] |
| parque (m) de estacionamento | πάρκινγκ (ουδ.) | [párking] |

80. Sinais

letreiro (m)	ταμπέλα (θηλ.)	[tabélⁱa]
aviso (m)	επιγραφή (θηλ.)	[epiɣrafí]
cartaz, pôster (m)	αφίσα, πόστερ (ουδ.)	[afísa], [póster]
placa (f) de direção	πινακίδα (θηλ.)	[pinakíδa]

seta (f)	βελάκι (ουδ.)	[vel'áki]
aviso (advertência)	προειδοποίηση (θηλ.)	[proiðopíisi]
sinal (m) de aviso	προειδοποίηση (θηλ.)	[proiðopíisi]
avisar, advertir (vt)	προειδοποιώ	[proiðopió]
dia (m) de folga	ρεπό (ουδ.)	[repó]
horário (~ dos trens, etc.)	ωράριο (ουδ.)	[orário]
horário (m)	ώρες λειτουργίας (θηλ.πλ.)	[óres liturjías]
BEM-VINDOS!	ΚΑΛΩΣ ΗΡΘΑΤΕ!	[kal'os írθate]
ENTRADA	ΕΙΣΟΔΟΣ	[ísoðos]
SAÍDA	ΕΞΟΔΟΣ	[éksoðos]
EMPURRE	ΩΘΗΣΑΤΕ	[oθísate]
PUXE	ΕΛΞΑΤΕ	[él'ksate]
ABERTO	ΑΝΟΙΚΤΟ	aníkto
FECHADO	ΚΛΕΙΣΤΟ	[klísto]
MULHER	ΓΥΝΑΙΚΩΝ	[jinekón]
HOMEM	ΑΝΔΡΕΣ	[ánðres]
DESCONTOS	ΕΚΠΤΩΣΕΙΣ	[ekptósis]
SALDOS, PROMOÇÃO	ΞΕΠΟΥΛΗΜΑ	[ksepúlima]
NOVIDADE!	ΝΕΟ!	[néo]
GRÁTIS	ΔΩΡΕΑΝ	[ðoreán]
ATENÇÃO!	ΠΡΟΣΟΧΗ!	[prosoxí]
NÃO HÁ VAGAS	ΔΕΝ ΥΠΑΡΧΟΥΝ ΚΕΝΑ ΔΩΜΑΤΙΑ	[ðen ipárxun kená ðomátia]
RESERVADO	ΡΕΖΕΡΒΕ	[rezervé]
ADMINISTRAÇÃO	ΔΙΕΥΘΥΝΤΗΣ	[ðiéfθindis]
SOMENTE PESSOAL AUTORIZADO	ΜΟΝΟ ΓΙΑ ΤΟ ΠΡΟΣΩΠΙΚΟ	[móno ja to prosopikó]
CUIDADO CÃO FEROZ	ΠΡΟΣΟΧΗ ΣΚΥΛΟΣ	[prosoxí skíl'os]
PROIBIDO FUMAR!	ΑΠΑΓΟΡΕΥΕΤΑΙ ΤΟ ΚΑΠΝΙΣΜΑ	[apayorévete to kápnizma]
NÃO TOCAR	ΜΗΝ ΑΓΓΙΖΕΤΕ!	[min angízete]
PERIGOSO	ΚΙΝΔΥΝΟΣ	[kínðinos]
PERIGO	ΚΙΝΔΥΝΟΣ	[kínðinos]
ALTA TENSÃO	ΥΨΗΛΗ ΤΑΣΗ	[ípseli tási]
PROIBIDO NADAR	ΑΠΑΓΟΡΕΥΕΤΑΙ ΤΟ ΚΟΛΥΜΠΙ	[apayorévete to kolíbi]
COM DEFEITO	ΕΚΤΟΣ ΛΕΙΤΟΥΡΓΙΑΣ	éktos liturjías
INFLAMÁVEL	ΕΥΦΛΕΚΤΟ	[éflekto]
PROIBIDO	ΑΠΑΓΟΡΕΥΕΤΑΙ	[apayorévete]
ENTRADA PROIBIDA	ΑΠΑΓΟΡΕΥΕΤΑΙ ΤΟ ΠΕΡΑΣΜΑ	[apayorévete to pérazma]
CUIDADO TINTA FRESCA	ΦΡΕΣΚΟΒΑΜΜΕΝΟ	[frésko vaméno]

81. Transportes urbanos

ônibus (m)	λεωφορείο (ουδ.)	[leoforío]
bonde (m) elétrico	τραμ (ουδ.)	[tram]
trólebus (m)	τρόλεϊ (ουδ.)	[trólej]
rota (f), itinerário (m)	δρομολόγιο (ουδ.)	[ðromolǐójo]
número (m)	αριθμός (αρ.)	[ariθmós]
ir de ... (carro, etc.)	πηγαίνω με ...	[pijéno me]
entrar no ...	ανεβαίνω	[anevéno]
descer do ...	κατεβαίνω	[katevéno]
parada (f)	στάση (θηλ.)	[stási]
próxima parada (f)	επόμενη στάση (θηλ.)	[epómeni stási]
terminal (m)	τερματικός σταθμός (αρ.)	[termatikós staθmós]
horário (m)	δρομολόγιο (ουδ.)	[ðromolǐójo]
esperar (vt)	περιμένω	[periméno]
passagem (f)	εισιτήριο (ουδ.)	[isitírio]
tarifa (f)	τιμή εισιτηρίου (θηλ.)	[timí isitiríu]
bilheteiro (m)	ταμίας (αρ./θηλ.)	[tamías]
controle (m) de passagens	έλεγχος εισιτηρίων (αρ.)	[élenxos isitiríon]
revisor (m)	ελεγκτής εισιτηρίων (αρ.)	[elengtís isitiríon]
atrasar-se (vr)	καθυστερώ	[kaθisteró]
perder (o autocarro, etc.)	καθυστερώ	[kaθisteró]
estar com pressa	βιάζομαι	[viázome]
táxi (m)	ταξί (ουδ.)	[taksí]
taxista (m)	ταξιτζής (αρ.)	[taksidzís]
de táxi (ir ~)	με ταξί	[me taksí]
ponto (m) de táxis	πιάτσα ταξί (θηλ.)	[piátsa taksí]
chamar um táxi	καλώ ταξί	[kalǐó taksí]
pegar um táxi	παίρνω ταξί	[pérno taksí]
tráfego (m)	κίνηση (θηλ.)	[kínisi]
engarrafamento (m)	μποτιλιάρισμα (ουδ.)	[botiliárizma]
horas (f pl) de pico	ώρα αιχμής (θηλ.)	[óra exmís]
estacionar (vi)	παρκάρω	[parkáro]
estacionar (vt)	παρκάρω	[parkáro]
parque (m) de estacionamento	πάρκινγκ (ουδ.)	[párking]
metrô (m)	μετρό (ουδ.)	[metró]
estação (f)	σταθμός (αρ.)	[staθmós]
ir de metrô	παίρνω το μετρό	[pérno to metró]
trem (m)	τραίνο, τρένο (ουδ.)	[tréno]
estação (f) de trem	σιδηροδρομικός σταθμός (αρ.)	[siðiroðromikós staθmós]

82. Turismo

monumento (m)	μνημείο (ουδ.)	[mnimío]
fortaleza (f)	φρούριο (ουδ.)	[frúrio]

palácio (m)	παλάτι (ουδ.)	[pal'áti]
castelo (m)	κάστρο (ουδ.)	[kástro]
torre (f)	πύργος (αρ.)	[píryos]
mausoléu (m)	μαυσωλείο (ουδ.)	[mafsolío]

arquitetura (f)	αρχιτεκτονική (θηλ.)	[arxitektonikí]
medieval (adj)	μεσαιωνικός	[meseonikós]
antigo (adj)	αρχαίος	[arxéos]
nacional (adj)	εθνικός	[eθnikós]
famoso, conhecido (adj)	διάσημος	[ðiásimos]

turista (m)	τουρίστας (αρ.)	[turístas]
guia (pessoa)	ξεναγός (αρ.)	[ksenayós]
excursão (f)	εκδρομή (θηλ.)	[ekðromí]
mostrar (vt)	δείχνω	[ðíxno]
contar (vt)	διηγούμαι	[ðiiγúme]

encontrar (vt)	βρίσκω	[vrísko]
perder-se (vr)	χάνομαι	[xánome]
mapa (~ do metrô)	χάρτης (αρ.)	[xártis]
mapa (~ da cidade)	χάρτης (αρ.)	[xártis]

| lembrança (f), presente (m) | ενθύμιο (ουδ.) | [enθímio] |
| loja (f) de presentes | κατάστημα με είδη δώρων (ουδ.) | [katástima me ídi ðóron] |

| tirar fotos, fotografar | φωτογραφίζω | [fotoγrafízo] |
| fotografar-se (vr) | βγαίνω φωτογραφία | [vjéno fotoγrafía] |

83. Compras

comprar (vt)	αγοράζω	[aγorázo]
compra (f)	αγορά (θηλ.)	[aγorá]
fazer compras	ψωνίζω	[psonízo]
compras (f pl)	shopping (ουδ.)	[ʃópiŋ]

| estar aberta (loja) | λειτουργώ | [lituryó] |
| estar fechada | κλείνω | [klíno] |

calçado (m)	υποδήματα (ουδ.πλ.)	[ipoðímata]
roupa (f)	ενδύματα (ουδ.πλ.)	[enðímata]
cosméticos (m pl)	καλλυντικά (ουδ.πλ.)	[kalindiká]
alimentos (m pl)	τρόφιμα (ουδ.πλ.)	[trófima]
presente (m)	δώρο (ουδ.)	[ðóro]

| vendedor (m) | πωλητής (αρ.) | [politís] |
| vendedora (f) | πωλήτρια (θηλ.) | [polítria] |

caixa (f)	ταμείο (ουδ.)	[tamío]
espelho (m)	καθρέφτης (αρ.)	[kaθréftis]
balcão (m)	πάγκος (αρ.)	[pángos]
provador (m)	δοκιμαστήριο (ουδ.)	[ðokimastírio]

| provar (vt) | δοκιμάζω | [ðokimázo] |
| servir (roupa, caber) | ταιριάζω | [teriázo] |

gostar (apreciar)	μου αρέσει	[mu arési]
preço (m)	τιμή (θηλ.)	[timí]
etiqueta (f) de preço	καρτέλα τιμής (θηλ.)	[kartélʲa timís]
custar (vt)	κοστίζω	[kostízo]
Quanto?	Πόσο κάνει;	póso káni?
desconto (m)	έκπτωση (θηλ.)	[ékptosi]

não caro (adj)	φτηνός	[ftinós]
barato (adj)	φτηνός	[ftinós]
caro (adj)	ακριβός	[akrivós]
É caro	Είναι ακριβός	[íne akrivós]

aluguel (m)	ενοικίαση (θηλ.)	[enikíasi]
alugar (roupas, etc.)	νοικιάζω	[nikiázo]
crédito (m)	πίστωση (θηλ.)	[pístosi]
a crédito	με πίστωση	[me pístosi]

84. Dinheiro

dinheiro (m)	χρήματα (ουδ.πλ.)	[xrímata]
câmbio (m)	ανταλλαγή (θηλ.)	[andalʲají]
taxa (f) de câmbio	ισοτιμία (θηλ.)	[isotimía]
caixa (m) eletrônico	ΑΤΜ (ουδ.)	[eitiém]
moeda (f)	κέρμα (ουδ.)	[kérma]

dólar (m)	δολάριο (ουδ.)	[δolʲário]
euro (m)	ευρώ (ουδ.)	[evró]

lira (f)	λίρα (θηλ.)	[líra]
marco (m)	μάρκο (ουδ.)	[márko]
franco (m)	φράγκο (ουδ.)	[frángo]
libra (f) esterlina	στερλίνα (θηλ.)	[sterlína]
iene (m)	γιεν (ουδ.)	[jén]

dívida (f)	χρέος (ουδ.)	[xréos]
devedor (m)	χρεώστης (αρ.)	[xreóstis]
emprestar (vt)	δανείζω	[δanízo]
pedir emprestado	δανείζομαι	[δanízome]

banco (m)	τράπεζα (θηλ.)	[trápeza]
conta (f)	λογαριασμός (αρ.)	[lʲoγariazmós]
depositar na conta	καταθέτω στο λογαριασμό	[kataθéto sto lʲoγariazmó]
sacar (vt)	κάνω ανάληψη	[káno análipsi]

cartão (m) de crédito	πιστωτική κάρτα (θηλ.)	[pistotikí kárta]
dinheiro (m) vivo	μετρητά (ουδ.πλ.)	[metritá]
cheque (m)	επιταγή (θηλ.)	[epitají]
passar um cheque	κόβω επιταγή	[kóvo epitají]
talão (m) de cheques	βιβλιάριο επιταγών (ουδ.)	[vivliário epitaγón]

carteira (f)	πορτοφόλι (ουδ.)	[portofóli]
niqueleira (f)	πορτοφόλι (ουδ.)	[portofóli]
cofre (m)	χρηματοκιβώτιο (ουδ.)	[xrimatokivótio]
herdeiro (m)	κληρονόμος (αρ.)	[klironómos]

| herança (f) | κληρονομιά (θηλ.) | [klironomiá] |
| fortuna (riqueza) | περιουσία (θηλ.) | [periusía] |

arrendamento (m)	σύμβαση μίσθωσης (θηλ.)	[símvasi mísθosis]
aluguel (pagar o ~)	ενοίκιο (ουδ.)	[eníkio]
alugar (vt)	νοικιάζω	[nikiázo]

preço (m)	τιμή (θηλ.)	[timí]
custo (m)	κόστος (ουδ.)	[kóstos]
soma (f)	ποσό (ουδ.)	[posó]

gastar (vt)	ξοδεύω	[ksoδévo]
gastos (m pl)	έξοδα (ουδ.πλ.)	[éksoδa]
economizar (vi)	κάνω οικονομία	[káno ikonomía]
econômico (adj)	οικονομικός	[ikonomikós]

pagar (vt)	πληρώνω	[plíróno]
pagamento (m)	αμοιβή (θηλ.)	[amiví]
troco (m)	ρέστα (ουδ.πλ.)	[résta]

imposto (m)	φόρος (αρ.)	[fóros]
multa (f)	πρόστιμο (ουδ.)	[próstimo]
multar (vt)	επιβάλλω πρόστιμο	[epiválⁱo próstimo]

85. Correios. Serviço postal

agência (f) dos correios	ταχυδρομείο (ουδ.)	[taxiδromío]
correio (m)	ταχυδρομείο (ουδ.)	[taxiδromío]
carteiro (m)	ταχυδρόμος (αρ.)	[taxiδrómos]
horário (m)	ώρες λειτουργίας (θηλ.πλ.)	[óres liturȷías]

carta (f)	γράμμα (ουδ.)	[ɣráma]
carta (f) registada	συστημένο γράμμα (ουδ.)	[sistiméno ɣráma]
cartão (m) postal	κάρτα (θηλ.)	[kárta]
telegrama (m)	τηλεγράφημα (ουδ.)	[tileɣráfima]
encomenda (f)	δέμα (ουδ.)	[δéma]
transferência (f) de dinheiro	έμβασμα (ουδ.)	[émvazma]

receber (vt)	λαμβάνω	[lⁱamváno]
enviar (vt)	στέλνω	[stélⁱno]
envio (m)	αποστολή (θηλ.)	[apostolí]

endereço (m)	διεύθυνση (θηλ.)	[δiéfθinsi]
código (m) postal	ταχυδρομικός κώδικας (αρ.)	[taxiδromikós kóδikas]
remetente (m)	αποστολέας (αρ.)	[apostoléas]
destinatário (m)	παραλήπτης (αρ.)	[paralíptis]

| nome (m) | όνομα (ουδ.) | [ónoma] |
| sobrenome (m) | επώνυμο (ουδ.) | [epónimo] |

tarifa (f)	ταχυδρομικό τέλος (ουδ.)	[taxiδromikó télⁱos]
ordinário (adj)	κανονικός	[kanonikós]
econômico (adj)	οικονομικός	[ikonomikós]
peso (m)	βάρος (ουδ.)	[város]

pesar (estabelecer o peso)	ζυγίζω	[zijízo]
envelope (m)	φάκελος (αρ.)	[fákelʲos]
selo (m) postal	γραμματόσημο (ουδ.)	[χramatósimo]
colar o selo	βάζω γραμματόσημο	[vázo χramatósimo]

Moradia. Casa. Lar

86. Casa. Habitação

casa (f)	σπίτι (ουδ.)	[spíti]
em casa	σπίτι	[spíti]
pátio (m), quintal (f)	αυλή (θηλ.)	[avlí]
cerca, grade (f)	φράχτης (αρ.)	[fráxtis]
tijolo (m)	τούβλο (ουδ.)	[túvl¡o]
de tijolos	από τούβλο	[apó túvl¡o]
pedra (f)	πέτρα (θηλ.)	[pétra]
de pedra	πέτρινος	[pétrinos]
concreto (m)	μπετόν (ουδ.)	[betón]
concreto (adj)	από μπετόν	[apó betón]
novo (adj)	καινούριος	[kenúrios]
velho (adj)	παλιός	[paliós]
decrépito (adj)	ετοιμόρροπος	[etimóropos]
moderno (adj)	σύγχρονος	[sínxronos]
de vários andares	πολυώροφος	[poliórofos]
alto (adj)	ψηλός	[psil¡ós]
andar (m)	όροφος (αρ.)	[órofos]
de um andar	μονοόροφο (ουδ.)	[monoórofo]
térreo (m)	ισόγειο (ουδ.)	[isójio]
andar (m) de cima	τελευταίος όροφος (αρ.)	[teleftéos órofos]
telhado (m)	στέγη (θηλ.)	[stéji]
chaminé (f)	καμινάδα (θηλ.)	[kamináða]
telha (f)	κεραμίδι (ουδ.)	[keramíði]
de telha	με κεραμίδια	[me keramíðia]
sótão (m)	σοφίτα (θηλ.)	[sofíta]
janela (f)	παράθυρο (ουδ.)	[paráθiro]
vidro (m)	τζάμι (ουδ.)	[dzámi]
parapeito (m)	περβάζι (ουδ.)	[pervázi]
persianas (f pl)	παντζούρια (ουδ.πλ.)	[padzúria]
parede (f)	τοίχος (αρ.)	[tíxos]
varanda (f)	μπαλκόνι (ουδ.)	[bal¡kóni]
calha (f)	υδρορρόη (θηλ.)	[iðrorói]
em cima	πάνω	[páno]
subir (vi)	πηγαίνω πάνω	[pijéno páno]
descer (vi)	κατεβαίνω	[katevéno]
mudar-se (vr)	μετακομίζω	[metakomízo]

87. Casa. Entrada. Elevador

entrada (f)	είσοδος (θηλ.)	[ísoðos]
escada (f)	σκάλα (θηλ.)	[skálʲa]
degraus (m pl)	σκαλοπάτια (ουδ.πλ.)	[skalʲopátia]
corrimão (m)	κάγκελα (ουδ.πλ.)	[kángelʲa]
hall (m) de entrada	φουαγιέ (ουδ.)	[fuajé]
caixa (f) de correio	γραμματοκιβώτιο (ουδ.)	[ɣramatokivótio]
lata (f) do lixo	σκουπιδοτενεκές (αρ.)	[skupiðotenekés]
calha (f) de lixo	αγωγός ρίψης σκουπιδιών (αρ.)	[aɣoɣóz rípsis skupiðion]
elevador (m)	ασανσέρ (ουδ.)	[asansér]
elevador (m) de carga	ανελκυστήρας εμπορευμάτων (αρ.)	[anelʲkistíras emborevmáton]
cabine (f)	θάλαμος (αρ.)	[θálʲamos]
pegar o elevador	πηγαίνω με ασανσέρ	[pijéno me asansér]
apartamento (m)	διαμέρισμα (ουδ.)	[ðiamérizma]
residentes (pl)	κάτοικοι (αρ.πλ.)	[kátiki]
vizinho (m)	γείτονας (αρ.)	[jítonas]
vizinha (f)	γειτόνισσα (θηλ.)	[jitónisa]
vizinhos (pl)	γείτονες (αρ.πλ.)	[jítones]

88. Casa. Eletricidade

eletricidade (f)	ηλεκτρισμός (αρ.)	[ilektrizmós]
lâmpada (f)	λάμπα (θηλ.)	[lʲámba]
interruptor (m)	διακόπτης (αρ.)	[ðiakóptis]
fusível, disjuntor (m)	ασφάλεια (θηλ.), φυσίγγιο (ουδ.)	[asfália], [fisíngio]
fio, cabo (m)	καλώδιο (ουδ.)	[kalʲóðio]
instalação (f) elétrica	καλωδίωση (θηλ.)	[kalʲoðíosi]
medidor (m) de eletricidade	μετρητής ηλεκτρικής κατανάλωσης (αρ.)	[metritís ilektrikís katanálʲosis]
indicação (f), registro (m)	ενδείξεις (θηλ.πλ.)	[enðíksis]

89. Casa. Portas. Fechaduras

porta (f)	πόρτα (θηλ.)	[pórta]
portão (m)	αυλόπορτα (θηλ.)	[avlʲóporta]
maçaneta (f)	χερούλι (ουδ.)	[xerúli]
destrancar (vt)	ξεκλειδώνω	[ksekliðóno]
abrir (vt)	ανοίγω	[aníɣo]
fechar (vt)	κλείνω	[klíno]
chave (f)	κλειδί (ουδ.)	[kliðí]
molho (m)	αρμαθιά (θηλ.)	[armaθxá]
ranger (vi)	τρίζω	[trízo]

rangido (m)	τρίξιμο (ουδ.)	[tríksimo]
dobradiça (f)	ρεζές (αρ.)	[rezés]
capacho (m)	χαλάκι (ουδ.)	[xalʲáki]

fechadura (f)	κλειδαριά (θηλ.)	[kliðariá]
buraco (m) da fechadura	κλειδαρότρυπα (θηλ.)	[kliðarótripa]
barra (f)	σύρτης (αρ.)	[sírtis]
fecho (ferrolho pequeno)	μάνταλο (ουδ.)	[mándalʲo]
cadeado (m)	λουκέτο (ουδ.)	[lʲukéto]

tocar (vt)	χτυπάω	[xtipáo]
toque (m)	κουδούνισμα (ουδ.)	[kuðúnizma]
campainha (f)	κουδούνι (ουδ.)	[kuðúni]
botão (m)	κουμπί (ουδ.)	[kumbí]
batida (f)	χτύπημα (ουδ.)	[xtípima]
bater (vi)	χτυπάω	[xtipáo]

código (m)	κωδικός (αρ.)	[koðikós]
fechadura (f) de código	κλειδαριά με κωδικό (θηλ.)	[kliðariá mekoðikó]
interfone (m)	θυροτηλέφωνο (ουδ.)	[θirotiléfono]
número (m)	αριθμός (αρ.)	[ariθmós]
placa (f) de porta	πινακίδα (θηλ.)	[pinakíða]
olho (m) mágico	ματάκι (ουδ.)	[matáki]

90. Casa de campo

aldeia (f)	χωριό (ουδ.)	[xorió]
horta (f)	λαχανόκηπος (αρ.)	[lʲaxanókipos]
cerca (f)	φράχτης (αρ.)	[fráxtis]
cerca (f) de piquete	φράχτης (αρ.)	[fráxtis]
portão (f) do jardim	πόρτα (θηλ.)	[pórta]

celeiro (m)	σιταποθήκη (θηλ.)	[sitapoθíki]
adega (f)	κελάρι (ουδ.)	[kelʲári]
galpão, barracão (m)	αποθήκη (θηλ.)	[apoθíki]
poço (m)	πηγάδι (ουδ.)	[piɣáði]

fogão (m)	ξυλόφουρνος (αρ.)	[ksilʲófurnos]
atiçar o fogo	ανάβω τον φούρνο	[anávo ton fúrno]
lenha (carvão ou ~)	ξύλα (ουδ.πλ.)	[ksílʲa]
acha, lenha (f)	κούτσουρο (ουδ.)	[kútsuro]

varanda (f)	βεράντα (θηλ.)	[veránda]
alpendre (m)	βεράντα (θηλ.)	[veránda]
degraus (m pl) de entrada	σκαλιά (ουδ.πλ.)	[skaliá]
balanço (m)	κούνια (θηλ.)	[kúnia]

91. Moradia. Mansão

casa (f) de campo	εξωχικό (ουδ.)	[eksoxikó]
vila (f)	βίλα (θηλ.)	[vílʲa]
ala (~ do edifício)	πτέρυγα (θηλ.)	[ptériɣa]

jardim (m)	κήπος (αρ.)	[kípos]
parque (m)	πάρκο (ουδ.)	[párko]
estufa (f)	θερμοκήπιο (ουδ.)	[θermokípio]
cuidar de ...	φροντίζω	[frondízo]

piscina (f)	πισίνα (θηλ.)	[pisína]
academia (f) de ginástica	γυμναστήριο (ουδ.)	[jimnastírio]
quadra (f) de tênis	γήπεδο τένις (ουδ.)	[jípeðo ténis]
cinema (m)	οικιακός κινηματογράφος (αρ.)	[ikiakós kinimatoɣráfos]
garagem (f)	γκαράζ (ουδ.)	[garáz]

| propriedade (f) privada | ιδωτική ιδιοκτησία (θηλ.) | [iðotikí iðioktisía] |
| terreno (m) privado | ιδιωτική έκταση (θηλ.) | [iðiotikí éktasi] |

| advertência (f) | προειδοποίηση (θηλ.) | [proiðopíisi] |
| sinal (m) de aviso | προειδοποιητικό σήμα (ουδ.) | [proiðopoiitikó síma] |

guarda (f)	ασφάλεια (θηλ.)	[asfália]
guarda (m)	φρουρός (αρ.)	[fílʲakas]
alarme (m)	συναγερμός (αρ.)	[sinajermós]

92. Castelo. Palácio

castelo (m)	κάστρο (ουδ.)	[kástro]
palácio (m)	παλάτι (ουδ.)	[palʲáti]
fortaleza (f)	φρούριο (ουδ.)	[frúrio]

muralha (f)	τείχος (ουδ.)	[tíxos]
torre (f)	πύργος (αρ.)	[píryos]
calabouço (m)	μπουντρούμι (ουδ.)	[budrúmi]

grade (f) levadiça	καταρρακτή (θηλ.)	[kataraktí]
passagem (f) subterrânea	υπόγειο πέρασμα (ουδ.)	[ipójio pérazma]
fosso (m)	τάφρος (θηλ.)	[táfros]
corrente, cadeia (f)	αλυσίδα (θηλ.)	[alisíða]
seteira (f)	πολεμίστρα (θηλ.)	[polemístra]

magnífico (adj)	θαυμάσιος	[θavmásios]
majestoso (adj)	μεγαλοπρεπής	[meɣalʲoprepís]
inexpugnável (adj)	απόρθητος	[apórθitos]
medieval (adj)	μεσαιωνικός	[meseonikós]

93. Apartamento

apartamento (m)	διαμέρισμα (ουδ.)	[ðiamérizma]
quarto, cômodo (m)	δωμάτιο (ουδ.)	[ðomátio]
quarto (m) de dormir	υπνοδωμάτιο (ουδ.)	[ipnoðomátio]
sala (f) de jantar	τραπεζαρία (θηλ.)	[trapezaría]
sala (f) de estar	σαλόνι (ουδ.)	[salʲóni]
escritório (m)	γραφείο (ουδ.)	[ɣrafío]

sala (f) de entrada	χωλ (ουδ.)	[xolʲ]
banheiro (m)	μπάνιο (ουδ.)	[bánio]
lavabo (m)	τουαλέτα (θηλ.)	[tualéta]
teto (m)	ταβάνι (ουδ.)	[taváni]
chão, piso (m)	πάτωμα (ουδ.)	[pátoma]
canto (m)	γωνία (θηλ.)	[γonía]

94. Apartamento. Limpeza

arrumar, limpar (vt)	τακτοποιώ	[taktopió]
guardar (no armário, etc.)	τακτοποιώ	[taktopió]
pó (m)	σκόνη (θηλ.)	[skóni]
empoeirado (adj)	σκονισμένος	[skonizménos]
tirar o pó	ξεσκονίζω	[kseskonízo]
aspirador (m)	ηλεκτρική σκούπα (θηλ.)	[ilektrikí skúpa]
aspirar (vt)	σκουπίζω με την ηλεκτρική	[skupízo me tin ilektrikí]
varrer (vt)	σκουπίζω	[skupízo]
sujeira (f)	σκουπίδια (ουδ.πλ.)	[skupíδia]
arrumação, ordem (f)	τάξη (θηλ.)	[táksi]
desordem (f)	ακαταστασία (θηλ.)	[akatastasía]
esfregão (m)	σφουγγαρίστρα (θηλ.)	[sfungarístra]
pano (m), trapo (m)	πατσαβούρα (θηλ.)	[patsavúra]
vassoura (f)	μικρή σκούπα (θηλ.)	[mikrí skúpa]
pá (f) de lixo	φαράσι (ουδ.)	[farási]

95. Mobiliário. Interior

mobiliário (m)	έπιπλα (ουδ.πλ.)	[épiplʲa]
mesa (f)	τραπέζι (ουδ.)	[trapézi]
cadeira (f)	καρέκλα (θηλ.)	[karéklʲa]
cama (f)	κρεβάτι (ουδ.)	[kreváti]
sofá, divã (m)	καναπές (αρ.)	[kanapés]
poltrona (f)	πολυθρόνα (θηλ.)	[poliθróna]
estante (f)	βιβλιοθήκη (θηλ.)	[vivlioθíki]
prateleira (f)	ράφι (ουδ.)	[ráfi]
guarda-roupas (m)	ντουλάπα (θηλ.)	[dulʲápa]
cabide (m) de parede	κρεμάστρα (θηλ.)	[kremástra]
cabideiro (m) de pé	καλόγερος (αρ.)	[kalʲójeros]
cômoda (f)	συρταριέρα (θηλ.)	[sirtariéra]
mesinha (f) de centro	τραπεζάκι (ουδ.)	[trapezáki]
espelho (m)	καθρέφτης (αρ.)	[kaθréftis]
tapete (m)	χαλί (ουδ.)	[xalí]
tapete (m) pequeno	χαλάκι (ουδ.)	[xalʲáki]
lareira (f)	τζάκι (ουδ.)	[dzáki]
vela (f)	κερί (ουδ.)	[kerí]

castiçal (m)	κηροπήγιο (ουδ.)	[kirop[jo]
cortinas (f pl)	κουρτίνες (θηλ.πλ.)	[kurtínes]
papel (m) de parede	ταπετσαρία (θηλ.)	[tapetsaría]
persianas (f pl)	στόρια (ουδ.πλ.)	[stória]
luminária (f) de mesa	επιτραπέζιο φωτιστικό (ουδ.)	[epitrapézio fotistikó]
luminária (f) de parede	φωτιστικό τοίχου (ουδ.)	[fotistikó tíxu]
abajur (m) de pé	φωτιστικό δαπέδου (ουδ.)	[fotistikó ðapéðu]
lustre (m)	πολυέλαιος (αρ.)	[poliéleos]
pé (de mesa, etc.)	πόδι (ουδ.)	[póði]
braço, descanso (m)	μπράτσο (ουδ.)	[brátso]
costas (f pl)	πλάτη (θηλ.)	[pljáti]
gaveta (f)	συρτάρι (ουδ.)	[sirtári]

96. Quarto de dormir

roupa (f) de cama	σεντόνια (ουδ.πλ.)	[sendónia]
travesseiro (m)	μαξιλάρι (ουδ.)	[maksiljári]
fronha (f)	μαξιλαροθήκη (θηλ.)	[maksiljaroθíki]
cobertor (m)	πάπλωμα (ουδ.)	[pápljoma]
lençol (m)	σεντόνι (ουδ.)	[sendóni]
colcha (f)	κουβερλί (ουδ.)	[kuverlí]

97. Cozinha

cozinha (f)	κουζίνα (θηλ.)	[kuzína]
gás (m)	γκάζι (ουδ.)	[gázi]
fogão (m) a gás	κουζίνα με γκάζι (θηλ.)	[kuzína me gázi]
fogão (m) elétrico	ηλεκτρική κουζίνα (θηλ.)	[ilektrikí kuzína]
forno (m)	φούρνος (αρ.)	[fúrnos]
forno (m) de micro-ondas	φούρνος μικροκυμάτων (αρ.)	[fúrnos mikrokimáton]
geladeira (f)	ψυγείο (ουδ.)	[psijío]
congelador (m)	καταψύκτης (αρ.)	[katapsíktis]
máquina (f) de lavar louça	πλυντήριο πιάτων (ουδ.)	[plindírio piáton]
moedor (m) de carne	κρεατομηχανή (θηλ.)	[kreatomixaní]
espremedor (m)	αποχυμωτής (αρ.)	[apoximotís]
torradeira (f)	φρυγανιέρα (θηλ.)	[friyaniéra]
batedeira (f)	μίξερ (ουδ.)	[míkser]
máquina (f) de café	καφετιέρα (θηλ.)	[kafetiéra]
cafeteira (f)	καφετιέρα (θηλ.)	[kafetiéra]
moedor (m) de café	μύλος του καφέ (αρ.)	[míljos tu kafé]
chaleira (f)	βραστήρας (αρ.)	[vrastíras]
bule (m)	τσαγιέρα (θηλ.)	[tsajéra]
tampa (f)	καπάκι (ουδ.)	[kapáki]
coador (m) de chá	σουρωτήρι τσαγιού (ουδ.)	[surotíri tsajú]
colher (f)	κουτάλι (ουδ.)	[kutáli]
colher (f) de chá	κουταλάκι του γλυκού (ουδ.)	[kutaljáki tu ɣlikú]

colher (f) de sopa   κουτάλι της σούπας (ουδ.)   [kutáli tis súpas]
garfo (m)   πιρούνι (ουδ.)   [pirúni]
faca (f)   μαχαίρι (ουδ.)   [maxéri]

louça (f)   επιτραπέζια σκεύη (ουδ.πλ.)   [epitrapézia skévi]
prato (m)   πιάτο (ουδ.)   [piáto]
pires (m)   πιατάκι (ουδ.)   [piatáki]

cálice (m)   σφηνοπότηρο (ουδ.)   [sfinopótiro]
copo (m)   ποτήρι (ουδ.)   [potíri]
xícara (f)   φλιτζάνι (ουδ.)   [flidzáni]

açucareiro (m)   ζαχαριέρα (θηλ.)   [zaxariéra]
saleiro (m)   αλατιέρα (θηλ.)   [al'atiéra]
pimenteiro (m)   πιπεριέρα (θηλ.)   [piperiéra]
manteigueira (f)   βουτυριέρα (θηλ.)   [vutiriéra]

panela (f)   κατσαρόλα (θηλ.)   [katsaról'a]
frigideira (f)   τηγάνι (ουδ.)   [tiɣáni]
concha (f)   κουτάλα (θηλ.)   [kutál'a]
coador (m)   σουρωτήρι (ουδ.)   [surotíri]
bandeja (f)   δίσκος (αρ.)   [ðískos]

garrafa (f)   μπουκάλι (ουδ.)   [bukáli]
pote (m) de vidro   βάζο (ουδ.)   [vázo]
lata (~ de cerveja)   κουτί (ουδ.)   [kutí]

abridor (m) de garrafa   ανοιχτήρι (ουδ.)   [anixtíri]
abridor (m) de latas   ανοιχτήρι (ουδ.)   [anixtíri]
saca-rolhas (m)   τιρμπουσόν (ουδ.)   [tirbusón]
filtro (m)   φίλτρο (ουδ.)   [fíl'tro]
filtrar (vt)   φιλτράρω   [fil'tráro]

lixo (m)   σκουπίδια (ουδ.πλ.)   [skupíðia]
lixeira (f)   κάδος σκουπιδιών (αρ.)   [káðos skupiðión]

98. Casa de banho

banheiro (m)   μπάνιο (ουδ.)   [bánio]
água (f)   νερό (ουδ.)   [neró]
torneira (f)   βρύση (ουδ.)   [vrísi]
água (f) quente   ζεστό νερό (ουδ.)   [zestó neró]
água (f) fria   κρύο νερό (ουδ.)   [krío neró]

pasta (f) de dente   οδοντόκρεμα (θηλ.)   [oðondókrema]
escovar os dentes   πλένω τα δόντια   [pléno ta ðóndia]

barbear-se (vr)   ξυρίζομαι   [ksirízome]
espuma (f) de barbear   αφρός ξυρίσματος (αρ.)   [afrós ksirízmatos]
gilete (f)   ξυράφι (ουδ.)   [ksiráfi]

lavar (vt)   πλένω   [pléno]
tomar banho   πλένομαι   [plénome]
chuveiro (m), ducha (f)   ντουζ (ουδ.)   [duz]

tomar uma ducha	κάνω ντουζ	[káno duz]
banheira (f)	μπανιέρα (θηλ.)	[baniéra]
vaso (m) sanitário	λεκάνη (θηλ.)	[lekáni]
pia (f)	νιπτήρας (αρ.)	[niptíras]

| sabonete (m) | σαπούνι (ουδ.) | [sapúni] |
| saboneteira (f) | σαπουνοθήκη (θηλ.) | [sapunoθíki] |

esponja (f)	σφουγγάρι (ουδ.)	[sfungári]
xampu (m)	σαμπουάν (ουδ.)	[sambuán]
toalha (f)	πετσέτα (θηλ.)	[petséta]
roupão (m) de banho	μπουρνούζι (ουδ.)	[burnúzi]

lavagem (f)	μπουγάδα (θηλ.)	[buɣáða]
lavadora (f) de roupas	πλυντήριο ρούχων (ουδ.)	[plindírio rúxon]
lavar a roupa	πλένω τα σεντόνια	[pléno ta sendónia]
detergente (m)	απορρυπαντικό (ουδ.)	[aporipandikó]

99. Eletrodomésticos

televisor (m)	τηλεόραση (θηλ.)	[tileórasi]
gravador (m)	κασετόφωνο (ουδ.)	[kasetófono]
videogravador (m)	συσκευή βίντεο (θηλ.)	[siskeví vídeo]
rádio (m)	ραδιόφωνο (ουδ.)	[raðiófono]
leitor (m)	πλέιερ (ουδ.)	[pléjer]

projetor (m)	βιντεοπροβολέας (αρ.)	[videoprovoléas]
cinema (m) em casa	οικιακός κινηματογράφος (αρ.)	[ikiakós kinimatoɣráfos]
DVD Player (m)	συσκευή DVD (θηλ.)	[siskeví dividí]
amplificador (m)	ενισχυτής (αρ.)	[enisxitís]
console (f) de jogos	κονσόλα παιχνιδιών (θηλ.)	[konsólʲa pexniðion]

câmera (f) de vídeo	βιντεοκάμερα (θηλ.)	[videokámera]
máquina (f) fotográfica	φωτογραφική μηχανή (θηλ.)	[fotoɣrafikí mixaní]
câmera (f) digital	ψηφιακή φωτογραφική μηχανή (θηλ.)	[psifiakí fotoɣrafikí mixaní]

aspirador (m)	ηλεκτρική σκούπα (θηλ.)	[ilektrikí skúpa]
ferro (m) de passar	σίδερο (ουδ.)	[síðero]
tábua (f) de passar	σιδερώστρα (θηλ.)	[siðeróstra]

telefone (m)	τηλέφωνο (ουδ.)	[tiléfono]
celular (m)	κινητό τηλέφωνο (ουδ.)	[kinitó tiléfono]
máquina (f) de escrever	γραφομηχανή (θηλ.)	[ɣrafomixaní]
máquina (f) de costura	ραπτομηχανή (θηλ.)	[raptomixaní]

microfone (m)	μικρόφωνο (ουδ.)	[mikrófono]
fone (m) de ouvido	ακουστικά (ουδ.πλ.)	[akustiká]
controle remoto (m)	τηλεχειριστήριο (ουδ.)	[tilexiristírio]

CD (m)	συμπαγής δίσκος (αρ.)	[simpajís ðískos]
fita (f) cassete	κασέτα (θηλ.)	[kaséta]
disco (m) de vinil	δίσκος βινυλίου (αρ.)	[ðískos vinilíu]

100. Reparações. Renovação

renovação (f)	ανακαίνιση (θηλ.)	[anakénisi]
renovar (vt), fazer obras	κάνω ανακαίνιση	[káno anakénisi]
reparar (vt)	επισκευάζω	[episkevázo]
consertar (vt)	τακτοποιώ	[taktopió]
refazer (vt)	ξανακάνω	[ksanakáno]

tinta (f)	μπογιά (θηλ.)	[bojá]
pintar (vt)	βάφω	[váfo]
pintor (m)	ελαιοχρωματιστής (αρ.)	[eleoxromatistís]
pincel (m)	πινέλο (ουδ.)	[pinélio]

cal (f)	ασβεστόχρωμα (ουδ.)	[asvestóxroma]
caiar (vt)	ασβεστώνω	[asvestóno]

papel (m) de parede	ταπετσαρία (θηλ.)	[tapetsaría]
colocar papel de parede	βάζω ταπετσαρία	[vázo tapetsaría]
verniz (m)	βερνίκι (ουδ.)	[verníki]
envernizar (vt)	βερνικώνω	[vernikóno]

101. Canalizações

água (f)	νερό (ουδ.)	[neró]
água (f) quente	ζεστό νερό (ουδ.)	[zestó neró]
água (f) fria	κρύο νερό (ουδ.)	[krío neró]
torneira (f)	βρύση (ουδ.)	[vrísi]

gota (f)	σταγόνα (θηλ.)	[stayóna]
gotejar (vi)	στάζω	[stázo]
vazar (vt)	διαρρέω	[ðiaréo]
vazamento (m)	διαρροή (θηλ.)	[ðiaroí]
poça (f)	λιμνούλα (θηλ.)	[limnúlia]

tubo (m)	σωλήνας (αρ.)	[solínas]
válvula (f)	βαλβίδα (θηλ.)	[valivíða]
entupir-se (vr)	βουλώνω	[vulióno]
ferramentas (f pl)	εργαλεία (ουδ.πλ.)	[eryalía]
chave (f) inglesa	γαλλικό κλειδί (ουδ.)	[yalikó kliðí]
desenroscar (vt)	ξεβιδώνω	[kseviðóno]
enroscar (vt)	βιδώνω	[viðóno]

desentupir (vt)	ξεβουλώνω	[ksevulióno]
encanador (m)	υδραυλικός (αρ.)	[iðravlikós]
porão (m)	υπόγειο (ουδ.)	[ipójio]
rede (f) de esgotos	αποχέτευση (θηλ.)	[apoxétefsi]

102. Fogo. Deflagração

incêndio (m)	φωτιά, πυρκαγιά (θηλ.)	[fotiá], [pirkajá]
chama (f)	φλόγα (θηλ.)	[flióya]

faísca (f)	σπίθα (θηλ.)	[spíθa]
fumaça (f)	καπνός (αρ.)	[kapnós]
tocha (f)	δαυλός (αρ.)	[ðavlós]
fogueira (f)	φωτιά (θηλ.)	[fotiá]

gasolina (f)	βενζίνη (θηλ.)	[venzíni]
querosene (m)	κηροζίνη (θηλ.)	[kirozíni]
inflamável (adj)	καύσιμος	[káfsimos]
explosivo (adj)	εκρηκτικός	[ekriktikós]
PROIBIDO FUMAR!	ΑΠΑΓΟΡΕΥΕΤΑΙ ΤΟ ΚΑΠΝΙΣΜΑ	[apaγorévete to kápnizma]

segurança (f)	ασφάλεια (θηλ.)	[asfália]
perigo (m)	κίνδυνος (αρ.)	[kínðinos]
perigoso (adj)	επικίνδυνος	[epikínðinos]

incendiar-se (vr)	παίρνω φωτιά	[pérno fotiá]
explosão (f)	έκρηξη (θηλ.)	[ékriksi]
incendiar (vt)	πυρπολώ	[pirpoló]
incendiário (m)	εμπρηστής (αρ.)	[embristís]
incêndio (m) criminoso	εμπρησμός (αρ.)	[embrizmós]

flamejar (vi)	καίω	[kéo]
queimar (vi)	καίγομαι	[kéγome]
queimar tudo (vi)	καίγομαι	[kéγome]

bombeiro (m)	πυροσβέστης (αρ.)	[pirozvéstis]
caminhão (m) de bombeiros	πυροσβεστικό όχημα (ουδ.)	[pirozvestikó óxima]
corpo (m) de bombeiros	πυροσβεστικό σώμα (ουδ.)	[pirozvestikó sóma]
escada (f) extensível	πυροσβεστική σκάλα (θηλ.)	[pirozvestikí skálía]

mangueira (f)	μάνικα (θηλ.)	[mánika]
extintor (m)	πυροσβεστήρας (αρ.)	[pirozvestíras]
capacete (m)	κράνος (ουδ.)	[krános]
sirene (f)	σειρήνα (θηλ.)	[sirína]

gritar (vi)	φωνάζω	[fonázo]
chamar por socorro	καλώ βοήθεια	[kalíó voíθia]
socorrista (m)	διασώστης (αρ.)	[ðiasóstis]
salvar, resgatar (vt)	σώζω	[sózo]

chegar (vi)	έρχομαι	[érxome]
apagar (vt)	σβήνω	[zvíno]
água (f)	νερό (ουδ.)	[neró]
areia (f)	άμμος (θηλ.)	[ámos]

ruínas (f pl)	ερείπια (ουδ.πλ.)	[erípia]
ruir (vi)	γκρεμίζομαι	[gremízome]
desmoronar (vi)	καταρρέω	[kataréo]
desabar (vi)	γκρεμίζομαι	[gremízome]

| fragmento (m) | συντρίμμι (ουδ.) | [sindrími] |
| cinza (f) | στάχτη (θηλ.) | [stáxti] |

| sufocar (vi) | ασφυκτιώ | [asfiktió] |
| perecer (vi) | σκοτώνομαι | [skotónome] |

ATIVIDADES HUMANAS

Emprego. Negócios. Parte 1

103. Escritório. O trabalho no escritório

escritório (~ de advogados)	γραφείο (ουδ.)	[γrafío]
escritório (do diretor, etc.)	γραφείο (ουδ.)	[γrafío]
recepção (f)	ρεσεψιόν (θηλ.)	[resepsión]
secretário (m)	γραμματέας (αρ./θηλ.)	[γramatéas]
diretor (m)	διευθυντής (αρ.)	[ðiefθindís]
gerente (m)	μάνατζερ (αρ.)	[mánadzer]
contador (m)	λογιστής (αρ.)	[lᶦojistís]
empregado (m)	υπάλληλος (αρ.)	[ipálilᶦos]
mobiliário (m)	έπιπλα (ουδ.πλ.)	[épiplᶦa]
mesa (f)	γραφείο (ουδ.)	[γrafío]
cadeira (f)	καρέκλα (θηλ.)	[karéklᶦa]
gaveteiro (m)	συρταριέρα (θηλ.)	[sirtariéra]
cabideiro (m) de pé	καλόγερος (αρ.)	[kalᶦójeros]
computador (m)	υπολογιστής (αρ.)	[ipolᶦojistís]
impressora (f)	εκτυπωτής (αρ.)	[ektipotís]
fax (m)	φαξ (ουδ.)	[faks]
fotocopiadora (f)	φωτοτυπικό μηχάνημα (ουδ.)	[fototipikó mixánima]
papel (m)	χαρτί (ουδ.)	[xartí]
artigos (m pl) de escritório	χαρτικά (ουδ.πλ.)	[xartiká]
tapete (m) para mouse	μάους παντ (ουδ.)	[máus pad]
folha (f)	φύλλο (ουδ.)	[fílᶦo]
pasta (f)	ντοσιέ (ουδ.)	[dosié]
catálogo (m)	κατάλογος (αρ.)	[katálᶦoγos]
lista (f) telefônica	τηλεφωνικός κατάλογος (αρ.)	[tilefonikós katálᶦoγos]
documentação (f)	έγγραφα (ουδ.πλ.)	[éngrafa]
brochura (f)	φυλλάδιο (ουδ.)	[filᶦáðio]
panfleto (m)	φυλλάδιο (ουδ.)	[filᶦáðio]
amostra (f)	δείγμα (ουδ.)	[ðíγma]
formação (f)	σεμινάριο (ουδ.)	[seminário]
reunião (f)	σύσκεψη (θηλ.)	[sískepsi]
hora (f) de almoço	μεσημεριανό διάλειμμα (ουδ.)	[mesimerianó ðiálima]
fazer uma cópia	κάνω αντίγραφο	[káno andíγrafo]
tirar cópias	κάνω αντίγραφα	[káno andíγrafa]
receber um fax	λαμβάνω φαξ	[lᶦamváno faks]

enviar um fax	στέλνω φαξ	[stél'no faks]
fazer uma chamada	τηλεφωνώ	[tilefonó]
responder (vt)	απαντώ	[apandó]
passar (vt)	συνδέω	[sinðéo]

marcar (vt)	κλείνω ραντεβού	[klíno randevú]
demonstrar (vt)	επιδεικνύω	[epiðiknío]
estar ausente	απουσιάζω	[apusiázo]
ausência (f)	απουσία (θηλ.)	[apusía]

104. Processos negociais. Parte 1

ocupação (f)	επάγγελμα (ουδ.)	[epángel'ma]
firma, empresa (f)	εταιρία (θηλ.)	[etería]
companhia (f)	εταιρία (θηλ.)	[etería]
corporação (f)	εταιρεία (θηλ.)	[etería]
empresa (f)	οργανισμός (αρ.)	[orγanizmós]
agência (f)	πρακτορείο (ουδ.)	[praktorío]

acordo (documento)	συμφωνία (θηλ.)	[simfonía]
contrato (m)	συμβόλαιο (ουδ.)	[simvóleo]
acordo (transação)	συμφωνία (θηλ.)	[simfonía]
pedido (m)	παραγγελία (θηλ.)	[parangelía]
termos (m pl)	όρος (αρ.)	[óros]

por atacado	σε χονδρική	[se xonðrikí]
por atacado (adj)	χοντρικός	[xondrikós]
venda (f) por atacado	χονδρικό εμπόριο (ουδ.)	[xonðrikó embório]
a varejo	λιανικός	[lianikós]
venda (f) a varejo	λιανικό εμπόριο (ουδ.)	[lianikó embório]

concorrente (m)	ανταγωνιστής (αρ.)	[andaγonistís]
concorrência (f)	ανταγωνισμός (αρ.)	[andaγonizmós]
competir (vi)	ανταγωνίζομαι	[andaγonízome]

sócio (m)	συνέταιρος (αρ.)	[sinéteros]
parceria (f)	σύμπραξη (θηλ.)	[símpraksi]

crise (f)	κρίση (θηλ.)	[krísi]
falência (f)	χρεοκοπία (θηλ.)	[xreokopía]
entrar em falência	χρεοκοπώ	[xreokopó]
dificuldade (f)	δυσκολία (θηλ.)	[ðiskolía]
problema (m)	πρόβλημα (ουδ.)	[próvlima]
catástrofe (f)	καταστροφή (θηλ.)	[katastrofí]

economia (f)	οικονομία (θηλ.)	[ikonomía]
econômico (adj)	οικονομικός	[ikonomikós]
recessão (f) econômica	οικονομική ύφεση (θηλ.)	[ikonomikí ifesi]

objetivo (m)	στόχος (αρ.)	[stóxos]
tarefa (f)	καθήκον (ουδ.)	[kaθíkon]

comerciar (vi, vt)	εμπορεύομαι	[emborévome]
rede (de distribuição)	δίκτυο (ουδ.)	[ðíktio]

estoque (m)	απόθεμα (ουδ.)	[apóθema]
sortimento (m)	ποικιλία (θηλ.)	[pikilía]

líder (m)	αρχηγός (αρ.)	[arxiɣós]
grande (~ empresa)	μεγάλος	[meɣáli os]
monopólio (m)	μονοπώλιο (ουδ.)	[monopólio]

teoria (f)	θεωρία (θηλ.)	[θeoría]
prática (f)	πρακτική (θηλ.)	[praktikí]
experiência (f)	εμπειρία (θηλ.)	[embiría]
tendência (f)	τάση (θηλ.)	[tási]
desenvolvimento (m)	εξέλιξη (θηλ.)	[ekséliksi]

105. Processos negociais. Parte 2

rentabilidade (f)	κέρδος (ουδ.)	[kérðos]
rentável (adj)	κερδοφόρος	[kerðofóros]

delegação (f)	αντιπροσωπεία (θηλ.)	[andiprosopía]
salário, ordenado (m)	μισθός (αρ.)	[misθós]
corrigir (~ um erro)	διορθώνω	[ðiorθóno]
viagem (f) de negócios	επαγγελματικό ταξίδι (ουδ.)	[epangeli matikó taksíði]
comissão (f)	επιτροπή (θηλ.)	[epitropí]

controlar (vt)	ελέγχω	[elénxo]
conferência (f)	συνέδριο (ουδ.)	[sinéðrio]
licença (f)	άδεια (θηλ.)	[áðia]
confiável (adj)	αξιόπιστος	[aksiópistos]

empreendimento (m)	πρωτοβουλία (θηλ.)	[protovulía]
norma (f)	προδιαγραφή (θηλ.)	[proðiaɣrafí]
circunstância (f)	περίσταση (θηλ.)	[perístasi]
dever (do empregado)	υποχρέωση (θηλ.)	[ipoxréosi]

empresa (f)	οργάνωση (θηλ.)	[orɣánosi]
organização (f)	οργάνωση (θηλ.)	[orɣánosi]
organizado (adj)	οργανωμένος	[orɣanoménos]
anulação (f)	ακύρωση (θηλ.)	[akírosi]
anular, cancelar (vt)	ακυρώνω	[akiróno]
relatório (m)	έκθεση, αναφορά (θηλ.)	[ékθesi], [anaforá]

patente (f)	πατέντα (θηλ.)	[paténda]
patentear (vt)	πατεντάρω	[patendáro]
planejar (vt)	σχεδιάζω	[sxeðiázo]

bônus (m)	μπόνους (ουδ.)	[bónus]
profissional (adj)	επαγγελματικός	[epangeli matikós]
procedimento (m)	διαδικασία (θηλ.)	[ðiaðikasía]

examinar (~ a questão)	εξετάζω	[eksetázo]
cálculo (m)	υπολογισμός (αρ.)	[ipoli oɟizmós]
reputação (f)	υπόληψη (θηλ.)	[ipólipsi]
risco (m)	ρίσκο (ουδ.)	[rísko]
dirigir (~ uma empresa)	διευθύνω	[ðiefθíno]

informação (f)	στοιχεία (ουδ.πλ.)	[stixía]
propriedade (f)	ιδιοκτησία (θηλ.)	[iðioktisía]
união (f)	ένωση (θηλ.)	[énosi]

seguro (m) de vida	ασφάλιση ζωής (θηλ.)	[asfálisi zoís]
fazer um seguro	ασφαλίζω	[asfalízo]
seguro (m)	ασφάλεια (θηλ.)	[asfália]

leilão (m)	δημοπρασία (θηλ.)	[ðimoprasía]
notificar (vt)	ειδοποιώ	[iðopió]
gestão (f)	διοίκηση (θηλ.)	[ðiíkisi]
serviço (indústria de ~s)	υπηρεσία (θηλ.)	[ipiresía]

fórum (m)	φόρουμ (ουδ.)	[fórum]
funcionar (vi)	λειτουργώ	[lituryó]
estágio (m)	στάδιο (ουδ.)	[stáðio]
jurídico, legal (adj)	νομικός	[nomikós]
advogado (m)	νομικός (αρ.)	[nomikós]

106. Produção. Trabalhos

usina (f)	εργοστάσιο (ουδ.)	[eryostásio]
fábrica (f)	εργοστάσιο (ουδ.)	[eryostásio]
oficina (f)	εργαστήρι (ουδ.)	[eryastíri]
local (m) de produção	παραγωγική μονάδα (θηλ.)	[parayojikí monáða]

indústria (f)	βιομηχανία (θηλ.)	[viomixanía]
industrial (adj)	βιομηχανικός	[viomixanikós]
indústria (f) pesada	βαριά βιομηχανία (θηλ.)	[variá viomixanía]
indústria (f) ligeira	ελαφρά βιομηχανία (θηλ.)	[elafrá viomixanía]

produção (f)	προϊόντα (ουδ.πλ.)	[projónda]
produzir (vt)	παράγω	[paráyo]
matérias-primas (f pl)	πρώτες ύλες (θηλ.πλ.)	[prótes íles]

chefe (m) de obras	εργοδηγός (αρ.)	[eryoðiyós]
equipe (f)	ομάδα (θηλ.)	[omáða]
operário (m)	εργάτης (αρ.)	[eryátis]

dia (m) de trabalho	εργάσιμη μέρα (θηλ.)	[eryásimi méra]
intervalo (m)	διάλειμμα (ουδ.)	[ðiálima]
reunião (f)	σύσκεψη (θηλ.)	[sískepsi]
discutir (vt)	συζητώ	[sizitó]

plano (m)	σχέδιο (ουδ.)	[sxéðio]
cumprir o plano	υλοποιώ το σχέδιο	[ilopió to sxéðio]
taxa (f) de produção	ρυθμός παραγωγής (αρ.)	[riθmós parayojís]
qualidade (f)	ποιότητα (θηλ.)	[piótita]
controle (m)	έλεγχος (αρ.)	[élenxos]
controle (m) da qualidade	έλεγχος ποιότητας (αρ.)	[élenxos piótitas]

segurança (f) no trabalho	ασφάλεια της εργασίας (θηλ.)	[asfália tis eryasías]
disciplina (f)	πειθαρχία (θηλ.)	[piθarxía]
infração (f)	παράβαση (θηλ.)	[parávasi]

violar (as regras)	παραβιάζω	[paraviázo]
greve (f)	απεργία (θηλ.)	[aperjía]
grevista (m)	απεργός (αρ.)	[aperçós]
estar em greve	απεργώ	[aperçó]
sindicato (m)	συνδικάτο (ουδ.)	[sinðikáto]

inventar (vt)	εφευρίσκω	[efevrísko]
invenção (f)	εφεύρεση (θηλ.)	[efévresi]
pesquisa (f)	έρευνα (θηλ.)	[érevna]
melhorar (vt)	βελτιώνω	[veltióno]
tecnologia (f)	τεχνολογία (θηλ.)	[texnolojía]
desenho (m) técnico	σχέδιο (ουδ.)	[sxéðio]

carga (f)	φορτίο (ουδ.)	[fortío]
carregador (m)	φορτωτής (αρ.)	[fortotís]
carregar (o caminhão, etc.)	φορτώνω	[fortóno]
carregamento (m)	φόρτωση (θηλ.)	[fórtosi]
descarregar (vt)	ξεφορτώνω	[ksefortóno]
descarga (f)	ξεφόρτωμα (ουδ.)	[ksefórtoma]

transporte (m)	μεταφορά (θηλ.)	[metaforá]
companhia (f) de transporte	μεταφορική εταιρία (θηλ.)	[metaforikí etería]
transportar (vt)	μεταφέρω	[metaféro]

vagão (m) de carga	φορτηγό βαγόνι (ουδ.)	[fortiçó vaçóni]
tanque (m)	δεξαμενή (θηλ.)	[ðeksamení]
caminhão (m)	φορτηγό (ουδ.)	[fortiçó]

máquina (f) operatriz	εργαλειομηχανή (θηλ.)	[erçaliomixaní]
mecanismo (m)	μηχανισμός (αρ.)	[mixanizmós]

resíduos (m pl) industriais	βιομηχανικά απόβλητα (ουδ.πλ.)	[viomixaniká apóvlita]
embalagem (f)	συσκευασία (θηλ.)	[siskevasía]
embalar (vt)	συσκευάζω	[siskevázo]

107. Contrato. Acordo

contrato (m)	συμβόλαιο (ουδ.)	[simvóleo]
acordo (m)	συμφωνία (θηλ.)	[simfonía]
adendo, anexo (m)	παράρτημα (ουδ.)	[parártima]

assinar o contrato	υπογράφω συμβόλαιο	[ipoçráfo simvóleo]
assinatura (f)	υπογραφή (θηλ.)	[ipoçrafí]
assinar (vt)	υπογράφω	[ipoçráfo]
carimbo (m)	σφραγίδα (θηλ.)	[sfrajíða]

objeto (m) do contrato	αντικείμενο της συμβάσης (ουδ.)	[andikímeno tis simvásis]
cláusula (f)	ρήτρα (θηλ.)	[rítra]
partes (f pl)	συμβαλλόμενοι (αρ.πλ.)	[simvallómeni]
domicílio (m) legal	διεύθυνση εγγεγραμμένου γραφείου (θηλ.)	[ðiéfθinsi engeçraménu çrafíu]
violar o contrato	παραβιάζω τη σύμβαση	[paraviázo ti símvasi]

obrigação (f)	υποχρέωση (θηλ.)	[ipoxréosi]
responsabilidade (f)	ευθύνη (θηλ.)	[efθíni]
força (f) maior	ανωτέρα βία (θηλ.)	[anotéra vía]
litígio (m), disputa (f)	διαφωνία, διαφορά (θηλ.)	[ðiafonía], [ðiaforá]
multas (f pl)	κυρώσεις (θηλ.πλ.)	[kirósis]

108. Importação & Exportação

importação (f)	εισαγωγή (θηλ.)	[isaγojí]
importador (m)	εισαγωγέας (αρ.)	[isaγojéas]
importar (vt)	εισάγω	[isáγo]
de importação	εισαγόμενος	[isaγómenos]
exportador (m)	εξαγωγέας (αρ.)	[eksaγojéas]
exportar (vt)	εξάγω	[eksáγo]
mercadoria (f)	εμπόρευμα (ουδ.)	[embórevma]
lote (de mercadorias)	παρτίδα (θηλ.)	[partíða]
peso (m)	βάρος (ουδ.)	[város]
volume (m)	όγκος (αρ.)	[óngos]
metro (m) cúbico	κυβικό μέτρο (ουδ.)	[kivikó métro]
produtor (m)	παραγωγός (αρ.)	[paraγoγós]
companhia (f) de transporte	μεταφορική εταιρία (θηλ.)	[metaforikí etería]
contêiner (m)	εμπορευματοκιβώτιο (ουδ.)	[emborevmatokivótio]
fronteira (f)	σύνορο (ουδ.)	[sínoro]
alfândega (f)	τελωνείο (ουδ.)	[telʲonío]
taxa (f) alfandegária	τελωνειακός δασμός (αρ.)	[telʲoniakós ðazmós]
funcionário (m) da alfândega	τελωνειακός (αρ.)	[telʲoniakós]
contrabando (atividade)	λαθρεμπόριο (ουδ.)	[lʲaθrembório]
contrabando (produtos)	λαθραία εμπορεύματα (ουδ.πλ.)	[lʲaθréa emborévmata]

109. Finanças

ação (f)	μετοχή (θηλ.)	[metoxí]
obrigação (f)	ομόλογο (ουδ.)	[omólʲoγo]
nota (f) promissória	γραμμάτιο (ουδ.)	[γramátio]
bolsa (f) de valores	χρηματιστήριο (ουδ.)	[xrimatistírio]
cotação (m) das ações	τιμή μετοχής (θηλ.)	[timí metoxís]
tornar-se mais barato	πέφτω	[péfto]
tornar-se mais caro	ακριβαίνω	[akrivéno]
participação (f) majoritária	ελέγχουσα συμμετοχή (θηλ.)	[elénxusa simetoxí]
investimento (m)	επενδύσεις (θηλ.πλ.)	[epenðísis]
investir (vt)	επενδύω	[epenðío]
porcentagem (f)	τοις εκατό	[tis ekató]
juros (m pl)	τόκος (αρ.)	[tókos]

lucro (m)	κέρδος (ουδ.)	[kérðos]
lucrativo (adj)	κερδοφόρος	[kerðofóros]
imposto (m)	φόρος (αρ.)	[fóros]

divisa (f)	συνάλλαγμα (ουδ.)	[sinálʲaɣma]
nacional (adj)	εθνικός	[eθnikós]
câmbio (m)	ανταλλαγή (θηλ.)	[andalʲaɟí]

| contador (m) | λογιστής (αρ.) | [lʲoɟistís] |
| contabilidade (f) | λογιστήριο (αρ.) | [lʲoɟistírio] |

falência (f)	χρεοκοπία (θηλ.)	[xreokopía]
falência, quebra (f)	κατάρρευση (θηλ.)	[katárefsi]
ruína (f)	χρεοκοπία (θηλ.)	[xreokopía]
estar quebrado	χρεοκοπώ	[xreokopó]
inflação (f)	πληθωρισμός (αρ.)	[pliθorizmós]
desvalorização (f)	υποτίμηση (θηλ.)	[ipotímisi]

capital (m)	κεφάλαιο (ουδ.)	[kefáleo]
rendimento (m)	κέρδος (ουδ.)	[kérðos]
volume (m) de negócios	τζίρος (αρ.)	[dzíros]

recursos (m pl)	πόροι (αρ.πλ.)	[póri]
recursos (m pl) financeiros	νομισματικοί πόροι (αρ.πλ.)	[nomizmatikí póri]
reduzir (vt)	μειώνω	[mióno]

110. Marketing

marketing (m)	μάρκετινγκ (ουδ.)	[márketing]
mercado (m)	αγορά (θηλ.)	[aɣorá]
segmento (m) do mercado	τμήμα αγοράς (ουδ.)	[tmíma aɣorás]

| produto (m) | προϊόν (ουδ.) | [projón] |
| mercadoria (f) | εμπόρευμα (ουδ.) | [embórevma] |

marca (f)	εμπορικό σήμα (ουδ.)	[emborikó síma]
logotipo (m)	λογότυπο (ουδ.)	[lʲoɣótipo]
logo (m)	λογότυπο (ουδ.)	[lʲoɣótipo]

| demanda (f) | ζήτηση (θηλ.) | [zítisi] |
| oferta (f) | προσφορά (θηλ.) | [prosforá] |

| necessidade (f) | ανάγκη (θηλ.) | [anángi] |
| consumidor (m) | καταναλωτής (αρ.) | [katanalʲotís] |

| análise (f) | ανάλυση (θηλ.) | [análisi] |
| analisar (vt) | αναλύω | [analío] |

| posicionamento (m) | τοποθέτηση (θηλ.) | [topoθétisi] |
| posicionar (vt) | τοποθετώ | [topoθetó] |

preço (m)	τιμή (θηλ.)	[timí]
política (f) de preços	πολιτική τιμών (θηλ.)	[politikí timón]
formação (f) de preços	τιμολόγηση (θηλ.)	[timolʲóɟisi]

111. Publicidade

publicidade (f)	διαφήμιση (θηλ.)	[ðiafímisi]
fazer publicidade	διαφημίζω	[ðiafimízo]
orçamento (m)	προϋπολογισμός (αρ.)	[proipolʲojizmós]
anúncio (m)	διαφήμιση (θηλ.)	[ðiafímisi]
publicidade (f) na TV	τηλεοπτική διαφήμιση (θηλ.)	[tileoptikí ðiafímisi]
publicidade (f) na rádio	ραδιοφωνική διαφήμιση (θηλ.)	[raðiofonikí ðiafímisi]
publicidade (f) exterior	εξωτερική διαφήμιση (θηλ.)	[eksoterikí ðiafímisi]
comunicação (f) de massa	μέσα μαζικής ενημέρωσης (ουδ.πλ.)	[mésa mazikís enimérosis]
periódico (m)	περιοδικό (ουδ.)	[perioðikó]
imagem (f)	εικόνα (θηλ.)	[ikóna]
slogan (m)	σύνθημα (ουδ.)	[sínθima]
mote (m), lema (f)	μότο (ουδ.)	[móto]
campanha (f)	καμπάνια (θηλ.)	[kambánia]
campanha (f) publicitária	διαφημιστική καμπάνια (θηλ.)	[ðiafimistikí kambánia]
grupo (m) alvo	ομάδα στόχος (θηλ.)	[omáða stóxos]
cartão (m) de visita	επαγγελματική κάρτα (θηλ.)	[epangelʲmatikí kárta]
panfleto (m)	φυλλάδιο (ουδ.)	[filʲáðio]
brochura (f)	φυλλάδιο (ουδ.)	[filʲáðio]
folheto (m)	φυλλάδιο (ουδ.)	[filʲáðio]
boletim (~ informativo)	ενημερωτικό δελτίο (ουδ.)	[enimerotikó delʲtío]
letreiro (m)	ταμπέλα (θηλ.)	[tabélʲa]
cartaz, pôster (m)	αφίσα, πόστερ (ουδ.)	[afísa], [póster]
painel (m) publicitário	διαφημιστική πινακίδα (θηλ.)	[ðiafimistikí pinakíða]

112. Banca

banco (m)	τράπεζα (θηλ.)	[trápeza]
balcão (f)	κατάστημα (ουδ.)	[katástima]
consultor (m) bancário	υπάλληλος (αρ.)	[ipálilʲos]
gerente (m)	διευθυντής (αρ.)	[ðiefθindís]
conta (f)	λογαριασμός (αρ.)	[lʲoɣariazmós]
número (m) da conta	αριθμός λογαριασμού (αρ.)	[ariθmós lʲoɣariazmú]
conta (f) corrente	τρεχούμενος λογαριασμός (αρ.)	[trexúmenos lʲoɣariazmós]
abrir uma conta	ανοίγω λογαριασμό	[aníɣo lʲoɣariazmó]
fechar uma conta	κλείνω λογαριασμό	[klíno lʲoɣariazmó]
depositar na conta	καταθέτω στο λογαριασμό	[kataθéto sto lʲoɣariazmó]
sacar (vt)	κάνω ανάληψη	[káno análipsi]
depósito (m)	κατάθεση (θηλ.)	[katáθesi]

fazer um depósito	καταθέτω	[kataθéto]
transferência (f) bancária	έμβασμα (ουδ.)	[émvazma]
transferir (vt)	εμβάζω	[emvázo]

soma (f)	ποσό (ουδ.)	[posó]
Quanto?	Πόσο κάνει;	póso káni?

assinatura (f)	υπογραφή (θηλ.)	[ipoγrafí]
assinar (vt)	υπογράφω	[ipoγráfo]

cartão (m) de crédito	πιστωτική κάρτα (θηλ.)	[pistotikí kárta]
senha (f)	κωδικός (αρ.)	[koδikós]
número (m) do cartão de crédito	αριθμός πιστωτικής κάρτας (αρ.)	[ariθmós pistotikís kártas]
caixa (m) eletrônico	ATM (ουδ.)	[eitiém]

cheque (m)	επιταγή (θηλ.)	[epitaɟí]
passar um cheque	κόβω επιταγή	[kóvo epitaɟí]
talão (m) de cheques	βιβλιάριο επιταγών (ουδ.)	[vivliário epitaγón]

empréstimo (m)	δάνειο (ουδ.)	[δánio]
pedir um empréstimo	υποβάλλω αίτηση για δάνειο	[ipováľo étisi ɟa δánio]
obter empréstimo	παίρνω δάνειο	[pérno δánio]
dar um empréstimo	παρέχω δάνειο	[paréxo δánio]

113. Telefone. Conversação telefônica

telefone (m)	τηλέφωνο (ουδ.)	[tiléfono]
celular (m)	κινητό τηλέφωνο (ουδ.)	[kinitó tiléfono]
secretária (f) eletrônica	τηλεφωνητής (αρ.)	[tilefonitís]

fazer uma chamada	τηλεφωνώ	[tilefonó]
chamada (f)	κλήση (θηλ.)	[klísi]

discar um número	καλώ έναν αριθμό	[kaľó énan ariθmó]
Alô!	Εμπρός!	[embrós]
perguntar (vt)	ρωτάω	[rotáo]
responder (vt)	απαντώ	[apandó]

ouvir (vt)	ακούω	[akúo]
bem	καλά	[kaľá]
mal	χάλια	[xália]
ruído (m)	παρεμβολές (θηλ.πλ.)	[paremvolés]

fone (m)	ακουστικό (ουδ.)	[akustikó]
pegar o telefone	σηκώνω το ακουστικό	[sikóno to akustikó]
desligar (vi)	κλείνω το τηλεφώνο	[klíno to tiléfono]

ocupado (adj)	κατειλημμένος	[katiliménos]
tocar (vi)	χτυπάω	[xtipáo]
lista (f) telefônica	τηλεφωνικός κατάλογος (αρ.)	[tilefonikós katáľoγos]
local (adj)	τοπική	[topikí]

| de longa distância | υπεραστική | [iperastikí] |
| internacional (adj) | διεθνής | [δieθnís] |

114. Telefone móvel

celular (m)	κινητό τηλέφωνο (ουδ.)	[kinitó tiléfono]
tela (f)	οθόνη (θηλ.)	[oθóni]
botão (m)	κουμπί (ουδ.)	[kumbí]
cartão SIM (m)	κάρτα SIM (θηλ.)	[kárta sim]

bateria (f)	μπαταρία (θηλ.)	[bataría]
descarregar-se (vr)	εξαντλούμαι	[eksantlʲúme]
carregador (m)	φορτιστής (αρ.)	[fortistís]

| menu (m) | μενού (ουδ.) | [menú] |
| configurações (f pl) | ρυθμίσεις (θηλ.πλ.) | [riθmísis] |

| melodia (f) | μελωδία (θηλ.) | [melʲoδía] |
| escolher (vt) | επιλέγω | [epiléɣo] |

calculadora (f)	αριθμομηχανή (θηλ.)	[ariθmomixaní]
correio (m) de voz	τηλεφωνητής (αρ.)	[tilefonitís]
despertador (m)	ξυπνητήρι (ουδ.)	[ksipnitíri]
contatos (m pl)	επαφές (θηλ.πλ.)	[epafés]

| mensagem (f) de texto | μήνυμα SMS (ουδ.) | [mínima esemés] |
| assinante (m) | συνδρομητής (αρ.) | [sinδromitís] |

115. Estacionário

| caneta (f) | στιλό διαρκείας (ουδ.) | [stilʲó δiarkías] |
| caneta (f) tinteiro | πέννα (θηλ.) | [péna] |

lápis (m)	μολύβι (ουδ.)	[molívi]
marcador (m) de texto	μαρκαδόρος (αρ.)	[markaδóros]
caneta (f) hidrográfica	μαρκαδόρος (αρ.)	[markaδóros]

| bloco (m) de notas | μπλοκ (ουδ.) | [blʲok] |
| agenda (f) | ατζέντα (θηλ.) | [adzénda] |

régua (f)	χάρακας (αρ.)	[xárakas]
calculadora (f)	αριθμομηχανή (θηλ.)	[ariθmomixaní]
borracha (f)	γόμα (θηλ.)	[ɣóma]

| alfinete (m) | πινέζα (θηλ.) | [pinéza] |
| clipe (m) | συνδετήρας (αρ.) | [sinδetíras] |

| cola (f) | κόλλα (θηλ.) | [kólʲa] |
| grampeador (m) | συρραπτικό (ουδ.) | [siraptikó] |

| furador (m) de papel | περφορατέρ (ουδ.) | [perforatér] |
| apontador (m) | ξύστρα (θηλ.) | [ksístra] |

116. Vários tipos de documentos

relatório (m)	έκθεση, αναφορά (θηλ.)	[ékθesi], [anaforá]
acordo (m)	συμφωνία (θηλ.)	[simfonía]
ficha (f) de inscrição	αίτηση (θηλ.)	[étisi]
autêntico (adj)	αυθεντικός	[afθendikós]
crachá (m)	κονκάρδα (θηλ.)	[konkárða]
cartão (m) de visita	επαγγελματική κάρτα (θηλ.)	[epangeḷmatikí kárta]

certificado (m)	πιστοποιητικό (ουδ.)	[pistopiitikó]
cheque (m)	επιταγή (θηλ.)	[epitaḷí]
conta (f)	λογαριασμός (αρ.)	[ḷoɣariazmós]
constituição (f)	σύνταγμα (ουδ.)	[síndaɣma]

contrato (m)	συμβόλαιο (ουδ.)	[simvóleo]
cópia (f)	αντίγραφο (ουδ.)	[andíɣrafo]
exemplar (~ assinado)	αντίτυπο (ουδ.)	[andítipo]

declaração (f) alfandegária	τελωνειακή διασάφηση (θηλ.)	[teḷoniakí ðiasáfisi]
documento (m)	έγγραφο (ουδ.)	[éngrafo]
carteira (f) de motorista	δίπλωμα οδήγησης (ουδ.)	[ðípḷoma oðíjisis]
adendo, anexo (m)	παράρτημα (ουδ.)	[parártima]
questionário (m)	ερωτηματολόγιο (ουδ.)	[erotimatoḷójo]

carteira (f) de identidade	ταυτότητα (θηλ.)	[taftótita]
inquérito (m)	αίτημα (ουδ.)	[étima]
convite (m)	πρόσκληση (θηλ.)	[prósklisi]
fatura (f)	τιμολόγιο (ουδ.)	[timoḷójo]

lei (f)	νόμος (αρ.)	[nómos]
carta (correio)	γράμμα (ουδ.)	[ɣráma]
papel (m) timbrado	επιστολόχαρτο (ουδ.)	[epistolóxarto]
lista (f)	λίστα (θηλ.)	[lísta]
manuscrito (m)	χειρόγραφο (ουδ.)	[xiróɣrafo]
boletim (~ informativo)	ενημερωτικό δελτίο (ουδ.)	[enimerotikó deḷtío]
bilhete (mensagem breve)	σημείωμα (ουδ.)	[simíoma]

passe (m)	πάσο (ουδ.)	[páso]
passaporte (m)	διαβατήριο (ουδ.)	[ðiavatírio]
permissão (f)	άδεια (θηλ.)	[áðia]
currículo (m)	βιογραφικό (ουδ.)	[vioɣrafikó]
nota (f) promissória	ταμειακό γραμμάτιο (ουδ.)	[tamiakó ɣramátio]
recibo (m)	απόδειξη (θηλ.)	[apóðiksi]
talão (f)	απόδειξη (θηλ.)	[apóðiksi]
relatório (m)	αναφορά (θηλ.)	[anaforá]

mostrar (vt)	επιδεικνύω	[epiðiknío]
assinar (vt)	υπογράφω	[ipoɣráfo]
assinatura (f)	υπογραφή (θηλ.)	[ipoɣrafí]
carimbo (m)	σφραγίδα (θηλ.)	[sfrajíða]
texto (m)	κείμενο (ουδ.)	[kímeno]
ingresso (m)	εισιτήριο (ουδ.)	[isitírio]

| riscar (vt) | διαγράφω | [ðiaɣráfo] |
| preencher (vt) | συμπληρώνω | [simbliróno] |

| carta (f) de porte | φορτωτική (θηλ.) | [fortotikí] |
| testamento (m) | διαθήκη (θηλ.) | [ðiaθíki] |

117. Tipos de negócios

serviços (m pl) de contabilidade	λογιστικές υπηρεσίες (θηλ.πλ.)	[lᵕojistikés iperisíes]
publicidade (f)	διαφήμιση (θηλ.)	[ðiafímisi]
agência (f) de publicidade	διαφημιστικό πρακτορείο (ουδ.)	[ðiafimistikó praktorío]
ar (m) condicionado	κλιματιστικά (ουδ.πλ.)	[klimatistiká]
companhia (f) aérea	αεροπορική εταιρεία (θηλ.)	[aeroporikí etería]
bebidas (f pl) alcoólicas	αλκοολούχα ποτά (ουδ.πλ.)	[alᵕkoolᵕúxa potá]
comércio (m) de antiguidades	αντίκες (θηλ.πλ.)	[andíkes]
galeria (f) de arte	γκαλερί (θηλ.)	[galerí]
serviços (m pl) de auditoria	ελεγκτικές υπηρεσίες (θηλ.πλ.)	[elengtikés iperisíes]
negócios (m pl) bancários	τραπεζικός τομέας (αρ.)	[trapezikós toméas]
bar (m)	μπαρ (ουδ.)	[bar]
salão (m) de beleza	κέντρο ομορφιάς (ουδ.)	[kéndro omorfiás]
livraria (f)	βιβλιοπωλείο (ουδ.)	[vivliopolío]
cervejaria (f)	ζυθοποιία (θηλ.)	[ziθopiía]
centro (m) de escritórios	κτίριο γραφείων (ουδ.)	[ktírio ɣrafíon]
escola (f) de negócios	σχολή επιχειρήσεων (θηλ.)	[sxolí epixiríseon]
cassino (m)	καζίνο (ουδ.)	[kazíno]
construção (f)	κατασκευές (θηλ.πλ.)	[kataskevés]
consultoria (f)	συμβουλευτικές υπηρεσίες (θηλ.πλ.)	[simvuleftikés ipiresíes]
clínica (f) dentária	οδοντιατρική κλινική (θηλ.)	[oðondiatrikí klinikí]
design (m)	σχεδιασμός (αρ.)	[sxeðiazmós]
drogaria (f)	φαρμακείο (ουδ.)	[farmakío]
lavanderia (f)	στεγνοκαθαριστήριο (ουδ.)	[steɣnokaθaristírio]
agência (f) de emprego	γραφείο ευρέσεως εργασίας (ουδ.)	[ɣrafío évresis erɣasías]
serviços (m pl) financeiros	χρηματοοικονομικές υπηρεσίες (θηλ.πλ.)	[xrimatikonomikés ipiresíes]
alimentos (m pl)	τρόφιμα (ουδ.πλ.)	[trófima]
funerária (f)	γραφείο τελετών (ουδ.)	[ɣrafío teletón]
mobiliário (m)	έπιπλα (ουδ.πλ.)	[épiplᵕa]
roupa (f)	ενδύματα (ουδ.πλ.)	[enðímata]
hotel (m)	ξενοδοχείο (ουδ.)	[ksenoðoxío]
sorvete (m)	παγωτό (ουδ.)	[paɣotó]
indústria (f)	βιομηχανία (θηλ.)	[viomixanía]
seguro (~ de vida, etc.)	ασφάλιση (θηλ.)	[asfálisi]
internet (f)	διαδίκτυο (ουδ.)	[ðiaðíktio]
investimento (m)	επενδύσεις (θηλ.πλ.)	[epenðísis]
joalheiro (m)	κοσμηματοπώλης (αρ.)	[kozmimatopólis]
joias (f pl)	κοσμήματα (ουδ.πλ.)	[kozmímata]

lavanderia (f)	καθαριστήριο ρούχων (ουδ.)	[kaθaristírio rúxon]
assessorias (f pl) jurídicas	νομικός σύμβουλος (αρ.)	[nomikós símvulˈos]
indústria (f) ligeira	ελαφρά βιομηχανία (θηλ.)	[elˈafrá viomixanía]
revista (f)	περιοδικό (ουδ.)	[perioðikó]
vendas (f pl) por catálogo	πωλήσεις με αλληλογραφία (θηλ.πλ.)	[polísis me alilˈoγrafía]
medicina (f)	ιατρική (θηλ.)	[jatrikí]
cinema (m)	κινηματογράφος (αρ.)	[kinimatoγráfos]
museu (m)	μουσείο (ουδ.)	[musío]
agência (f) de notícias	ειδησεογραφικό πρακτορείο (ουδ.)	[iðiseoγrafikó praktorío]
jornal (m)	εφημερίδα (θηλ.)	[efimeríða]
boate (casa noturna)	νυχτερινό κέντρο (ουδ.)	[nixterinó kéndro]
petróleo (m)	πετρέλαιο (ουδ.)	[petréleo]
serviços (m pl) de remessa	υπηρεσία ταχυμεταφοράς (θηλ.)	[ipiresía taximetaforás]
indústria (f) farmacêutica	φαρμακοποιία (θηλ.)	[farmakopiía]
tipografia (f)	τυπογραφία (θηλ.)	[tipoγrafía]
editora (f)	εκδοτικός οίκος (αρ.)	[ekðotikós íkos]
rádio (m)	ραδιόφωνο (ουδ.)	[raðiófono]
imobiliário (m)	ακίνητη περιουσία (θηλ.)	[akíniti periusía]
restaurante (m)	εστιατόριο (ουδ.)	[estiatório]
empresa (f) de segurança	εταιρεία παροχής υπηρεσιών ασφαλείας (θηλ.)	[etería paroxís ipiresión asfalías]
esporte (m)	αθλητισμός (αρ.)	[aθlitizmós]
bolsa (f) de valores	χρηματιστήριο (ουδ.)	[xrimatistírio]
loja (f)	κατάστημα (ουδ.)	[katástima]
supermercado (m)	σουπερμάρκετ (ουδ.)	[supermárket]
piscina (f)	πισίνα (θηλ.)	[pisína]
alfaiataria (f)	ραφτάδικο (ουδ.)	[raftáðiko]
televisão (f)	τηλεόραση (θηλ.)	[tileórasi]
teatro (m)	θέατρο (ουδ.)	[θéatro]
comércio (m)	εμπόριο (ουδ.)	[embório]
serviços (m pl) de transporte	μεταφορά (θηλ.)	[metaforá]
viagens (f pl)	τουρισμός (αρ.)	[turizmós]
veterinário (m)	κτηνίατρος (αρ.)	[ktiníatros]
armazém (m)	αποθήκη (θηλ.)	[apoθíki]
recolha (f) do lixo	αποκομιδή απορριμάτων (θηλ.)	[apokomiðí aporimáton]

Emprego. Negócios. Parte 2

118. Espetáculo. Feira

feira, exposição (f)	έκθεση (θηλ.)	[ékθesi]
feira (f) comercial	εμπορική έκθεση (θηλ.)	[emborikí ékθesi]
participação (f)	συμμετοχή (θηλ.)	[simetoxí]
participar (vi)	συμμετέχω	[simetéxo]
participante (m)	εκθέτης (αρ.)	[ekθétis]
diretor (m)	διευθυντής (αρ.)	[ðiefθindís]
direção (f)	διοργανώτρια εταιρεία (αρ.)	[ðiorɣanótria etería]
organizador (m)	οργανωτής (αρ.)	[orɣanotís]
organizar (vt)	διοργανώνω	[ðiorɣanóno]
ficha (f) de inscrição	δήλωση συμμετοχής (θηλ.)	[ðíl'osi simetoxís]
preencher (vt)	συμπληρώνω	[simbliróno]
detalhes (m pl)	λεπτομέρειες (θηλ.πλ.)	[leptoméries]
informação (f)	πληροφορίες (θηλ.πλ.)	[plirofories]
preço (m)	τιμή (θηλ.), κόστος (ουδ.)	[timí], [kóstos]
incluindo	συμπεριλαμβανομένου	[simberil'amvanoménu]
incluir (vt)	συμπεριλαμβάνω	[simberil'amváno]
pagar (vt)	πληρώνω	[pliróno]
taxa (f) de inscrição	κόστος εγγραφής (ουδ.)	[kóstos engrafís]
entrada (f)	είσοδος (θηλ.)	[ísoðos]
pavilhão (m), salão (f)	αίθουσα (θηλ.), περίπτερο (ουδ.)	[éθusa], [períptero]
inscrever (vt)	καταχωρώ	[kataxoró]
crachá (m)	κονκάρδα (θηλ.)	[konkárða]
stand (m)	περίπτερο (ουδ.)	[períptero]
reservar (vt)	κλείνω	[klíno]
vitrine (f)	βιτρίνα (θηλ.)	[vitrína]
lâmpada (f)	προβολέας (αρ.)	[provoléas]
design (m)	σχεδιασμός (αρ.)	[sxeðiazmós]
pôr (posicionar)	τοποθετώ	[topoθetó]
distribuidor (m)	διανομέας (αρ.)	[ðianoméas]
fornecedor (m)	προμηθευτής (αρ.)	[promiθeftís]
país (m)	χώρα (θηλ.)	[xóra]
estrangeiro (adj)	ξένος	[ksénos]
produto (m)	προϊόν (ουδ.)	[projón]
associação (f)	σύλλογος (αρ.)	[síl'oɣos]
sala (f) de conferência	αίθουσα συνεδριάσεων (θηλ.)	[éθusa sineðriáseon]

| congresso (m) | συνέδριο (ουδ.) | [sinéðrio] |
| concurso (m) | διαγωνισμός (αρ.) | [ðiaɣonizmós] |

visitante (m)	επισκέπτης (αρ.)	[episképtis]
visitar (vt)	επισκέπτομαι	[episképtome]
cliente (m)	πελάτης (αρ.)	[pelⁱátis]

119. Media

jornal (m)	εφημερίδα (θηλ.)	[efimeríða]
revista (f)	περιοδικό (ουδ.)	[perioðikó]
imprensa (f)	τύπος (αρ.)	[típos]
rádio (m)	ραδιόφωνο (ουδ.)	[raðiófono]
estação (f) de rádio	ραδιοφωνικός σταθμός (αρ.)	[raðiofonikós staθmós]
televisão (f)	τηλεόραση (θηλ.)	[tileórasi]

apresentador (m)	παρουσιαστής (αρ.)	[parusiastís]
locutor (m)	παρουσιαστής (αρ.)	[parusiastís]
comentarista (m)	σχολιαστής (αρ.)	[sxoliastís]

jornalista (m)	δημοσιογράφος (αρ.)	[ðimosioɣráfos]
correspondente (m)	ανταποκριτής (αρ.)	[andapokritís]
repórter (m)	ρεπόρτερ (αρ.)	[repórter]

| redator (m) | συντάκτης (αρ.) | [sindáktis] |
| redator-chefe (m) | αρχισυντάκτης (αρ.) | [arxisindáktis] |

assinar a ...	γίνομαι συνδρομητής (αρ.)	[jínome sinðromitís]
assinatura (f)	συνδρομή (θηλ.)	[sinðromí]
assinante (m)	συνδρομητής (αρ.)	[sinðromitís]
ler (vt)	διαβάζω	[ðiavázo]
leitor (m)	αναγνώστης (αρ.)	[anaɣnóstis]

tiragem (f)	τιράζ (ουδ.)	[tiráz]
mensal (adj)	μηνιαίος	[miniéos]
semanal (adj)	εβδομαδιαίος	[evðomaðiéos]
número (jornal, revista)	τεύχος (ουδ.)	[téfxos]
recente, novo (adj)	τελευταίος	[teleftéos]

manchete (f)	τίτλος (αρ.)	[títlⁱos]
pequeno artigo (m)	αρθρίδιο (ουδ.)	[arθríðio]
coluna (~ semanal)	στήλη (θηλ.)	[stíli]
artigo (m)	άρθρο (ουδ.)	[árθro]
página (f)	σελίδα (θηλ.)	[selíða]

reportagem (f)	ρεπορτάζ (ουδ.)	[reportáz]
evento (festa, etc.)	γεγονός (ουδ.)	[jeɣonós]
sensação (f)	εντύπωση (θηλ.)	[endíposi]
escândalo (m)	σκάνδαλο (ουδ.)	[skánðalⁱo]
escandaloso (adj)	σκανδαλιστικός	[skanðalistikós]
grande (adj)	μεγάλος	[meɣálⁱos]

| programa (m) | εκπομπή (θηλ.) | [ekpombí] |
| entrevista (f) | συνέντευξη (θηλ.) | [sinéndefksi] |

| transmissão (f) ao vivo | απευθείας μετάδοση (θηλ.) | [apefθías metáδosi] |
| canal (m) | κανάλι (ουδ.) | [kanáli] |

120. Agricultura

agricultura (f)	γεωργία (θηλ.)	[jeorjía]
camponês (m)	αγρότης (αρ.)	[aγrótis]
camponesa (f)	αγρότισσα (θηλ.)	[aγrótisa]
agricultor, fazendeiro (m)	αγρότης (αρ.)	[aγrótis]

| trator (m) | τρακτέρ (ουδ.) | [traktér] |
| colheitadeira (f) | θεριζοαλωνιστική μηχανή (θηλ.) | [θerizoalʲonistikí mixaní] |

arado (m)	άροτρο (ουδ.)	[árotro]
arar (vt)	οργώνω	[orγóno]
campo (m) lavrado	οργωμένο χωράφι (ουδ.)	[orγoméno xoráfi]
sulco (m)	αυλακιά (θηλ.)	[avlʲakiá]

semear (vt)	σπείρω	[spíro]
plantadeira (f)	σπαρτική μηχανή (θηλ.)	[spartikí mixaní]
semeadura (f)	σπορά (θηλ.)	[sporá]

| foice (m) | κόσα (θηλ.) | [kósa] |
| cortar com foice | θερίζω | [θerízo] |

| pá (f) | φτυάρι (ουδ.) | [ftiári] |
| cavar (vt) | οργώνω | [orγóno] |

enxada (f)	τσάπα (θηλ.)	[tsápa]
capinar (vt)	σκαλίζω, ξεχορταριάζω	[skalízo], [ksexortariázo]
erva (f) daninha	ζιζάνιο (ουδ.)	[zizánio]

regador (m)	ποτιστήρι (ουδ.)	[potistíri]
regar (plantas)	ποτίζω	[potízo]
rega (f)	πότισμα (ουδ.)	[pótizma]

| forquilha (f) | δικράνι (ουδ.) | [δikráni] |
| ancinho (m) | τσουγκράνα (θηλ.) | [tsungrána] |

fertilizante (m)	λίπασμα (ουδ.)	[lípazma]
fertilizar (vt)	λιπαίνω	[lipéno]
estrume, esterco (m)	κοπριά (θηλ.)	[kopriá]

campo (m)	αγρός (αρ.)	[aγrós]
prado (m)	λιβάδι (ουδ.)	[liváδi]
horta (f)	λαχανόκηπος (αρ.)	[lʲaxanókipos]
pomar (m)	οπωρώνας (αρ.)	[oporónas]

pastar (vt)	βόσκω	[vósko]
pastor (m)	βοσκός (αρ.)	[voskós]
pastagem (f)	βοσκή (θηλ.)	[voskí]
pecuária (f)	κτηνοτροφία (θηλ.)	[ktinotrofía]
criação (f) de ovelhas	εκτροφή προβάτων (θηλ.)	[ektrofí prováton]

plantação (f)	φυτεία (θηλ.)	[fitía]
canteiro (m)	βραγιά (θηλ.)	[vrajá]
estufa (f)	θερμοκήπιο (ουδ.)	[θermokípio]

| seca (f) | ξηρασιά (θηλ.) | [ksirasiá] |
| seco (verão ~) | ξηρός | [ksirós] |

| cereais (m pl) | δημητριακών (ουδ.πλ.) | [ðimitriakón] |
| colher (vt) | θερίζω | [θerízo] |

moleiro (m)	μυλωνάς (αρ.)	[mil'onás]
moinho (m)	μύλος (αρ.)	[míl'os]
moer (vt)	αλέθω	[aléθo]
farinha (f)	αλεύρι (ουδ.)	[alévri]
palha (f)	άχυρο (ουδ.)	[áxiro]

121. Construção. Processo de construção

canteiro (m) de obras	εργοτάξιο (ουδ.)	[eryotáksio]
construir (vt)	κτίζω	[ktízo]
construtor (m)	οικοδόμος (αρ.)	[ikoðómos]

projeto (m)	πρότζεκτ (ουδ.)	[pródzekt]
arquiteto (m)	αρχιτέκτονας (αρ.)	[arxitéktonas]
operário (m)	εργάτης (αρ.)	[eryátis]

fundação (f)	θεμέλιο (ουδ.)	[θemélio]
telhado (m)	στέγη (θηλ.)	[stéji]
estaca (f)	πάσσαλος (αρ.)	[pásal'os]
parede (f)	τοίχος (αρ.)	[tíxos]

| colunas (f pl) de sustentação | οπλισμός (αρ.) | [oplizmós] |
| andaime (m) | σκαλωσιές (θηλ.πλ.) | [skal'osiés] |

concreto (m)	μπετόν (ουδ.)	[betón]
granito (m)	γρανίτης (αρ.)	[γranítis]
pedra (f)	πέτρα (θηλ.)	[pétra]
tijolo (m)	τούβλο (ουδ.)	[túvl'o]

areia (f)	άμμος (θηλ.)	[ámos]
cimento (m)	τσιμέντο (ουδ.)	[tsiméndo]
emboço, reboco (m)	στόκος (αρ.)	[stókos]
emboçar, rebocar (vt)	σοβατίζω	[sovatízo]

tinta (f)	μπογιά (θηλ.)	[bojá]
pintar (vt)	βάφω	[váfo]
barril (m)	βαρέλι (ουδ.)	[varéli]

grua (f), guindaste (m)	γερανός (αρ.)	[jeranós]
erguer (vt)	σηκώνω	[sikóno]
baixar (vt)	κατεβάζω	[katevázo]

| buldózer (m) | μπουλντόζα (θηλ.) | [bul'dóza] |
| escavadora (f) | εκσκαφέας (αρ.) | [ekskaféas] |

109

caçamba (f)	κουβάς (αρ.)	[kuvás]
escavar (vt)	σκάβω	[skávo]
capacete (m) de proteção	κράνος (ουδ.)	[krános]

122. Ciência. Investigação. Cientistas

ciência (f)	επιστήμη (θηλ.)	[epistími]
científico (adj)	επιστημονικός	[epistimonikós]
cientista (m)	επιστήμονας (αρ.)	[epistímonas]
teoria (f)	θεωρία (θηλ.)	[θeoría]

axioma (m)	αξίωμα (ουδ.)	[aksíoma]
análise (f)	ανάλυση (θηλ.)	[análisi]
analisar (vt)	αναλύω	[analío]
argumento (m)	επιχείρημα (ουδ.)	[epixírima]
substância (f)	ουσία (θηλ.)	[usía]

hipótese (f)	υπόθεση (θηλ.)	[ipóθesi]
dilema (m)	δίλημμα (ουδ.)	[δílima]
tese (f)	διατριβή (θηλ.)	[δiatriví]
dogma (m)	δόγμα (ουδ.)	[δóγma]

doutrina (f)	δοξασία (θηλ.)	[δoksasía]
pesquisa (f)	έρευνα (θηλ.)	[érevna]
pesquisar (vt)	ερευνώ	[erevnó]
testes (m pl)	δοκιμές (θηλ.πλ.)	[δokimés]
laboratório (m)	εργαστήριο (ουδ.)	[erγastírio]

método (m)	μέθοδος (θηλ.)	[méθoδos]
molécula (f)	μόριο (ουδ.)	[mório]
monitoramento (m)	παρακολούθηση (θηλ.)	[parakol'úθisi]
descoberta (f)	ανακάλυψη (θηλ.)	[anakálipsi]

postulado (m)	αξίωμα (ουδ.)	[aksíoma]
princípio (m)	αρχή (θηλ.)	[arxí]
prognóstico (previsão)	πρόγνωση (θηλ.)	[próγnosi]
prognosticar (vt)	προβλέπω	[provlépo]

síntese (f)	σύνθεση (θηλ.)	[sínθesi]
tendência (f)	τάση (θηλ.)	[tási]
teorema (m)	θεώρημα (ουδ.)	[θeórima]

| ensinamentos (m pl) | διδαχές (θηλ.πλ.) | [δiδaxés] |
| fato (m) | γεγονός (ουδ.) | [jeγonós] |

| expedição (f) | αποστολή (θηλ.) | [apostolí] |
| experiência (f) | πείραμα (ουδ.) | [pírama] |

acadêmico (m)	ακαδημαϊκός (αρ.)	[akaδimaikós]
bacharel (m)	πτυχιούχος (αρ.)	[ptixiúxos]
doutor (m)	δόκτορας (αρ.)	[δóktoras]
professor (m) associado	επίκουρος καθηγητής (αρ.)	[epíkuros kaθijitís]
mestrado (m)	κάτοχος μάστερ (αρ.)	[kátoxos máster]
professor (m)	καθηγητής (αρ.)	[kaθijitís]

Profissões e ocupações

123. Procura de emprego. Demissão

trabalho (m)	δουλειά (θηλ.)	[ðuliá]
equipe (f)	προσωπικό (ουδ.)	[prosopikó]

carreira (f)	καριέρα (θηλ.)	[kariéra]
perspectivas (f pl)	προοπτικές (θηλ.πλ.)	[prooptikés]
habilidades (f pl)	μαστοριά (θηλ.)	[mastoriá]

seleção (f)	επιλογή (θηλ.)	[epilĺojí]
agência (f) de emprego	γραφείο ευρέσεως εργασίας (ουδ.)	[ɣrafío évresis erɣasías]
currículo (m)	βιογραφικό (ουδ.)	[vioɣrafikó]
entrevista (f) de emprego	συνέντευξη (θηλ.)	[sinéndefksi]
vaga (f)	κενή θέση (θηλ.)	[kení θési]

salário (m)	μισθός (αρ.)	[misθós]
salário (m) fixo	άκαμπτος μισθός (αρ.)	[ákamptos misθós]
pagamento (m)	αμοιβή (θηλ.)	[amiví]

cargo (m)	θέση (θηλ.)	[θési]
dever (do empregado)	υποχρέωση (θηλ.)	[ipoxréosi]
gama (f) de deveres	φάσμα καθηκόντων (ουδ.)	[fázma kaθikóndon]
ocupado (adj)	απασχολημένος	[apasxoliménos]

despedir, demitir (vt)	απολύω	[apolío]
demissão (f)	απόλυση (θηλ.)	[apólisi]

desemprego (m)	ανεργία (θηλ.)	[anerjía]
desempregado (m)	άνεργος (αρ.)	[áneryos]
aposentadoria (f)	σύνταξη (θηλ.)	[síndaksi]
aposentar-se (vr)	βγαίνω σε σύνταξη	[vjéno se síndaksi]

124. Gente de negócios

diretor (m)	διευθυντής (αρ.)	[ðiefθindís]
gerente (m)	διευθυντής (αρ.)	[ðiefθindís]
patrão, chefe (m)	διαχειριστής (αρ.)	[ðiaxiristís]

superior (m)	προϊστάμενος (αρ.)	[projstámenos]
superiores (m pl)	προϊστάμενοι (πλ.)	[projstámeni]
presidente (m)	πρόεδρος (αρ.)	[próeðros]
chairman (m)	πρόεδρος (αρ.)	[próeðros]

substituto (m)	αναπληρωτής (αρ.)	[anaplirotís]
assistente (m)	βοηθός (αρ.)	[voiθós]

secretário (m)	γραμματέας (αρ./θηλ.)	[χramatéas]
secretário (m) pessoal	προσωπικός	[prosopikós
	γραμματέας (αρ.)	χramatéas]

homem (m) de negócios	μπίζνεσμαν (αρ.)	[bíznezman]
empreendedor (m)	επιχειρηματίας (αρ.)	[epixirimatías]
fundador (m)	ιδρυτής (αρ.)	[iðritís]
fundar (vt)	ιδρύω	[iðrío]

principiador (m)	ιδρυτής (αρ.)	[iðritís]
parceiro, sócio (m)	συνέταιρος (αρ.)	[sinéteros]
acionista (m)	μέτοχος (αρ.)	[métoxos]

milionário (m)	εκατομμυριούχος (αρ.)	[ekatomiriúxos]
bilionário (m)	δισεκατομμυριούχος (αρ.)	[ðisekatomiriúxos]
proprietário (m)	ιδιοκτήτης (αρ.)	[iðioktítis]
proprietário (m) de terras	κτηματίας (αρ.)	[ktimatías]

cliente (m)	πελάτης (αρ.)	[pelʲátis]
cliente (m) habitual	τακτικός πελάτης (αρ.)	[taktikós pelʲátis]
comprador (m)	αγοραστής (αρ.)	[aγorastís]
visitante (m)	επισκέπτης (αρ.)	[episképtis]
profissional (m)	επαγγελματίας (αρ.)	[epangelʲmatías]
perito (m)	ειδήμονας (αρ.)	[iðímonas]
especialista (m)	ειδικός (αρ.)	[iðikós]

| banqueiro (m) | τραπεζίτης (αρ.) | [trapezítis] |
| corretor (m) | μεσίτης (αρ.) | [mesítis] |

caixa (m, f)	ταμίας (αρ./θηλ.)	[tamías]
contador (m)	λογιστής (αρ.)	[lʲojistís]
guarda (m)	φρουρός (αρ.)	[fílʲakas]

investidor (m)	επενδυτής (αρ.)	[epenðitís]
devedor (m)	χρεώστης (αρ.)	[xreóstis]
credor (m)	πιστωτής (αρ.)	[pistotís]
mutuário (m)	δανειολήπτης (αρ.)	[ðaniolíptis]

| importador (m) | εισαγωγέας (αρ.) | [isaγojéas] |
| exportador (m) | εξαγωγέας (αρ.) | [eksaγojéas] |

produtor (m)	παραγωγός (αρ.)	[paraγoγós]
distribuidor (m)	διανομέας (αρ.)	[ðianoméas]
intermediário (m)	μεσολαβητής (αρ.)	[mesolʲavitís]

consultor (m)	σύμβουλος (αρ.)	[símvulʲos]
representante comercial	αντιπρόσωπος (αρ.)	[andiprósopos]
agente (m)	πράκτορας (αρ.)	[práktoras]
agente (m) de seguros	ασφαλιστής (αρ.)	[asfalistís]

125. Profissões de serviços

| cozinheiro (m) | μάγειρας (αρ.) | [májiras] |
| chefe (m) de cozinha | σεφ (αρ./θηλ.) | [sef] |

padeiro (m)	φούρναρης (αρ.)	[fúrnaris]
barman (m)	μπάρμαν (αρ.)	[bárman]
garçom (m)	σερβιτόρος (αρ.)	[servitóros]
garçonete (f)	σερβιτόρα (θηλ.)	[servitóra]

advogado (m)	δικηγόρος (αρ.)	[ðikiγóros]
jurista (m)	νομικός (αρ.)	[nomikós]
notário (m)	συμβολαιογράφος (αρ.)	[simvoleoγráfos]

eletricista (m)	ηλεκτρολόγος (αρ.)	[ilektrolʲóγos]
encanador (m)	υδραυλικός (αρ.)	[iðravlikós]
carpinteiro (m)	μαραγκός (αρ.)	[marangós]

massagista (m)	μασέρ (αρ.)	[masér]
massagista (f)	μασέζ (θηλ.)	[maséz]
médico (m)	γιατρός (αρ.)	[ʝatrós]

taxista (m)	ταξιτζής (αρ.)	[taksidzís]
condutor (automobilista)	οδηγός (αρ.)	[oðiγós]
entregador (m)	κούριερ (αρ.)	[kúrier]

camareira (f)	καμαριέρα (θηλ.)	[kamariéra]
guarda (m)	φρουρός (αρ.)	[fílʲakas]
aeromoça (f)	αεροσυνοδός (θηλ.)	[aerosinoðós]

professor (m)	δάσκαλος (αρ.)	[ðáskalʲos]
bibliotecário (m)	βιβλιοθηκάριος (αρ.)	[vivlioθikários]
tradutor (m)	μεταφραστής (αρ.)	[metafrastís]
intérprete (m)	διερμηνέας (αρ.)	[ðierminéas]
guia (m)	ξεναγός (αρ.)	[ksenaγós]

cabeleireiro (m)	κομμωτής (αρ.)	[komotís]
carteiro (m)	ταχυδρόμος (αρ.)	[taxiðrómos]
vendedor (m)	πωλητής (αρ.)	[politís]

jardineiro (m)	κηπουρός (αρ.)	[kipurós]
criado (m)	υπηρέτης (αρ.)	[ipirétis]
criada (f)	υπηρέτρια (θηλ.)	[ipirétria]
empregada (f) de limpeza	καθαρίστρια (θηλ.)	[kaθarístria]

126. Profissões militares e postos

soldado (m) raso	απλός στρατιώτης (αρ.)	[aplʲós stratiótis]
sargento (m)	λοχίας (αρ.)	[lʲoxías]
tenente (m)	υπολοχαγός (αρ.)	[ipolʲoxaγós]
capitão (m)	λοχαγός (αρ.)	[lʲoxaγós]

major (m)	ταγματάρχης (αρ.)	[taγmatárxis]
coronel (m)	συνταγματάρχης (αρ.)	[sindaγmatárxis]
general (m)	στρατηγός (αρ.)	[stratiγós]
marechal (m)	στρατάρχης (αρ.)	[stratárxis]
almirante (m)	ναύαρχος (αρ.)	[návarxos]
militar (m)	στρατιωτικός (αρ.)	[stratiotikós]
soldado (m)	στρατιώτης (αρ.)	[stratiótis]

| oficial (m) | αξιωματικός (αρ.) | [aksiomatikós] |
| comandante (m) | διοικητής (αρ.) | [ðiikitís] |

guarda (m) de fronteira	φρουρός των συνόρων (αρ.)	[frurós ton sinóron]
operador (m) de rádio	χειριστής ασυρμάτου (αρ.)	[xiristís asirmátu]
explorador (m)	ανιχνευτής (αρ.)	[anixneftís]
sapador-mineiro (m)	σκαπανέας (αρ.)	[skapanéas]
atirador (m)	σκοπευτής (αρ.)	[skopeftís]
navegador (m)	πλοηγός (αρ.)	[plˈoiɣós]

127. Oficiais. Padres

| rei (m) | βασιλιάς (αρ.) | [vasiliás] |
| rainha (f) | βασίλισσα (θηλ.) | [vasílisa] |

| príncipe (m) | πρίγκιπας (αρ.) | [príngipas] |
| princesa (f) | πριγκίπισσα (θηλ.) | [pringípisa] |

| czar (m) | τσάρος (αρ.) | [tsáros] |
| czarina (f) | τσαρίνα (θηλ.) | [tsarína] |

presidente (m)	πρόεδρος (αρ.)	[próeðros]
ministro (m)	υπουργός (αρ.)	[ipurɣós]
primeiro-ministro (m)	πρωθυπουργός (αρ.)	[proθipurɣós]
senador (m)	γερουσιαστής (αρ.)	[jerusiastís]

diplomata (m)	διπλωμάτης (αρ.)	[ðiplˈomátis]
cônsul (m)	πρόξενος (αρ.)	[próksenos]
embaixador (m)	πρέσβης (αρ.)	[prézvis]
conselheiro (m)	σύμβουλος (αρ.)	[símvulˈos]

funcionário (m)	αξιωματούχος (αρ.)	[aksiomatúxos]
prefeito (m)	νομάρχης (αρ.)	[nomárxis]
Presidente (m) da Câmara	δήμαρχος (αρ.)	[ðímarxos]

| juiz (m) | δικαστής (αρ.) | [ðikastís] |
| procurador (m) | εισαγγελέας (αρ.) | [isangeléas] |

missionário (m)	ιεραπόστολος (αρ.)	[ierapóstolˈos]
monge (m)	καλόγερος (αρ.)	[kalˈójeros]
abade (m)	αβάς (αρ.)	[avás]
rabino (m)	ραβίνος (αρ.)	[ravínos]

vizir (m)	βεζίρης (αρ.)	[vezíris]
xá (m)	σάχης (αρ.)	[sáxis]
xeique (m)	σεΐχης (αρ.)	[séjxis]

128. Profissões agrícolas

abelheiro (m)	μελισσοκόμος (αρ.)	[melisokómos]
pastor (m)	βοσκός (αρ.)	[voskós]
agrônomo (m)	αγρονόμος (αρ.)	[aɣronómos]

| criador (m) de gado | κτηνοτρόφος (αρ.) | [ktinotrófos] |
| veterinário (m) | κτηνίατρος (αρ.) | [ktiníatros] |

agricultor, fazendeiro (m)	αγρότης (αρ.)	[aɣrótis]
vinicultor (m)	οινοποιός (αρ.)	[inopiós]
zoólogo (m)	ζωολόγος (αρ.)	[zoolʲóɣos]
vaqueiro (m)	καουμπόης (αρ.)	[kaubóis]

129. Profissões artísticas

| ator (m) | ηθοποιός (αρ.) | [iθopiós] |
| atriz (f) | ηθοποιός (θηλ.) | [iθopiós] |

| cantor (m) | τραγουδιστής (αρ.) | [traɣuðistís] |
| cantora (f) | τραγουδίστρια (θηλ.) | [traɣuðístria] |

| bailarino (m) | χορευτής (αρ.) | [xoreftís] |
| bailarina (f) | χορεύτρια (θηλ.) | [xoréftria] |

| artista (m) | καλλιτέχνης (αρ.) | [kalitéxnis] |
| artista (f) | καλλιτέχνης (θηλ.) | [kalitéxnis] |

músico (m)	μουσικός (αρ.)	[musikós]
pianista (m)	πιανίστας (αρ.)	[pianístas]
guitarrista (m)	κιθαρίστας (αρ.)	[kiθarístas]

maestro (m)	μαέστρος (αρ.)	[maéstros]
compositor (m)	συνθέτης (αρ.)	[sinθétis]
empresário (m)	ιμπρεσάριος (αρ.)	[imbresários]

diretor (m) de cinema	σκηνοθέτης (αρ.)	[skinoθétis]
produtor (m)	παραγωγός (αρ.)	[paraɣoɣós]
roteirista (m)	σεναριογράφος (αρ.)	[senarioɣráfos]
crítico (m)	κριτικός (αρ.)	[kritikós]

escritor (m)	συγγραφέας (αρ.)	[singraféas]
poeta (m)	ποιητής (αρ.)	[piitís]
escultor (m)	γλύπτης (αρ.)	[ɣlíptis]
pintor (m)	ζωγράφος (αρ.)	[zoɣráfos]

malabarista (m)	ζογκλέρ (αρ.)	[zonglér]
palhaço (m)	κλόουν (αρ.)	[klʲóun]
acrobata (m)	ακροβάτης (αρ.)	[akrovátis]
ilusionista (m)	θαυματοποιός (αρ.)	[θavmatopiós]

130. Várias profissões

médico (m)	γιατρός (αρ.)	[ʝatrós]
enfermeira (f)	νοσοκόμα (θηλ.)	[nosokóma]
psiquiatra (m)	ψυχίατρος (αρ.)	[psixíatros]
dentista (m)	οδοντίατρος (αρ.)	[oðondíatros]
cirurgião (m)	χειρουργός (αρ.)	[xirurɣós]

astronauta (m)	αστροναύτης (αρ.)	[astronáftis]
astrônomo (m)	αστρονόμος (αρ.)	[astronómos]
motorista (m)	οδηγός (αρ.)	[oðiɣós]
maquinista (m)	οδηγός τρένου (αρ.)	[oðiɣós trénu]
mecânico (m)	μηχανικός (αρ.)	[mixanikós]
mineiro (m)	ανθρακωρύχος (αρ.)	[anθrakoríxos]
operário (m)	εργάτης (αρ.)	[erɣátis]
serralheiro (m)	κλειδαράς (αρ.)	[kliðarás]
marceneiro (m)	ξυλουργός (αρ.)	[ksilʲurɣós]
torneiro (m)	τορναδόρος (αρ.)	[tornaðóros]
construtor (m)	οικοδόμος (αρ.)	[ikoðómos]
soldador (m)	ηλεκτροσυγκολλητής (αρ.)	[ilektrosingolitís]
professor (m)	καθηγητής (αρ.)	[kaθiɟitís]
arquiteto (m)	αρχιτέκτονας (αρ.)	[arxitéktonas]
historiador (m)	ιστορικός (αρ.)	[istorikós]
cientista (m)	επιστήμονας (αρ.)	[epistímonas]
físico (m)	φυσικός (αρ.)	[fisikós]
químico (m)	χημικός (αρ.)	[ximikós]
arqueólogo (m)	αρχαιολόγος (αρ.)	[arxeolʲóɣos]
geólogo (m)	γεωλόγος (αρ.)	[ɟeolʲóɣos]
pesquisador (cientista)	ερευνητής (αρ.)	[erevnitís]
babysitter, babá (f)	νταντά (θηλ.)	[dadá]
professor (m)	παιδαγωγός (αρ.)	[peðaɣoɣós]
redator (m)	συντάκτης (αρ.)	[sindáktis]
redator-chefe (m)	αρχισυντάκτης (αρ.)	[arxisindáktis]
correspondente (m)	ανταποκριτής (αρ.)	[andapokritís]
datilógrafa (f)	δακτυλογράφος (θηλ.)	[ðaktilʲoɣráfos]
designer (m)	σχεδιαστής (αρ.)	[sxeðiastís]
especialista (m) em informática	τεχνικός υπολογιστών (αρ.)	[texnikós ipolʲoɟistón]
programador (m)	προγραμματιστής (αρ.)	[proɣramatistís]
engenheiro (m)	μηχανικός (αρ.)	[mixanikós]
marujo (m)	ναυτικός (αρ.)	[naftikós]
marinheiro (m)	ναύτης (αρ.)	[náftis]
socorrista (m)	διασώστης (αρ.)	[ðiasóstis]
bombeiro (m)	πυροσβέστης (αρ.)	[pirozvéstis]
polícia (m)	αστυνομικός (αρ.)	[astinomikós]
guarda-noturno (m)	φύλακας (αρ.)	[fílʲakas]
detetive (m)	ντετέκτιβ (αρ.)	[detéktiv]
funcionário (m) da alfândega	τελωνειακός (αρ.)	[telʲoniakós]
guarda-costas (m)	σωματοφύλακας (αρ.)	[somatofílʲakas]
guarda (m) prisional	δεσμοφύλακας (αρ.)	[ðezmofílʲakas]
inspetor (m)	παρατηρητής (αρ.)	[paratiritís]
esportista (m)	αθλητής (αρ.)	[aθlitís]
treinador (m)	προπονητής (αρ.)	[proponitís]

açougueiro (m)	κρεοπώλης (αρ.)	[kreopólis]
sapateiro (m)	τσαγκάρης (αρ.)	[tsangáris]
comerciante (m)	επιχειρηματίας (αρ.)	[epixirimatías]
carregador (m)	φορτωτής (αρ.)	[fortotís]
estilista (m)	σχεδιαστής (αρ.)	[sxeðiastís]
modelo (f)	μοντέλο (ουδ.)	[modélⁱo]

131. Ocupações. Estatuto social

estudante (~ de escola)	μαθητής (αρ.)	[maθitís]
estudante (~ universitária)	φοιτητής (αρ.)	[fititís]
filósofo (m)	φιλόσοφος (αρ.)	[filⁱósofos]
economista (m)	οικονομολόγος (αρ.)	[ikonomolⁱóγos]
inventor (m)	εφευρέτης (αρ.)	[efevrétis]
desempregado (m)	άνεργος (αρ.)	[áneryos]
aposentado (m)	συνταξιούχος (αρ.)	[sindaksiúxos]
espião (m)	κατάσκοπος (αρ.)	[katáskopos]
preso, prisioneiro (m)	φυλακισμένος (αρ.)	[filⁱakizménos]
grevista (m)	απεργός (αρ.)	[aperγós]
burocrata (m)	γραφειοκράτης (αρ.)	[γrafiokrátis]
viajante (m)	ταξιδιώτης (αρ.)	[taksiðiótis]
homossexual (m)	γκέι, ομοφυλόφιλος (αρ.)	[géi], [omofilⁱófilⁱos]
hacker (m)	χάκερ (αρ.)	[xáker]
bandido (m)	συμμορίτης (αρ.)	[simorítis]
assassino (m)	πληρωμένος δολοφόνος (αρ.)	[pliroménos ðolⁱofónos]
drogado (m)	ναρκομανής (αρ.)	[narkomanís]
traficante (m)	έμπορος ναρκωτικών (αρ.)	[émboros narkotikón]
prostituta (f)	πόρνη (θηλ.)	[pórni]
cafetão (m)	νταβατζής (αρ.)	[davadzís]
bruxo (m)	μάγος (αρ.)	[máγos]
bruxa (f)	μάγισσα (θηλ.)	[májisa]
pirata (m)	πειρατής (αρ.)	[piratís]
escravo (m)	δούλος (αρ.)	[ðúlⁱos]
samurai (m)	σαμουράι (αρ.)	[samuráj]
selvagem (m)	άγριος (αρ.)	[áγrios]

Desportos

132. Tipos de desportos. Desportistas

esportista (m)	αθλητής (αρ.)	[aθlitís]
tipo (m) de esporte	είδος αθλήματος (ουδ.)	[ídos aθlímatos]
basquete (m)	μπάσκετ (ουδ.)	[básket]
jogador (m) de basquete	μπασκετμπολίστας (αρ.)	[basketbolístas]
beisebol (m)	μπέιζμπολ (ουδ.)	[béjzbolʲ]
jogador (m) de beisebol	παίκτης μπέιζμπολ (αρ.)	[péktis béjzbolʲ]
futebol (m)	ποδόσφαιρο (ουδ.)	[poδósfero]
jogador (m) de futebol	ποδοσφαιριστής (αρ.)	[poδosferistís]
goleiro (m)	τερματοφύλακας (αρ.)	[termatofílʲakas]
hóquei (m)	χόκεϊ (ουδ.)	[xókej]
jogador (m) de hóquei	παίκτης χόκεϊ (αρ.)	[péktis xókej]
vôlei (m)	βόλεϊ (ουδ.)	[vólej]
jogador (m) de vôlei	βολεϊμπολίστας (αρ.)	[volejbolístas]
boxe (m)	πυγμαχία (θηλ.)	[piɣmaxía]
boxeador (m)	πυγμάχος (αρ.)	[piɣmáxos]
luta (f)	πάλη (θηλ.)	[páli]
lutador (m)	παλαιστής (αρ.)	[palestís]
caratê (m)	καράτε (ουδ.)	[karáte]
carateca (m)	αθλητής καράτε (αρ.)	[aθlitís karáte]
judô (m)	τζούντο (ουδ.)	[dzúdo]
judoca (m)	αθλητής του τζούντου (αρ.)	[aθlitís tu dzúdu]
tênis (m)	τένις (ουδ.)	[ténis]
tenista (m)	τενίστας (αρ.)	[tenístas]
natação (f)	κολύμβηση (θηλ.)	[kolímvisi]
nadador (m)	κολυμβητής (αρ.)	[kolimvistís]
esgrima (f)	ξιφασκία (θηλ.)	[ksifaskía]
esgrimista (m)	ξιφομάχος (αρ.)	[ksifomáxos]
xadrez (m)	σκάκι (ουδ.)	[skáki]
jogador (m) de xadrez	σκακιστής (αρ.)	[skakistís]
alpinismo (m)	ορειβασία (θηλ.)	[orivasía]
alpinista (m)	ορειβάτης (αρ.)	[orivátis]
corrida (f)	δρόμος (αρ.)	[ðrómos]

corredor (m)	δρομέας (αρ.)	[ðroméas]
atletismo (m)	στίβος (αρ.)	[stívos]
atleta (m)	αθλητής (αρ.)	[aθlitís]

| hipismo (m) | ιππασία (θηλ.) | [ipasía] |
| cavaleiro (m) | ιππέας (αρ.) | [ipéas] |

patinação (f) artística	καλλιτεχνικό πατινάζ (ουδ.)	[kalitexnikó patináz]
patinador (m)	αθλητής του καλλιτεχνικού πατινάζ (αρ.)	[aθlitís tu kalitexnikú patináz]
patinadora (f)	αθλήτρια του καλλιτεχνικού πατινάζ (θηλ.)	[aθlítria tu kalitexnikú patináz]

halterofilismo (m)	άρση βαρών (θηλ.)	[ársi varón]
corrida (f) de carros	αγώνας αυτοκινήτων (αρ.)	[aɣónas aftokiníton]
ciclismo (m)	ποδηλασία (θηλ.)	[poðilʲasía]
ciclista (m)	ποδηλάτης (αρ.)	[poðilʲátis]

salto (m) em distância	άλμα εις μήκος (ουδ.)	[álʲma is míkos]
salto (m) com vara	άλμα επί κοντώ (ουδ.)	[álʲma epí kontó]
atleta (m) de saltos	άλτης (αρ.)	[álʲtis]

133. Tipos de desportos. Diversos

futebol (m) americano	αμερικάνικο ποδόσφαιρο (ουδ.)	[amerikániko poðósfero]
badminton (m)	μπάντμιντον (ουδ.)	[bádminton]
biatlo (m)	δίαθλο (ουδ.)	[ðíaθlʲo]
bilhar (m)	μπιλιάρδο (ουδ.)	[biliárðo]

bobsled (m)	έλκηθρο (ουδ.)	[élʲkiθro]
musculação (f)	μπόντι μπίλντινγκ (ουδ.)	[bódi bílʲding]
polo (m) aquático	πόλο (ουδ.)	[pólʲo]
handebol (m)	χειροσφαίριση (θηλ.)	[xirosférisi]
golfe (m)	γκολφ (ουδ.)	[golʲf]

remo (m)	κωπηλασία (θηλ.)	[kopilʲasía]
mergulho (m)	κατάδυση (θηλ.)	[katáðisi]
corrida (f) de esqui	σκι αντοχής (ουδ.)	[ski andoxís]
tênis (m) de mesa	επιτραπέζια αντισφαίριση (θηλ.)	[epitrapézia andisfírisi]

vela (f)	ιστιοπλοΐα (θηλ.)	[istioplʲoía]
rali (m)	ράλι (ουδ.)	[ráli]
rúgbi (m)	ράγκμπι (ουδ.)	[rágbi]
snowboard (m)	σνόουμπορντ (ουδ.)	[snóubord]
arco-e-flecha (m)	τοξοβολία (θηλ.)	[toksovolía]

134. Ginásio

| barra (f) | μπάρα (θηλ.) | [bára] |
| halteres (m pl) | βαράκια (ουδ.πλ.) | [varákia] |

aparelho (m) de musculação	όργανο γυμναστικής (ουδ.)	[óryano jimnastikís]
bicicleta (f) ergométrica	στατικό ποδήλατο (ουδ.)	[statikó poðíl'ato]
esteira (f) de corrida	διάδρομος (αρ.)	[ðiáðromos]

barra (f) fixa	μονόζυγο (ουδ.)	[monóziyo]
barras (f pl) paralelas	παράλληλοι ζυγοί (αρ.πλ.)	[parálili ziɣí]
cavalo (m)	ίππος (αρ.)	[ípos]
tapete (m) de ginástica	στρώμα (ουδ.)	[stróma]

aeróbica (f)	αεροβική (θηλ.)	[aerovikí]
ioga, yoga (f)	γιόγκα (θηλ.)	[jóga]

135. Hóquei

hóquei (m)	χόκεϊ (ουδ.)	[xókej]
jogador (m) de hóquei	παίκτης χόκεϊ (αρ.)	[péktis xókej]
jogar hóquei	παίζω χόκεϊ	[pézo xókej]
gelo (m)	πάγος (αρ.)	[páyos]

disco (m)	σφαίρα (θηλ.)	[sféra]
taco (m) de hóquei	μπαστούνι χόκεϊ (ουδ.)	[bastúni xókej]
patins (m pl) de gelo	παγοπέδιλα (ουδ.πλ.)	[payopéðil'a]

muro (m)	πλευρά (θηλ.)	[plevrá]
tiro (m)	σουτ (ουδ.)	[sut]

goleiro (m)	τερματοφύλακας (αρ.)	[termatofíl'akas]
gol (m)	γκολ (ουδ.)	[gol']
marcar um gol	βάζω γκολ	[vázo gol']

tempo (m)	περίοδος (θηλ.)	[períodos]
banco (m) de reservas	πάγκος αναπληρωματικών (αρ.)	[pángos anapliromatikón]

136. Futebol

futebol (m)	ποδόσφαιρο (ουδ.)	[poðósfero]
jogador (m) de futebol	ποδοσφαιριστής (αρ.)	[poðosferistís]
jogar futebol	παίζω ποδόσφαιρο	[pézo poðósfero]

Time (m) Principal	Σούπερ Λίγκα (θηλ.)	[súper líga]
time (m) de futebol	ποδοσφαιρικός σύλλογος (αρ.)	[poðosferikós síl'oyos]
treinador (m)	προπονητής (αρ.)	[proponitís]
proprietário (m)	ιδιοκτήτης (αρ.)	[iðioktítis]

equipe (f)	ομάδα (θηλ.)	[omáða]
capitão (m)	αρχηγός της ομάδας (αρ.)	[arxiyós tis omáðas]
jogador (m)	παίκτης (αρ.)	[péktis]
jogador (m) reserva	αναπληρωματικός (αρ.)	[anapliromatikós]
atacante (m)	επιθετικός (αρ.)	[epiθetikós]
centroavante (m)	κεντρικός επιθετικός (αρ.)	[kendrikós epiθetikós]

marcador (m)	σκόρερ (αρ.)	[skórer]
defesa (m)	αμυντικός (αρ.)	[amindikós]
meio-campo (m)	μέσος (αρ.)	[mésos]
jogo (m), partida (f)	ματς (ουδ.)	[mats]
encontrar-se (vr)	συναντιέμαι	[sinandiéme]
final (m)	τελικός (αρ.)	[telikós]
semifinal (f)	ημιτελικός (αρ.)	[imitelikós]
campeonato (m)	πρωτάθλημα (ουδ.)	[protáθlima]
tempo (m)	ημίχρονο (ουδ.)	[imíxrono]
primeiro tempo (m)	πρώτο ημίχρονο (ουδ.)	[próto imíxrono]
intervalo (m)	διάλειμμα (ουδ.)	[ðiálima]
goleira (f)	τέρμα (ουδ.)	[térma]
goleiro (m)	τερματοφύλακας (αρ.)	[termatofílʲakas]
trave (f)	δοκάρι (ουδ.)	[ðokári]
travessão (m)	οριζόντιο δοκάρι (ουδ.)	[orizóndio ðokári]
rede (f)	δίχτυ (ουδ.)	[ðíxti]
tomar um gol	δέχομαι γκολ	[ðéxome gólʲ]
bola (f)	μπάλα (θηλ.)	[bálʲa]
passe (m)	πάσα (θηλ.)	[pása]
chute (m)	κλωτσιά (θηλ.), σουτ (ουδ.)	[klʲotsiá], [sut]
chutar (vt)	κλωτσάω	[klʲotsáo]
pontapé (m)	ελεύθερο χτύπημα (ουδ.)	[eléfθero xtípima]
escanteio (m)	κόρνερ (ουδ.)	[kórner]
ataque (m)	επίθεση (θηλ.)	[epíθesi]
contra-ataque (m)	αντεπίθεση (θηλ.)	[andepíθesi]
combinação (f)	συνδυασμός (αρ.)	[sinðiazmós]
árbitro (m)	διαιτητής (αρ.)	[ðietitís]
apitar (vi)	σφυρίζω	[sfirízo]
apito (m)	σφύριγμα (ουδ.)	[sfíriɣma]
falta (f)	φάουλ, παράπτωμα (ουδ.)	[fául], [paráptoma]
cometer a falta	παραβιάζω	[paraviázo]
expulsar (vt)	αποβάλλω	[apováľʲo]
cartão (m) amarelo	κίτρινη κάρτα (θηλ.)	[kítrini kárta]
cartão (m) vermelho	κόκκινη κάρτα (θηλ.)	[kókini kárta]
desqualificação (f)	αποκλεισμός (αρ.)	[apoklizmós]
desqualificar (vt)	αποκλείω	[apoklío]
pênalti (m)	πέναλτι (ουδ.)	[pénalʲti]
barreira (f)	τείχος (αρ.)	[tíxos]
marcar (vt)	σκοράρω	[skoráro]
gol (m)	γκολ (ουδ.)	[golʲ]
marcar um gol	βάζω γκολ	[vázo golʲ]
substituição (f)	αλλαγή (θηλ.)	[aľʲají]
substituir (vt)	αντικαθιστώ	[andikaθistó]
regras (f pl)	κανόνες (αρ.πλ.)	[kanónes]
tática (f)	τακτική (θηλ.)	[taktikí]
estádio (m)	γήπεδο (ουδ.)	[jípeðo]
arquibancadas (f pl)	κερκίδα (θηλ.)	[kerkíða]

| fã, torcedor (m) | φίλαθλος (αρ.) | [fíl'aθl'os] |
| gritar (vi) | φωνάζω | [fonázo] |

| placar (m) | πίνακας (αρ.) | [pínakas] |
| resultado (m) | σκορ, αποτέλεσμα (ουδ.) | [skor], [apotélezma] |

derrota (f)	ήττα (θηλ.)	[íta]
perder (vt)	χάνω	[xáno]
empate (m)	ισοπαλία (θηλ.)	[isopalía]
empatar (vi)	έρχομαι ισοπαλία	[érxome isopalía]

| vitória (f) | νίκη (θηλ.) | [níki] |
| vencer (vi, vt) | νικάω, κερδίζω | [nikáo], [kerðízo] |

campeão (m)	πρωταθλητής (αρ.)	[protaθlitís]
melhor (adj)	καλύτερος	[kalíteros]
felicitar (vt)	συγχαίρω	[sinxéro]

comentarista (m)	σχολιαστής (αρ.)	[sxoliastís]
comentar (vt)	σχολιάζω	[sxoliázo]
transmissão (f)	μετάδοση (θηλ.)	[metáðosi]

137. Esqui alpino

esqui (m)	σκι (ουδ.)	[ski]
esquiar (vi)	κάνω σκι	[káno ski]
estação (f) de esqui	χιονοδρομικό κέντρο (ουδ.)	[xionoðromikó kéndro]
teleférico (m)	τελεφερίκ (ουδ.)	[teleferík]

bastões (m pl) de esqui	μπαστούνια του σκι (ουδ.πλ.)	[bastúni tu ski]
declive (m)	πλαγιά (θηλ.)	[pl'ajá]
slalom (m)	σλάλομ (ουδ.)	[sl'ál'om]

138. Tênis. Golfe

golfe (m)	γκολφ (ουδ.)	[gol'f]
clube (m) de golfe	γκολφ κλαμπ (ουδ.)	[gol'f kl'ab]
jogador (m) de golfe	γκολφέρ (αρ.)	[gol'fér]

buraco (m)	τρύπα (θηλ.)	[trípa]
taco (m)	μπαστούνι (ουδ.)	[bastúni]
trolley (m)	καροτσάκι (ουδ.)	[karotsáki]

| tênis (m) | τένις (ουδ.) | [ténis] |
| quadra (f) de tênis | γήπεδο τένις (ουδ.) | [jípeðo ténis] |

| saque (m) | σερβίς (ουδ.) | [servís] |
| sacar (vi) | σερβίρω | [servíro] |

raquete (f)	ρακέτα (θηλ.)	[rakéta]
rede (f)	δίχτυ (ουδ.)	[ðíxti]
bola (f)	μπάλα (θηλ.)	[bál'a]

139. Xadrez

xadrez (m)	σκάκι (ουδ.)	[skáki]
peças (f pl) de xadrez	πεσσοί (αρ.πλ.)	[pesí]
jogador (m) de xadrez	σκακιστής (αρ.)	[skakistís]
tabuleiro (m) de xadrez	σκακιέρα (θηλ.)	[skakiéra]
peça (f)	πεσσός (αρ.)	[pesós]
brancas (f pl)	λευκά (ουδ.πλ.)	[lefká]
pretas (f pl)	μαύρα (ουδ.πλ.)	[mávra]
peão (m)	πιόνι (ουδ.)	[pióni]
bispo (m)	αξιωματικός (αρ.)	[aksiomatikós]
cavalo (m)	άλογο (ουδ.)	[álˈoγo]
torre (f)	πύργος (αρ.)	[pírγos]
dama (f)	βασίλισσα (θηλ.)	[vasílisa]
rei (m)	βασιλιάς (αρ.)	[vasiliás]
vez (f)	κίνηση (θηλ.)	[kínisi]
mover (vt)	κάνω κίνηση	[káno kínisi]
sacrificar (vt)	θυσιάζω	[θisiázo]
roque (m)	ροκέ (ουδ.)	[roké]
xeque (m)	σαχ (ουδ.)	[sax]
xeque-mate (m)	ματ (ουδ.)	[mat]
torneio (m) de xadrez	τουρνουά σκάκι (ουδ.)	[turnuá skáki]
grão-mestre (m)	Γκρανμαίτρ (αρ.)	[granmétr]
combinação (f)	συνδυασμός (αρ.)	[sinðiazmós]
partida (f)	παρτίδα (θηλ.)	[partíða]
jogo (m) de damas	ντάμα (θηλ.)	[dáma]

140. Boxe

boxe (m)	πυγμαχία (θηλ.), μποξ (ουδ.)	[piγmaxía], [boks]
combate (m)	αγώνας (αρ.)	[aγónas]
luta (f) de boxe	μονομαχία (θηλ.)	[monomaxía]
round (m)	γύρος (αρ.)	[jíros]
ringue (m)	ρινγκ (ουδ.)	[ring]
gongo (m)	γκονγκ (ουδ.)	[gong]
murro, soco (m)	γροθιά, μπουνιά (θηλ.)	[γroθxá], [buniá]
derrubada (f)	νοκ ντάουν (ουδ.)	[nokdáun]
nocaute (m)	νοκ άουτ (ουδ.)	[nokáut]
nocautear (vt)	βγάζω νοκ άουτ	[vγázo nokáut]
luva (f) de boxe	γάντι πυγμαχίας (ουδ.)	[γándi piγmaxías]
juiz (m)	διαιτητής (αρ.)	[ðietitís]
peso-pena (m)	ελαφριών βαρών (ουδ.)	[elˈafrión varón]
peso-médio (m)	μεσαίων βαρών (ουδ.)	[meséon varón]
peso-pesado (m)	βαρέων βαρών (ουδ.)	[varéon varón]

141. Desportos. Diversos

Jogos (m pl) Olímpicos	Ολυμπιακοί Αγώνες (αρ.πλ.)	[olimbiakí ayónes]
vencedor (m)	νικητής (αρ.)	[nikitís]
vencer (vi)	νικάω	[nikáo]
vencer (vi, vt)	νικάω, κερδίζω	[nikáo], [kerðízo]
líder (m)	αρχηγός (αρ.)	[arxiɣós]
liderar (vt)	αρχηγεύω	[arxiʝévo]
primeiro lugar (m)	πρώτη θέση (θηλ.)	[próti θési]
segundo lugar (m)	δεύτερη θέση (θηλ.)	[ðéfteri θési]
terceiro lugar (m)	τρίτη θέση (θηλ.)	[tríti θési]
medalha (f)	μετάλλιο (ουδ.)	[metálio]
troféu (m)	τρόπαιο (ουδ.)	[trópeo]
taça (f)	κύπελλο (ουδ.)	[kípelʲo]
prêmio (m)	βραβείο (ουδ.)	[vravío]
prêmio (m) principal	πρώτο βραβείο (ουδ.)	[próto vravío]
recorde (m)	ρεκόρ (ουδ.)	[rekór]
estabelecer um recorde	κάνω ρεκόρ	[káno rekór]
final (m)	τελικός (αρ.)	[telikós]
final (adj)	τελικός	[telikós]
campeão (m)	πρωταθλητής (αρ.)	[protaθlitís]
campeonato (m)	πρωτάθλημα (ουδ.)	[protáθlima]
estádio (m)	γήπεδο (ουδ.)	[ʝípeðo]
arquibancadas (f pl)	κερκίδα (θηλ.)	[kerkíða]
fã, torcedor (m)	φίλαθλος (αρ.)	[fílʲaθlʲos]
adversário (m)	αντίπαλος (αρ.)	[andípalʲos]
partida (f)	αφετηρία (θηλ.)	[afetiría]
linha (f) de chegada	τέρμα (ουδ.)	[térma]
derrota (f)	ήττα (θηλ.)	[íta]
perder (vt)	χάνω	[xáno]
árbitro, juiz (m)	δικαστής (αρ.)	[ðikastís]
júri (m)	κριτές (αρ.πλ.)	[krités]
resultado (m)	σκορ (ουδ.)	[skor]
empate (m)	ισοπαλία (θηλ.)	[isopalía]
empatar (vi)	έρχομαι ισοπαλία	[érxome isopalía]
ponto (m)	πόντος, βαθμός (αρ.)	[póndos], [vaθmós]
resultado (m) final	αποτέλεσμα (ουδ.)	[apotélezma]
intervalo (m)	διάλειμμα (ουδ.)	[ðiálima]
doping (m)	ντόπινγκ (ουδ.)	[dóping]
penalizar (vt)	επιβάλλω ποινή	[epiválʲo piní]
desqualificar (vt)	αποκλείω	[apoklío]
aparelho, aparato (m)	όργανο γυμναστικής (ουδ.)	[óryano ʝimnastikís]
dardo (m)	ακόντιο (ουδ.)	[akóndio]

| peso (m) | σφαίρα (θηλ.) | [sféra] |
| bola (f) | μπάλα (θηλ.) | [bália] |

alvo, objetivo (m)	στόχος (αρ.)	[stóxos]
alvo (~ de papel)	στόχος (αρ.)	[stóxos]
disparar, atirar (vi)	πυροβολώ	[pirovolió]
preciso (tiro ~)	ακριβής	[akrivís]

treinador (m)	προπονητής (αρ.)	[proponitís]
treinar (vt)	προπονώ	[proponó]
treinar-se (vr)	προπονούμαι	[proponúme]
treino (m)	προπόνηση (θηλ.)	[propónisi]

academia (f) de ginástica	γυμναστήριο (ουδ.)	[jimnastírio]
exercício (m)	άσκηση (θηλ.)	[áskisi]
aquecimento (m)	προθέρμανση (θηλ.)	[proθérmansi]

Educação

142. Escola

| escola (f) | σχολείο (ουδ.) | [sxolío] |
| diretor (m) de escola | διευθυντής (αρ.) | [ðiefθindís] |

aluno (m)	μαθητής (αρ.)	[maθitís]
aluna (f)	μαθήτρια (θηλ.)	[maθítria]
estudante (m)	μαθητής (αρ.)	[maθitís]
estudante (f)	μαθήτρια (θηλ.)	[maθítria]

ensinar (vt)	διδάσκω	[ðiðásko]
aprender (vt)	μαθαίνω	[maθéno]
decorar (vt)	μαθαίνω απ'έξω	[maθéno apékso]

estudar (vi)	μαθαίνω	[maθéno]
estar na escola	πηγαίνω σχολείο	[pijéno sxolío]
ir à escola	πηγαίνω σχολείο	[pijéno sxolío]

| alfabeto (m) | αλφάβητος (θηλ.) | [alʲfávitos] |
| disciplina (f) | μάθημα (ουδ.) | [máθima] |

sala (f) de aula	τάξη (θηλ.)	[táksi]
lição, aula (f)	μάθημα (ουδ.)	[máθima]
recreio (m)	διάλειμμα (ουδ.)	[ðiálima]

toque (m)	κουδούνι (ουδ.)	[kuðúni]
classe (f)	θρανίο (ουδ.)	[θranío]
quadro (m) negro	πίνακας (αρ.)	[pínakas]

nota (f)	βαθμός (αρ.)	[vaθmós]
boa nota (f)	καλός βαθμός (αρ.)	[kalʲós vaθmós]
nota (f) baixa	κακός βαθμός (αρ.)	[kakós vaθmós]
dar uma nota	βάζω βαθμό	[vázo vaθmó]

erro (m)	λάθος (ουδ.)	[lʲáθos]
errar (vi)	κάνω λάθη	[káno lʲáθi]
corrigir (~ um erro)	διορθώνω	[ðiorθóno]
cola (f)	σκονάκι (ουδ.)	[skonáki]

| dever (m) de casa | εργασία για το σπίτι (θηλ.) | [erɣasía ja to spíti] |
| exercício (m) | άσκηση (θηλ.) | [áskisi] |

| estar presente | είμαι παρών | [íme parón] |
| estar ausente | απουσιάζω | [apusiázo] |

punir (vt)	τιμωρώ	[timoró]
punição (f)	τιμωρία (θηλ.)	[timoría]
comportamento (m)	συμπεριφορά (θηλ.)	[simberiforá]

boletim (m) escolar	έλεγχος (αρ.)	[élenxos]
lápis (m)	μολύβι (ουδ.)	[molívi]
borracha (f)	γόμα (θηλ.)	[γóma]
giz (m)	κιμωλία (θηλ.)	[kimolía]
porta-lápis (m)	κασετίνα (θηλ.)	[kasetína]
mala, pasta, mochila (f)	σχολική τσάντα (θηλ.)	[sxolikí tsánda]
caneta (f)	στιλό (ουδ.)	[stiljó]
caderno (m)	τετράδιο (ουδ.)	[tetrádio]
livro (m) didático	σχολικό βιβλίο (ουδ.)	[sxolikó vivlío]
compasso (m)	διαβήτης (αρ.)	[ðiavítis]
traçar (vt)	σχεδιάζω	[sxeðiázo]
desenho (m) técnico	σχέδιο (ουδ.)	[sxéðio]
poesia (f)	ποίημα (ουδ.)	[píima]
de cor	απ'έξω	[apékso]
decorar (vt)	μαθαίνω απ'έξω	[maθéno apékso]
férias (f pl)	διακοπές (θηλ.πλ.)	[ðiakopés]
estar de férias	κάνω διακοπές	[káno ðiakopés]
teste (m), prova (f)	τεστ, διαγώνισμα (ουδ.)	[test], [ðiaγónizma]
redação (f)	έκθεση (θηλ.)	[ékθesi]
ditado (m)	υπαγόρευση (θηλ.)	[ipaγórefsi]
exame (m), prova (f)	εξετάσεις (θηλ.πλ.)	[eksetásis]
fazer prova	δίνω εξετάσεις	[ðíno eksetásis]
experiência (~ química)	πείραμα (ουδ.)	[pírama]

143. Colégio. Universidade

academia (f)	ακαδημία (θηλ.)	[akaðimía]
universidade (f)	πανεπιστήμιο (ουδ.)	[panepistímio]
faculdade (f)	σχολή (θηλ.)	[sxolí]
estudante (m)	φοιτητής (αρ.)	[fititís]
estudante (f)	φοιτήτρια (θηλ.)	[fitítria]
professor (m)	καθηγητής (αρ.)	[kaθijitís]
auditório (m)	αίθουσα διαλέξεων (θηλ.)	[éθusa ðialékseon]
graduado (m)	απόφοιτος (αρ.)	[apófitos]
diploma (m)	πτυχίο (ουδ.)	[ptixío]
tese (f)	διατριβή (θηλ.)	[ðiatriví]
estudo (obra)	έρευνα (θηλ.)	[érevna]
laboratório (m)	εργαστήριο (ουδ.)	[erγastírio]
palestra (f)	διάλεξη (θηλ.)	[ðiáleksi]
colega (m) de curso	συμφοιτητής (αρ.)	[simfititís]
bolsa (f) de estudos	υποτροφία (θηλ.)	[ipotrofía]
grau (m) acadêmico	ακαδημαϊκό πτυχίο (ουδ.)	[akaðimaikó ptixío]

144. Ciências. Disciplinas

matemática (f)	μαθηματικά (ουδ.πλ.)	[maθimatiká]
álgebra (f)	άλγεβρα (θηλ.)	[ál‖jevra]
geometria (f)	γεωμετρία (θηλ.)	[jeometría]
astronomia (f)	αστρονομία (θηλ.)	[astronomía]
biologia (f)	βιολογία (θηλ.)	[viol‖ojía]
geografia (f)	γεωγραφία (θηλ.)	[jeoγrafía]
geologia (f)	γεωλογία (θηλ.)	[jeol‖ojía]
história (f)	ιστορία (θηλ.)	[istoría]
medicina (f)	ιατρική (θηλ.)	[jatrikí]
pedagogia (f)	παιδαγωγική (θηλ.)	[peδaγojikí]
direito (m)	δίκαιο (ουδ.)	[δíkeo]
física (f)	φυσική (θηλ.)	[fisikí]
química (f)	χημεία (θηλ.)	[ximía]
filosofia (f)	φιλοσοφία (θηλ.)	[fil‖osofía]
psicologia (f)	ψυχολογία (θηλ.)	[psixol‖ojía]

145. Sistema de escrita. Ortografia

gramática (f)	γραμματική (θηλ.)	[γramatikí]
vocabulário (m)	λεξιλόγιο (ουδ.)	[leksil‖ójo]
fonética (f)	φωνητική (θηλ.)	[fonitikí]
substantivo (m)	ουσιαστικό (ουδ.)	[usiastikó]
adjetivo (m)	επίθετο (ουδ.)	[epíθeto]
verbo (m)	ρήμα (ουδ.)	[ríma]
advérbio (m)	επίρρημα (ουδ.)	[epírima]
pronome (m)	αντωνυμία (θηλ.)	[andonimía]
interjeição (f)	επιφώνημα (ουδ.)	[epifónima]
preposição (f)	πρόθεση (θηλ.)	[próθesi]
raiz (f)	ρίζα (θηλ.)	[ríza]
terminação (f)	κατάληξη (θηλ.)	[katáliksi]
prefixo (m)	πρόθεμα (ουδ.)	[próθema]
sílaba (f)	συλλαβή (θηλ.)	[sil‖aví]
sufixo (m)	επίθημα (ουδ.)	[epíθima]
acento (m)	τόνος (αρ.)	[tónos]
apóstrofo (f)	απόστροφος (θηλ.)	[apóstrofos]
ponto (m)	τελεία (θηλ.)	[telía]
vírgula (f)	κόμμα (ουδ.)	[kóma]
ponto e vírgula (m)	άνω τελεία (θηλ.)	[áno telía]
dois pontos (m pl)	διπλή τελεία (θηλ.)	[δiplí telía]
reticências (f pl)	αποσιωπητικά (ουδ.πλ.)	[aposiopitiká]
ponto (m) de interrogação	ερωτηματικό (ουδ.)	[erotimatikó]
ponto (m) de exclamação	θαυμαστικό (ουδ.)	[θavmastikó]

aspas (f pl)	εισαγωγικά (ουδ.πλ.)	[isaɣojiká]
entre aspas	σε εισαγωγικά	[se isaɣojiká]
parênteses (m pl)	παρένθεση (θηλ.)	[parénθesi]
entre parênteses	σε παρένθεση	[se parénθesi]

hífen (m)	ενωτικό (ουδ.)	[enotikó]
travessão (m)	παύλα (θηλ.)	[pávlia]
espaço (m)	κενό (ουδ.)	[kenó]

| letra (f) | γράμμα (ουδ.) | [ɣráma] |
| letra (f) maiúscula | κεφαλαίο γράμμα (ουδ.) | [kefaléo ɣráma] |

| vogal (f) | φωνήεν (ουδ.) | [foníen] |
| consoante (f) | σύμφωνο (ουδ.) | [símfono] |

frase (f)	πρόταση (θηλ.)	[prótasi]
sujeito (m)	υποκείμενο (ουδ.)	[ipokímeno]
predicado (m)	κατηγορούμενο (ουδ.)	[katiɣorúmeno]

linha (f)	γραμμή (θηλ.)	[ɣramí]
em uma nova linha	σε καινούργια γραμμή	[se kenúrjia ɣramí]
parágrafo (m)	παράγραφος (θηλ.)	[paráɣrafos]

palavra (f)	λέξη (θηλ.)	[léksi]
grupo (m) de palavras	ομάδα λέξεων (θηλ.)	[omáða lékseon]
expressão (f)	έκφραση (θηλ.)	[ékfrasi]
sinônimo (m)	συνώνυμο (ουδ.)	[sinónimo]
antônimo (m)	αντώνυμο (ουδ.)	[andónimo]

regra (f)	κανόνας (αρ.)	[kanónas]
exceção (f)	εξαίρεση (θηλ.)	[ekséresi]
correto (adj)	σωστός	[sostós]

conjugação (f)	κλίση ρήματος (θηλ.)	[klísi rímatos]
declinação (f)	κλίση (θηλ.)	[klísi]
caso (m)	πτώση (θηλ.)	[ptósi]
pergunta (f)	ερώτημα (ουδ.)	[erótima]
sublinhar (vt)	υπογραμμίζω	[ipoɣramízo]
linha (f) pontilhada	διακεκομμένη γραμμή (θηλ.)	[ðiakekoméni ɣramí]

146. Línguas estrangeiras

língua (f)	γλώσσα (θηλ.)	[ɣliósa]
língua (f) estrangeira	ξένη γλώσσα (θηλ.)	[kséni ɣlósa]
estudar (vt)	μελετάω	[meletáo]
aprender (vt)	μαθαίνω	[maθéno]

ler (vt)	διαβάζω	[ðiavázo]
falar (vi)	μιλάω	[miliáo]
entender (vt)	καταλαβαίνω	[kataliavéno]
escrever (vt)	γράφω	[ɣráfo]

| rapidamente | γρήγορα | [ɣríɣora] |
| devagar, lentamente | αργά | [arɣá] |

129

fluentemente	ευφράδεια	[effráðia]
regras (f pl)	κανόνες (αρ.πλ.)	[kanónes]
gramática (f)	γραμματική (θηλ.)	[ɣramatikí]
vocabulário (m)	λεξιλόγιο (ουδ.)	[leksilójo]
fonética (f)	φωνητική (θηλ.)	[fonitikí]

livro (m) didático	σχολικό βιβλίο (ουδ.)	[sxolikó vivlío]
dicionário (m)	λεξικό (ουδ.)	[leksikó]
manual (m) autodidático	εγχειρίδιο αυτοδιδασκαλίας (ουδ.)	[enxiríðio aftoðiðaskalías]
guia (m) de conversação	βιβλίο φράσεων (ουδ.)	[vivlío fráseon]

fita (f) cassete	κασέτα (θηλ.)	[kaséta]
videoteipe (m)	βιντεοκασέτα (θηλ.)	[videokaséta]
CD (m)	συμπαγής δίσκος (αρ.)	[simpajís ðískos]
DVD (m)	DVD (ουδ.)	[dividí]

alfabeto (m)	αλφάβητος (θηλ.)	[alfávitos]
pronúncia (f)	προφορά (θηλ.)	[proforá]

sotaque (m)	προφορά (θηλ.)	[proforá]
com sotaque	με προφορά	[me proforá]
sem sotaque	χωρίς προφορά	[xorís proforá]

palavra (f)	λέξη (θηλ.)	[léksi]
sentido (m)	σημασία (θηλ.)	[simasía]

curso (m)	μαθήματα (ουδ.πλ.)	[maθímata]
inscrever-se (vr)	γράφομαι	[ɣráfome]
professor (m)	καθηγητής (αρ.)	[kaθijitís]

tradução (processo)	μετάφραση (θηλ.)	[metáfrasi]
tradução (texto)	μετάφραση (θηλ.)	[metáfrasi]
tradutor (m)	μεταφραστής (αρ.)	[metafrastís]
intérprete (m)	διερμηνέας (αρ.)	[ðierminéas]

poliglota (m)	πολύγλωσσος (αρ.)	[políɣlosos]
memória (f)	μνήμη (θηλ.)	[mními]

147. Personagens de contos de fadas

Papai Noel (m)	Άγιος Βασίλης (αρ.)	[ájos vasílis]
sereia (f)	γοργόνα (θηλ.)	[ɣorɣóna]

bruxo, feiticeiro (m)	μάγος (αρ.)	[máɣos]
fada (f)	νεράιδα (θηλ.)	[neráiða]
mágico (adj)	μαγικός	[majikós]
varinha (f) mágica	μαγικό ραβδί (ουδ.)	[majikó ravðí]

conto (m) de fadas	παραμύθι (ουδ.)	[paramíθi]
milagre (m)	θαύμα (ουδ.)	[θávma]
anão (m)	νάνος (αρ.)	[nános]
transformar-se em ...	μεταμορφώνομαι	[metamorfónome]
fantasma (m)	φάντασμα (ουδ.)	[fándazma]

fantasma (m)	φάντασμα (ουδ.)	[fándazma]
monstro (m)	τέρας (ουδ.)	[téras]
dragão (m)	δράκος (αρ.)	[ðrákos]
gigante (m)	γίγαντας (αρ.)	[ɟíɣandas]

148. Signos do Zodíaco

Áries (f)	Κριός (αρ.)	[kriós]
Touro (m)	Ταύρος (αρ.)	[távros]
Gêmeos (m pl)	Δίδυμοι (αρ.πλ.)	[ðídimi]
Câncer (m)	Καρκίνος (αρ.)	[karkínos]
Leão (m)	Λέων (αρ.)	[léon]
Virgem (f)	Παρθένος (θηλ.)	[parθénos]

Libra (f)	Ζυγός (αρ.)	[ziɣós]
Escorpião (m)	Σκορπιός (αρ.)	[skorpiós]
Sagitário (m)	Τοξότης (αρ.)	[toksótis]
Capricórnio (m)	Αιγόκερως (αρ.)	[eɣókeros]
Aquário (m)	Υδροχόος (αρ.)	[iðroxóos]
Peixes (pl)	Ιχθείς (αρ.πλ.)	[ixθís]

caráter (m)	χαρακτήρας (αρ.)	[xaraktíras]
traços (m pl) do caráter	στοιχεία του χαρακτήρα (ουδ.πλ.)	[stixía tu xaraktíra]
comportamento (m)	συμπεριφορά (θηλ.)	[simberiforá]
prever a sorte	λέω την τύχη	[léo tin tíxi]
adivinha (f)	μάντισσα (θηλ.)	[mándisa]
horóscopo (m)	ωροσκόπιο (ουδ.)	[oroskópio]

131

Artes

149. Teatro

teatro (m)	θέατρο (ουδ.)	[θéatro]
ópera (f)	όπερα (θηλ.)	[ópera]
opereta (f)	οπερέτα (θηλ.)	[operéta]
balé (m)	μπαλέτο (ουδ.)	[baléto]

cartaz (m)	αφίσα (θηλ.)	[afísa]
companhia (f) de teatro	θίασος (αρ.)	[θíasos]
turnê (f)	περιοδεία (θηλ.)	[perioδía]
estar em turnê	περιοδεύω	[perioδévo]
ensaiar (vt)	κάνω πρόβα	[káno próva]
ensaio (m)	πρόβα (θηλ.)	[próva]
repertório (m)	ρεπερτόριο (ουδ.)	[repertório]

apresentação (f)	παράσταση (θηλ.)	[parástasi]
espetáculo (m)	παράσταση (θηλ.)	[parástasi]
peça (f)	θεατρικό έργο (ουδ.)	[θeatrikó érγo]

entrada (m)	εισιτήριο (ουδ.)	[isitírio]
bilheteira (f)	ταμείο (ουδ.)	[tamío]
hall (m)	φουαγιέ (ουδ.)	[fuaϳé]
vestiário (m)	βεστιάριο (ουδ.)	[vestiário]
senha (f) numerada	καρτελάκι (θηλ.)	[kartelʲáki]
binóculo (m)	κιάλια (ουδ.πλ.)	[kiália]
lanterninha (m)	ταξιθέτης (αρ.)	[taksiθétis]

plateia (f)	πλατεία (θηλ.)	[plʲatía]
balcão (m)	εξώστης (αρ.)	[eksóstis]
camarote (m)	θεωρείο (ουδ.)	[θeorío]
fila (f)	σειρά (θηλ.)	[sirá]
assento (m)	θέση (θηλ.)	[θési]

público (m)	κοινό (ουδ.)	[kinó]
espectador (m)	θεατής (αρ.)	[θeatís]
aplaudir (vt)	χειροκροτώ	[xirokrotó]
aplauso (m)	χειροκρότημα (ουδ.)	[xirokrótima]
ovação (f)	επευφημία (θηλ.)	[epeffimía]

palco (m)	σκηνή (θηλ.)	[skiní]
cortina (f)	παραπέτασμα (ουδ.)	[parapétazma]

cenário (m)	σκηνικό (ουδ.)	[skinikó]
bastidores (m pl)	παρασκήνια (ουδ.πλ.)	[paraskínia]

cena (f)	σκηνή (θηλ.)	[skiní]
ato (m)	πράξη (θηλ.)	[práksi]
intervalo (m)	διάλειμμα (ουδ.)	[δiálima]

150. Cinema

ator (m)	ηθοποιός (αρ.)	[iθopiós]
atriz (f)	ηθοποιός (θηλ.)	[iθopiós]

cinema (m)	κινηματογράφος (αρ.)	[kinimatoɣráfos]
filme (m)	ταινία (θηλ.)	[tenía]
episódio (m)	επεισόδιο (ουδ.)	[episóðio]

filme (m) policial	αστυνομική ταινία (θηλ.)	[astinomikí tenía]
filme (m) de ação	ταινία δράσης (θηλ.)	[tenía ðrásis]
filme (m) de aventuras	περιπέτεια (θηλ.)	[peripétia]
filme (m) de ficção científica	ταινία επιστημονικής φαντασίας (θηλ.)	[tenía epistimonikís fandasías]
filme (m) de horror	ταινία τρόμου (θηλ.)	[tenía trómu]

comédia (f)	κωμωδία (θηλ.)	[komoðía]
melodrama (m)	μελόδραμα (ουδ.)	[melʲóðrama]
drama (m)	δράμα (ουδ.)	[ðráma]

filme (m) de ficção	ταινία (θηλ.)	[tenía]
documentário (m)	ντοκιμαντέρ (ουδ.)	[dokimandér]
desenho (m) animado	κινούμενα σχέδια (ουδ.πλ.)	[kinúmena sxéðia]
cinema (m) mudo	βουβές ταινίες (θηλ.πλ.)	[vuvés teníes]

papel (m)	ρόλος (αρ.)	[rólʲos]
papel (m) principal	πρωταγωνιστικός ρόλος (αρ.)	[protaɣonistikós rólʲos]
representar (vt)	παίζω	[pézo]

estrela (f) de cinema	αστέρας (αρ.)	[astéras]
conhecido (adj)	γνωστός	[ɣnostós]
famoso (adj)	διάσημος	[ðiásimos]
popular (adj)	δημοφιλής	[ðimofilís]

roteiro (m)	σενάριο (ουδ.)	[senário]
roteirista (m)	σεναριογράφος (αρ.)	[senarioɣráfos]
diretor (m) de cinema	σκηνοθέτης (αρ.)	[skinoθétis]
produtor (m)	παραγωγός (αρ.)	[paraɣoɣós]
assistente (m)	βοηθός (αρ.)	[voiθós]
diretor (m) de fotografia	οπερατέρ (αρ.)	[operatér]
dublê (m)	κασκαντέρ (αρ.)	[kaskadér]

filmar (vt)	γυρίζω ταινία	[jirízo tenía]
audição (f)	ακρόαση (θηλ.)	[akróasi]
filmagem (f)	γυρίσματα (ουδ.πλ.)	[jirízmata]
equipe (f) de filmagem	κινηματογραφικό συνεργείο (ουδ.)	[kinimatoɣrafikó sinerjío]

set (m) de filmagem	σκηνικό (ουδ.)	[skinikó]
câmera (f)	κάμερα (θηλ.)	[kámera]

cinema (m)	κινηματογράφος (αρ.)	[kinimatoɣráfos]
tela (f)	οθόνη (θηλ.)	[oθóni]
exibir um filme	προβάλλω ταινία	[proválʲo tenía]
trilha (f) sonora	ηχητική λωρίδα (θηλ.)	[ixitikí lʲoríða]

efeitos (m pl) especiais	ειδικά εφέ (ουδ.πλ.)	[iðiká efé]
legendas (f pl)	υπότιτλοι (αρ.πλ.)	[ipótitli]
crédito (m)	τίτλοι (αρ.πλ.)	[títli]
tradução (f)	μετάφραση (θηλ.)	[metáfrasi]

151. Pintura

arte (f)	τέχνη (θηλ.)	[téxni]
belas-artes (f pl)	καλές τέχνες (θηλ.πλ.)	[kalés texnes]
galeria (f) de arte	γκαλερί (θηλ.)	[galerí]
exibição (f) de arte	έκθεση πινάκων (θηλ.)	[ékθesi pinákon]

pintura (f)	ζωγραφική (θηλ.)	[zoɣrafikí]
arte (f) gráfica	γραφική τέχνη (θηλ.)	[ɣrafikí téxni]
arte (f) abstrata	αφηρημένη τέχνη (θηλ.)	[afiriméni téxni]
impressionismo (m)	ιμπρεσιονισμός (αρ.)	[imbresionizmós]

pintura (f), quadro (m)	πίνακας (αρ.)	[pínakas]
desenho (m)	ζωγραφιά (θηλ.)	[zoɣrafiá]
cartaz, pôster (m)	πόστερ (ουδ.)	[póster]

ilustração (f)	εικονογράφηση (θηλ.)	[ikonoɣráfisi]
miniatura (f)	μινιατούρα (θηλ.)	[miniatúra]
cópia (f)	αντίγραφο (ουδ.)	[andíɣrafo]
reprodução (f)	αντίγραφο (ουδ.)	[andíɣrafo]

mosaico (m)	ψηφιδωτό (ουδ.)	[psifiðotó]
vitral (m)	υαλογράφημα (ουδ.)	[ialʲoɣráfima]
afresco (m)	φρέσκο (ουδ.)	[frésko]
gravura (f)	χαλκογραφία (θηλ.)	[xalʲkoɣrafía]

busto (m)	προτομή (θηλ.)	[protomí]
escultura (f)	γλυπτό (ουδ.)	[ɣliptó]
estátua (f)	άγαλμα (ουδ.)	[áɣalʲma]
gesso (m)	γύψος (αρ.)	[ɟípsos]
em gesso (adj)	γύψινος	[ɟípsinos]

retrato (m)	πορτρέτο (ουδ.)	[portréto]
autorretrato (m)	αυτοπορτρέτο (ουδ.)	[aftoportréto]
paisagem (f)	τοπιογραφία (θηλ.)	[topioɣrafía]
natureza (f) morta	νεκρή φύση (θηλ.)	[nekrí físi]
caricatura (f)	καρικατούρα (θηλ.)	[karikatúra]
esboço (m)	σκίτσο (ουδ.)	[skítso]

tinta (f)	μπογιά (θηλ.)	[bojá]
aquarela (f)	νερομπογιά (θηλ.)	[nerobojá]
tinta (f) a óleo	λαδομπογιά (θηλ.)	[lʲaðobojá]
lápis (m)	μολύβι (ουδ.)	[molívi]
tinta (f) nanquim	μελάνι (ουδ.)	[melʲáni]
carvão (m)	άνθρακας (αρ.)	[ánθrakas]

desenhar (vt)	ζωγραφίζω	[zoɣrafízo]
pintar (vt)	ζωγραφίζω	[zoɣrafízo]
posar (vi)	ποζάρω	[pozáro]

| modelo (m) | μοντέλο (ουδ.) | [modélio] |
| modelo (f) | μοντέλο (ουδ.) | [modélio] |

pintor (m)	ζωγράφος (αρ.)	[zoγráfos]
obra (f)	έργο (ουδ.)	[érγo]
obra-prima (f)	αριστούργημα (ουδ.)	[aristúrjima]
estúdio (m)	ατελιέ (ουδ.)	[atelié]

tela (f)	καμβάς (αρ.)	[kamvás]
cavalete (m)	καβαλέτο (ουδ.)	[kavaléto]
paleta (f)	παλέτα (θηλ.)	[paléta]

moldura (f)	κορνίζα (θηλ.)	[korníza]
restauração (f)	αναστήλωση (θηλ.)	[anastíliosi]
restaurar (vt)	αναστηλώνω	[anastilióno]

152. Literatura & Poesia

literatura (f)	λογοτεχνία (θηλ.)	[lioγotexnía]
autor (m)	συγγραφέας (αρ.)	[singraféas]
pseudônimo (m)	ψευδώνυμο (ουδ.)	[psevðónimo]

livro (m)	βιβλίο (ουδ.)	[vivlío]
volume (m)	τόμος (αρ.)	[tómos]
índice (m)	περιεχόμενα (ουδ.πλ.)	[periexómena]
página (f)	σελίδα (θηλ.)	[selíða]
protagonista (m)	πρωταγωνιστής (αρ.)	[protaγonistís]
autógrafo (m)	αυτόγραφο (ουδ.)	[aftóγrafo]

conto (m)	διήγημα (ουδ.)	[ðiíjima]
novela (f)	νουβέλα (θηλ.)	[nuvélia]
romance (m)	μυθιστόρημα (ουδ.)	[miθistórima]
obra (f)	έργο (ουδ.)	[érγo]
fábula (m)	μύθος (αρ.)	[míθos]
romance (m) policial	αστυνομικό μυθιστόρημα (ουδ.)	[astinomikó miθistórima]

verso (m)	ποίημα (ουδ.)	[píima]
poesia (f)	ποίηση (θηλ.)	[píisi]
poema (m)	έπος (ουδ.)	[épos]
poeta (m)	ποιητής (αρ.)	[piitís]

| ficção (f) | μυθοπλασία (θηλ.) | [miθoplasía] |
| ficção (f) científica | επιστημονική φαντασία (θηλ.) | [epistimonikí fandasía] |

aventuras (f pl)	περιπέτειες (θηλ.πλ.)	[peripéties]
literatura (f) didática	εκπαιδευτικά βιβλία (ουδ.πλ.)	[ekpeðeftiká vivlía]
literatura (f) infantil	παιδικά βιβλία (ουδ.πλ.)	[peðiká vivlía]

153. Circo

| circo (m) | τσίρκο (ουδ.) | [tsírko] |
| circo (m) ambulante | περιοδεύον τσίρκο (ουδ.) | [perioðévon tsírko] |

programa (m)	πρόγραμμα (ουδ.)	[próyrama]
apresentação (f)	παράσταση (θηλ.)	[parástasi]
número (m)	νούμερο (ουδ.)	[número]
picadeiro (f)	σκηνή (θηλ.)	[skiní]
pantomima (f)	παντομίμα (θηλ.)	[pandomíma]
palhaço (m)	κλόουν (αρ.)	[klióun]
acrobata (m)	ακροβάτης (αρ.)	[akrovátis]
acrobacia (f)	ακροβατική (θηλ.)	[akrovatikí]
ginasta (m)	ακροβάτης (αρ.)	[akrovátis]
ginástica (f)	ακροβασία (θηλ.)	[akrovasía]
salto (m) mortal	σάλτο (ουδ.)	[sálito]
homem (m) forte	μασίστας (αρ.)	[masístas]
domador (m)	δαμαστής (αρ.)	[ðamastís]
cavaleiro (m) equilibrista	ιππέας (αρ.)	[ipéas]
assistente (m)	βοηθός (αρ.)	[voiθós]
truque (m)	κόλπο (ουδ.)	[kólipo]
truque (m) de mágica	μαγικό κόλπο (ουδ.)	[majikó kólipo]
ilusionista (m)	θαυματοποιός (αρ.)	[θavmatopiós]
malabarista (m)	ζογκλέρ (αρ.)	[zonglér]
adestrador (m)	εκπαιδευτής ζώων (αρ.)	[ekpeðeftís zóon]
adestramento (m)	εκπαίδευση ζώων (θηλ.)	[ekpéðefsi zóon]
adestrar (vt)	εκπαιδεύω	[ekpeðévo]

154. Música. Música popular

música (f)	μουσική (θηλ.)	[musikí]
músico (m)	μουσικός (αρ.)	[musikós]
instrumento (m) musical	μουσικό όργανο (ουδ.)	[musikó óryano]
tocar ...	παίζω ...	[pézo]
guitarra (f)	κιθάρα (θηλ.)	[kiθára]
violino (m)	βιολί (ουδ.)	[violí]
violoncelo (m)	βιολοντσέλο (ουδ.)	[violiontsélio]
contrabaixo (m)	κοντραμπάσο (ουδ.)	[kondrabáso]
harpa (f)	άρπα (θηλ.)	[árpa]
piano (m)	πιάνο (ουδ.)	[piáno]
piano (m) de cauda	πιάνο (ουδ.)	[piáno]
órgão (m)	εκκλησιαστικό όργανο (ουδ.)	[eklisiastikó oryano]
instrumentos (m pl) de sopro	πνευστά όργανα (ουδ.πλ.)	[pnefstá óryana]
oboé (m)	όμποε (ουδ.)	[óboe]
saxofone (m)	σαξόφωνο (ουδ.)	[saksófono]
clarinete (m)	κλαρίνο (ουδ.)	[kliaríno]
flauta (f)	φλάουτο (ουδ.)	[fliáuto]
trompete (m)	τρομπέτα (θηλ.)	[trombéta]
acordeão (m)	ακορντεόν (ουδ.)	[akordeón]
tambor (m)	τύμπανο (ουδ.)	[tímbano]

dueto (m)	ντουέτο (ουδ.)	[duéto]
trio (m)	τρίο (ουδ.)	[trío]
quarteto (m)	κουαρτέτο (ουδ.)	[kuartéto]
coro (m)	χορωδία (θηλ.)	[xoroðía]
orquestra (f)	ορχήστρα (θηλ.)	[orxístra]
música (f) pop	ποπ μουσική (θηλ.)	[pop musikí]
música (f) rock	ροκ μουσική (θηλ.)	[rok musikí]
grupo (m) de rock	ροκ συγκρότημα (ουδ.)	[rok singrótima]
jazz (m)	τζαζ (θηλ.)	[dzaz]
ídolo (m)	είδωλο (ουδ.)	[íðolʲo]
fã, admirador (m)	θαυμαστής (αρ.)	[θavmastís]
concerto (m)	συναυλία (θηλ.)	[sinavlía]
sinfonia (f)	συμφωνία (θηλ.)	[simfonía]
composição (f)	σύνθεση (θηλ.)	[sínθesi]
compor (vt)	συνθέτω	[sinθéto]
canto (m)	τραγούδημα (ουδ.)	[trayúðima]
canção (f)	τραγούδι (ουδ.)	[trayúði]
melodia (f)	μελωδία (θηλ.)	[melʲoðía]
ritmo (m)	ρυθμός (αρ.)	[riθmós]
blues (m)	μπλουζ (ουδ.)	[blʲuz]
notas (f pl)	νότες (θηλ.πλ.)	[nótes]
batuta (f)	μπαγκέτα (θηλ.)	[bagéta]
arco (m)	δοξάρι (ουδ.)	[ðoksári]
corda (f)	χορδή (θηλ.)	[xorðí]
estojo (m)	θήκη (θηλ.)	[θíki]

Descanso. Entretenimento. Viagens

155. Viagens

turismo (m)	τουρισμός (αρ.)	[turizmós]
turista (m)	τουρίστας (αρ.)	[turístas]
viagem (f)	ταξίδι (ουδ.)	[taksíδi]
aventura (f)	περιπέτεια (θηλ.)	[peripétia]
percurso (curta viagem)	ταξίδι (ουδ.)	[taksíδi]
férias (f pl)	διακοπές (θηλ.πλ.)	[δiakopés]
estar de férias	είμαι σε διακοπές	[íme se δiakopés]
descanso (m)	διακοπές (πλ.)	[δiakopés]
trem (m)	τραίνο, τρένο (ουδ.)	[tréno]
de trem (chegar ~)	με τρένο	[me tréno]
avião (m)	αεροπλάνο (ουδ.)	[aeropláno]
de avião	με αεροπλάνο	[me aeropláno]
de carro	με αυτοκίνητο	[me aftokínito]
de navio	με καράβι	[me karávi]
bagagem (f)	αποσκευές (θηλ.πλ.)	[aposkevés]
mala (f)	βαλίτσα (θηλ.)	[valítsa]
carrinho (m)	καρότσι αποσκευών (ουδ.)	[karótsi aposkevón]
passaporte (m)	διαβατήριο (ουδ.)	[δiavatírio]
visto (m)	βίζα (θηλ.)	[víza]
passagem (f)	εισιτήριο (ουδ.)	[isitírio]
passagem (f) aérea	αεροπορικό εισιτήριο (ουδ.)	[aeroporikó isitírio]
guia (m) de viagem	ταξιδιωτικός οδηγός (αρ.)	[taksiδiotikós oδiγós]
mapa (m)	χάρτης (αρ.)	[xártis]
área (f)	περιοχή (θηλ.)	[perioxí]
lugar (m)	τόπος (αρ.)	[tópos]
exotismo (m)	εξωτικά πράγματα (ουδ.πλ.)	[eksotiká práγmata]
exótico (adj)	εξωτικός	[eksotikós]
surpreendente (adj)	καταπληκτικός	[katapliktikós]
grupo (m)	ομάδα (θηλ.)	[omáδa]
excursão (f)	εκδρομή (θηλ.)	[ekδromí]
guia (m)	ξεναγός (αρ.)	[ksenaγós]

156. Hotel

hotel (m)	ξενοδοχείο (ουδ.)	[ksenoδoxío]
motel (m)	μοτέλ (ουδ.)	[motél]
três estrelas	τριών αστέρων	[trión astéron]

cinco estrelas	πέντε αστέρων	[pénde astéron]
ficar (vi, vt)	μένω	[méno]

quarto (m)	δωμάτιο (ουδ.)	[ðomátio]
quarto (m) individual	μονόκλινο δωμάτιο (ουδ.)	[monóklino ðomátio]
quarto (m) duplo	δίκλινο δωμάτιο (ουδ.)	[ðíklino ðomátio]
reservar um quarto	κλείνω δωμάτιο	[klíno ðomátio]

meia pensão (f)	ημιδιατροφή (θηλ.)	[imiðiatrofí]
pensão (f) completa	πλήρης διατροφή (θηλ.)	[plíris ðiatrofí]

com banheira	με μπανιέρα	[me baniéra]
com chuveiro	με ντουζ	[me dúz]
televisão (m) por satélite	δορυφορική τηλεόραση (θηλ.)	[ðoriforikí tileórasi]
ar (m) condicionado	κλιματιστικό (ουδ.)	[klimatistikó]
toalha (f)	πετσέτα (θηλ.)	[petséta]
chave (f)	κλειδί (ουδ.)	[kliðí]

administrador (m)	υπεύθυνος (αρ.)	[ipéfθinos]
camareira (f)	καμαριέρα (θηλ.)	[kamariéra]
bagageiro (m)	αχθοφόρος (αρ.)	[axθofóros]
porteiro (m)	πορτιέρης (αρ.)	[portiéris]

restaurante (m)	εστιατόριο (ουδ.)	[estiatório]
bar (m)	μπαρ (ουδ.), μπυραρία (θηλ.)	[bar], [biraría]
café (m) da manhã	πρωινό (ουδ.)	[proinó]
jantar (m)	δείπνο (ουδ.)	[ðípno]
bufê (m)	μπουφές (αρ.)	[bufés]

saguão (m)	φουαγιέ (ουδ.)	[fuajé]
elevador (m)	ασανσέρ (ουδ.)	[asansér]

NÃO PERTURBE	ΜΗΝ ΕΝΟΧΛΕΙΤΕ!	[min enoxlíte]
PROIBIDO FUMAR!	ΑΠΑΓΟΡΕΥΕΤΑΙ ΤΟ ΚΑΠΝΙΣΜΑ	[apaɣorévete to kápnizma]

157. Livros. Leitura

livro (m)	βιβλίο (ουδ.)	[vivlío]
autor (m)	συγγραφέας (αρ.)	[singraféas]
escritor (m)	συγγραφέας (αρ.)	[singraféas]
escrever (~ um livro)	γράφω	[ɣráfo]

leitor (m)	αναγνώστης (αρ.)	[anaɣnóstis]
ler (vt)	διαβάζω	[ðiavázo]
leitura (f)	ανάγνωση (θηλ.)	[anáɣnosi]

para si	από μέσα	[apó mésa]
em voz alta	φωναχτά	[fonaxtá]

publicar (vt)	εκδίδω	[ekðíðo]
publicação (f)	έκδοση (θηλ.)	[ékðosi]
editor (m)	εκδότης (αρ.)	[ekðótis]

editora (f)	εκδοτικός οίκος (αρ.)	[ekðotikós íkos]
sair (vi)	βγαίνω	[vjéno]
lançamento (m)	κυκλοφορία (θηλ.)	[kiklʲoforía]
tiragem (f)	έκδοση (θηλ.)	[ékðosi]
livraria (f)	βιβλιοπωλείο (ουδ.)	[vivliopolío]
biblioteca (f)	βιβλιοθήκη (θηλ.)	[vivlioθíki]
novela (f)	νουβέλα (θηλ.)	[nuvélʲa]
conto (m)	διήγημα (ουδ.)	[ðiíjima]
romance (m)	μυθιστόρημα (ουδ.)	[miθistórima]
romance (m) policial	αστυνομικό μυθιστόρημα (ουδ.)	[astinomikó miθistórima]
memórias (f pl)	απομνημονεύματα (ουδ.πλ.)	[apomnimonévmata]
lenda (f)	θρύλος (αρ.)	[θrílʲos]
mito (m)	μύθος (αρ.)	[míθos]
poesia (f)	ποιήματα (ουδ.πλ.)	[piímata]
autobiografia (f)	αυτοβιογραφία (θηλ.)	[aftovioɣrafía]
obras (f pl) escolhidas	εκλεκτά έργα (ουδ.πλ.)	[eklektá érɣa]
ficção (f) científica	επιστημονική φαντασία (θηλ.)	[epistimonikí fandasía]
título (m)	τίτλος (αρ.)	[títlʲos]
introdução (f)	εισαγωγή (θηλ.)	[isaɣojí]
folha (f) de rosto	εξώφυλλο (ουδ.)	[eksófilʲo]
capítulo (m)	κεφάλαιο (ουδ.)	[kefáleo]
excerto (m)	απόσπασμα (ουδ.)	[apóspazma]
episódio (m)	σκηνή (θηλ.)	[skiní]
enredo (m)	υπόθεση (θηλ.)	[ipóθesi]
conteúdo (m)	περιεχόμενα (ουδ.πλ.)	[periexómena]
índice (m)	περιεχόμενα (ουδ.πλ.)	[periexómena]
protagonista (m)	πρωταγωνιστής (αρ.)	[protaɣonistís]
volume (m)	τόμος (αρ.)	[tómos]
capa (f)	εξώφυλλο (ουδ.)	[eksófilʲo]
encadernação (f)	δέσιμο (ουδ.)	[ðésimo]
marcador (m) de página	σελιδοδείκτης (αρ.)	[seliðoðíktis]
página (f)	σελίδα (θηλ.)	[selíða]
folhear (vt)	ξεφυλλίζω	[ksefilízo]
margem (f)	περιθώρια (ουδ.πλ.)	[periθória]
anotação (f)	σημείωση (θηλ.)	[simíosi]
nota (f) de rodapé	υποσημείωση (θηλ.)	[iposimíosi]
texto (m)	κείμενο (ουδ.)	[kímeno]
fonte (f)	γραμματοσειρά (θηλ.)	[ɣramatosirá]
falha (f) de impressão	τυπογραφικό λάθος (ουδ.)	[tipoɣrafikó lʲáθos]
tradução (f)	μετάφραση (θηλ.)	[metáfrasi]
traduzir (vt)	μεταφράζω	[metafrázo]
original (m)	πρωτότυπο (ουδ.)	[protótipo]
famoso (adj)	διάσημος	[ðiásimos]

desconhecido (adj)	άγνωστος	[áɣnostos]
interessante (adj)	ενδιαφέρων	[enðiaféron]
best-seller (m)	μπεστ σέλερ (ουδ.)	[best séler]

dicionário (m)	λεξικό (ουδ.)	[leksikó]
livro (m) didático	σχολικό βιβλίο (ουδ.)	[sxolikó vivlío]
enciclopédia (f)	εγκυκλοπαίδεια (θηλ.)	[engiklʲopéðia]

158. Caça. Pesca

caça (f)	κυνήγι (ουδ.)	[kinʲji]
caçar (vi)	κυνηγώ	[kiniɣó]
caçador (m)	κυνηγός (αρ.)	[kiniɣós]

disparar, atirar (vi)	πυροβολώ	[pirovolʲó]
rifle (m)	τουφέκι (ουδ.)	[tuféki]
cartucho (m)	φυσίγγι (ουδ.)	[fisíngi]
chumbo (m) de caça	σκάγια (ουδ.πλ.)	[skája]

armadilha (f)	δόκανο (ουδ.)	[ðókano]
armadilha (com corda)	παγίδα (θηλ.)	[pajíða]
pôr a armadilha	στήνω δόκανο	[stíno ðókano]

caçador (m) furtivo	λαθροθήρας (αρ.)	[lʲaθroθíras]
caça (animais)	θήραμα (ουδ.)	[θírama]
cão (m) de caça	λαγωνικό (ουδ.)	[lʲaɣonikó]
safári (m)	σαφάρι (ουδ.)	[safári]
animal (m) empalhado	βαλσαμωμένο ζώο (ουδ.)	[valʲsamoméno zóo]

pescador (m)	ψαράς (αρ.)	[psarás]
pesca (f)	ψάρεμα (ουδ.)	[psárema]
pescar (vt)	ψαρεύω	[psarévo]

vara (f) de pesca	καλάμι (ουδ.)	[kalʲámi]
linha (f) de pesca	πετονιά (θηλ.)	[petoniá]
anzol (m)	αγκίστρι (ουδ.)	[angístri]
boia (f), flutuador (m)	φελλός (αρ.)	[felós]
isca (f)	δόλωμα (ουδ.)	[ðólʲoma]

lançar a linha	ρίχνω δόλωμα	[ríxno ðólʲoma]
morder (peixe)	τσιμπάω	[tsimbáo]
pesca (f)	αλίευμα (ουδ.)	[alíevma]
buraco (m) no gelo	τρύπα στον πάγο (θηλ.)	[trípa ston páɣo]

rede (f)	δίχτυ (ουδ.)	[ðíxti]
barco (m)	βάρκα (θηλ.)	[várka]
pescar com rede	πιάνω με δίχτυ	[piáno me ðíxti]

lançar a rede	ρίχνω δίχτυ	[ríxno ðíxti]
puxar a rede	βγάζω δίχτυ	[vɣázo ðíxti]

baleeiro (m)	φαλαινοθήρας (αρ.)	[falenoθíras]
baleeira (f)	φαλαινοθηρικό (ουδ.)	[falenoθirikó]
arpão (m)	καμάκι (ουδ.)	[kamáki]

159. Jogos. Bilhar

bilhar (m)	μπιλιάρδο (ουδ.)	[biliárðo]
sala (f) de bilhar	αίθουσα μπιλιάρδου (θηλ.)	[éθusa biliárðu]
bola (f) de bilhar	μπάλα (θηλ.)	[bála]
embolsar uma bola	βάζω μπάλα σε τρύπα	[vázo bálɪa se trípa]
taco (m)	στέκα (θηλ.)	[stéka]
caçapa (f)	τρύπα (θηλ.)	[trípa]

160. Jogos. Jogar cartas

ouros (m pl)	καρό (ουδ.)	[karó]
espadas (f pl)	μπαστούνι (ουδ.)	[bastúni]
copas (f pl)	κούπα (θηλ.)	[kúpa]
paus (m pl)	σπαθί (ουδ.)	[spaθí]
ás (m)	άσος (αρ.)	[ásos]
rei (m)	ρήγας (αρ.)	[ríɣas]
dama (f), rainha (f)	ντάμα (θηλ.)	[dáma]
valete (m)	βαλές (αρ.)	[valés]
carta (f) de jogar	χαρτί (ουδ.)	[xartí]
cartas (f pl)	χαρτιά (ουδ.πλ.)	[xartiá]
trunfo (m)	ατού (ουδ.)	[atú]
baralho (m)	τράπουλα (θηλ.)	[trápulɪa]
dar, distribuir (vt)	μοιράζω	[mirázo]
embaralhar (vt)	ανακατεύω	[anakatévo]
vez, jogada (f)	σειρά (θηλ.)	[sirá]
trapaceiro (m)	χαρτοκλέφτης (αρ.)	[xartokléftis]

161. Casino. Roleta

cassino (m)	καζίνο (ουδ.)	[kazíno]
roleta (f)	ρουλέτα (θηλ.)	[ruléta]
aposta (f)	στοίχημα, ποντάρισμα (ουδ.)	[stíxima], [pondárizma]
apostar (vt)	ποντάρω	[pondáro]
vermelho (m)	κόκκινο (ουδ.)	[kókino]
preto (m)	μαύρο (ουδ.)	[mávro]
apostar no vermelho	ποντάρω στο κόκκινο	[pondáro sto kókino]
apostar no preto	ποντάρω στο μαύρο	[pondáro sto mávro]
croupier (m, f)	κρουπιέρης (αρ.)	[krupiéris]
girar da roleta	γυρίζω τον τροχό	[jirízo ton troxó]
regras (f pl) do jogo	κανόνες παιχνιδιού (αρ.πλ.)	[kanónes pexniðiú]
ficha (f)	μάρκα (θηλ.)	[márka]
ganhar (vi, vt)	κερδίζω	[kerðízo]
ganho (m)	κέρδη (ουδ.πλ.)	[kérði]

perder (dinheiro)	**χάνω**	[xáno]
perda (f)	**χάσιμο** (ουδ.)	[xásimo]

jogador (m)	**παίκτης** (αρ.)	[péktis]
blackjack, vinte-e-um (m)	**μπλακ τζακ** (ουδ.)	[bl'ak dzák]
jogo (m) de dados	**ζάρια** (ουδ.πλ.)	[zária]
caça-níqueis (m)	**κουλοχέρης** (αρ.)	[kul'oxéris]

162. Descanso. Jogos. Diversos

passear (vi)	**κάνω βόλτα**	[káno vól'ta]
passeio (m)	**βόλτα** (θηλ.)	[vól'ta]
viagem (f) de carro	**βόλτα** (θηλ.)	[vól'ta]
aventura (f)	**περιπέτεια** (θηλ.)	[peripétia]
piquenique (m)	**πικνίκ** (ουδ.)	[pikník]

jogo (m)	**παιχνίδι** (ουδ.)	[pexníði]
jogador (m)	**παίκτης** (αρ.)	[péktis]
partida (f)	**παρτίδα** (θηλ.)	[partíða]

colecionador (m)	**συλλέκτης** (αρ.)	[siléktis]
colecionar (vt)	**συλλέγω**	[siléγo]
coleção (f)	**συλλογή** (θηλ.)	[sil'ojí]

palavras (f pl) cruzadas	**σταυρόλεξο** (ουδ.)	[stavrólekso]
hipódromo (m)	**ιππόδρομος** (αρ.)	[ipóðromos]
discoteca (f)	**ντίσκο, ντισκοτέκ** (θηλ.)	[ðísko], [diskoték]

sauna (f)	**σάουνα** (θηλ.)	[sáuna]
loteria (f)	**λοταρία** (θηλ.)	[l'otaría]

campismo (m)	**ταξίδι** (ουδ.)	[taksíði]
acampamento (m)	**κατασκήνωση** (θηλ.)	[kataskínosi]
barraca (f)	**σκηνή** (θηλ.)	[skiní]
bússola (f)	**πυξίδα** (θηλ.)	[piksíða]
campista (m)	**ταξιδιώτης** (αρ.)	[taksiðiótis]

ver (vt), assistir à …	**βλέπω**	[vlépo]
telespectador (m)	**τηλεθεατής** (αρ.)	[tileθeatís]
programa (m) de TV	**τηλεοπτική εκπομπή** (θηλ.)	[tileoptikí ekpombí]

163. Fotografia

máquina (f) fotográfica	**φωτογραφική μηχανή** (θηλ.)	[fotoγrafikí mixaní]
foto, fotografia (f)	**φωτογραφία** (θηλ.)	[fotoγrafía]

fotógrafo (m)	**φωτογράφος** (αρ.)	[fotoγráfos]
estúdio (m) fotográfico	**φωτοστούντιο** (ουδ.)	[fotostúdio]
álbum (m) de fotografias	**φωτογραφικό άλμπουμ** (ουδ.)	[fotoγrafikó ál'bum]
lente (f) fotográfica	**φακός** (αρ.)	[fakós]
lente (f) teleobjetiva	**τηλεφακός** (αρ.)	[tilefakós]

| filtro (m) | φίλτρο (ουδ.) | [fíl'tro] |
| lente (f) | φακός (αρ.) | [fakós] |

ótica (f)	οπτικά (ουδ.πλ.)	[optiká]
abertura (f)	διάφραγμα (ουδ.)	[ðiáfraɣma]
exposição (f)	ταχύτητα κλείστρου (θηλ.)	[taxítita klístru]
visor (m)	σκόπευτρο (ουδ.)	[skópeftro]

câmera (f) digital	ψηφιακή φωτογραφική μηχανή (θηλ.)	[psifiakí fotoɣrafikí mixaní]
tripé (m)	τρίποδο (ουδ.)	[trípoðo]
flash (m)	φλας (ουδ.)	[fl'as]

fotografar (vt)	φωτογραφίζω	[fotoɣrafízo]
tirar fotos	βγάζω φωτογραφία	[vɣázo fotoɣrafía]
fotografar-se (vr)	βγαίνω φωτογραφία	[vʲéno fotoɣrafía]

foco (m)	σημείο εστίασης (ουδ.)	[simío estíasis]
focar (vt)	εστιάζω	[estiázo]
nítido (adj)	ευκρινής	[efkrinís]
nitidez (f)	ευκρίνεια (θηλ.)	[efkrínia]

| contraste (m) | αντίθεση (θηλ.) | [andíθesi] |
| contrastante (adj) | με αντίθεση | [me andíθesi] |

retrato (m)	φωτογραφία (θηλ.)	[fotoɣrafía]
negativo (m)	αρνητικό (ουδ.)	[arnitikó]
filme (m)	φιλμ (ουδ.)	[fil'm]
fotograma (m)	καρέ (ουδ.)	[karé]
imprimir (vt)	εκτυπώνω	[ektipóno]

164. Praia. Natação

praia (f)	παραλία (θηλ.)	[paralía]
areia (f)	άμμος (θηλ.)	[ámos]
deserto (adj)	ερημικός	[erimikós]

bronzeado (m)	μαύρισμα (ουδ.)	[mávrizma]
bronzear-se (vr)	μαυρίζω	[mavrízo]
bronzeado (adj)	μαυρισμένος	[mavrizménos]
protetor (m) solar	αντηλιακό (ουδ.)	[andiliakó]

biquíni (m)	μπικίνι (ουδ.)	[bikíni]
maiô (m)	μαγιό (ουδ.)	[majió]
calção (m) de banho	μαγιό (ουδ.)	[majió]

piscina (f)	πισίνα (θηλ.)	[pisína]
nadar (vi)	κολυμπώ	[kolibó]
chuveiro (m), ducha (f)	ντουζ (ουδ.)	[duz]
mudar, trocar (vt)	αλλάζω	[al'ázo]
toalha (f)	πετσέτα (θηλ.)	[petséta]

| barco (m) | βάρκα (θηλ.) | [várka] |
| lancha (f) | ταχύπλοο (ουδ.) | [taxípl'oo] |

Português	Grego	Pronúncia
esqui (m) aquático	πέδιλο για θαλάσσιο σκι (ουδ.)	[péδiljo ja θaljásio ski]
barco (m) de pedais	θαλάσσιο ποδήλατο (ουδ.)	[θaljásio poδíljato]
surf, surfe (m)	σέρφινγκ (ουδ.)	[sérfing]
surfista (m)	σέρφερ (αρ.)	[sérfer]
equipamento (m) de mergulho	αναπνευστήρας (αρ.)	[anapnefstíras]
pé (m pl) de pato	βατραχοπέδιλα (ουδ.πλ.)	[vatraxopéδilja]
máscara (f)	μάσκα (θηλ.)	[máska]
mergulhador (m)	καταδύτης (αρ.)	[kataδítis]
mergulhar (vi)	βουτάω	[vutáo]
debaixo d'água	κάτω από το νερό	[káto apó oneró]
guarda-sol (m)	ομπρέλα θαλάσσης (θηλ.)	[ombrélja θaljásis]
espreguiçadeira (f)	σεζλόνγκ (θηλ.)	[sezljóng]
óculos (m pl) de sol	γυαλιά ηλίου (ουδ.πλ.)	[jaliá ilíu]
colchão (m) de ar	στρώμα θαλάσσης (ουδ.)	[stróma θaljásis]
brincar (vi)	παίζω	[pézo]
ir nadar	κάνω μπάνιο	[káno bánio]
bola (f) de praia	μπάλα (θηλ.)	[bálja]
encher (vt)	φουσκώνω	[fuskóno]
inflável (adj)	φουσκωτός	[fuskotós]
onda (f)	κύμα (ουδ.)	[kíma]
boia (f)	σημαδούρα (θηλ.)	[simaδúra]
afogar-se (vr)	πνίγομαι	[pníɣome]
salvar (vt)	σώζω	[sózo]
colete (m) salva-vidas	σωσίβιο γιλέκο (ουδ.)	[sosívio jiléko]
observar (vt)	παρατηρώ	[paratiró]
salva-vidas (pessoa)	ναυαγοσώστης (αρ.)	[navaɣosóstis]

EQUIPAMENTO TÉCNICO. TRANSPORTES

Equipamento técnico. Transportes

165. Computador

computador (m)	υπολογιστής (αρ.)	[ipoliojistís]
computador (m) portátil	φορητός υπολογιστής (αρ.)	[foritós ipoliojistís]
ligar (vt)	ανοίγω	[aníγo]
desligar (vt)	κλείνω	[klíno]
teclado (m)	πληκτρολόγιο (ουδ.)	[pliktroliójo]
tecla (f)	πλήκτρο (ουδ.)	[plíktro]
mouse (m)	ποντίκι (ουδ.)	[pondíki]
tapete (m) para mouse	μάους παντ (ουδ.)	[máus pad]
botão (m)	κουμπί (ουδ.)	[kumbí]
cursor (m)	κέρσορας (αρ.)	[kérsoras]
monitor (m)	οθόνη (θηλ.)	[oθóni]
tela (f)	οθόνη (θηλ.)	[oθóni]
disco (m) rígido	σκληρός δίσκος (αρ.)	[sklirós ðískos]
capacidade (f) do disco rígido	χωρητικότητα σκληρού δίσκου (θηλ.)	[xoritikótita sklirú ðísku]
memória (f)	μνήμη (θηλ.)	[mními]
memória RAM (f)	μνήμη RAM (θηλ.)	[mními ram]
arquivo (m)	αρχείο (ουδ.)	[arxío]
pasta (f)	φάκελος (αρ.)	[fákelios]
abrir (vt)	ανοίγω	[aníγo]
fechar (vt)	κλείνω	[klíno]
salvar (vt)	αποθηκεύω	[apoθikévo]
deletar (vt)	διαγράφω	[ðiaγráfo]
copiar (vt)	αντιγράφω	[andiγráfo]
ordenar (vt)	ταξινομώ	[taksinomó]
copiar (vt)	μεταφέρω	[metaféro]
programa (m)	πρόγραμμα (ουδ.)	[próγrama]
software (m)	λογισμικό (ουδ.)	[liojizmikó]
programador (m)	προγραμματιστής (αρ.)	[proγramatistís]
programar (vt)	προγραμματίζω	[proγramatízo]
hacker (m)	χάκερ (αρ.)	[xáker]
senha (f)	κωδικός (αρ.)	[koðikós]
vírus (m)	ιός (αρ.)	[jos]
detectar (vt)	ανιχνεύω	[anixnévo]

| byte (m) | μπάιτ (ουδ.) | [bájt] |
| megabyte (m) | μεγαμπάιτ (ουδ.) | [meɣabájt] |

| dados (m pl) | δεδομένα (ουδ.πλ.) | [ðeðoména] |
| base (f) de dados | βάση δεδομένων (θηλ.) | [vási ðeðoménon] |

cabo (m)	καλώδιο (ουδ.)	[kalʲóðio]
desconectar (vt)	αποσυνδέω	[aposinðéo]
conectar (vt)	συνδέω	[sinðéo]

166. Internet. E-mail

internet (f)	διαδίκτυο (ουδ.)	[ðiaðíktio]
browser (m)	browser (αρ.)	[bráuzer]
motor (m) de busca	μηχανή αναζήτησης (θηλ.)	[mixaní anazítisis]
provedor (m)	πάροχος (αρ.)	[pároxos]

| website (m) | ιστοσελίδα (θηλ.) | [istoselíða] |
| web page (f) | ιστοσελίδα (θηλ.) | [istoselíða] |

| endereço (m) | διεύθυνση (θηλ.) | [ðiéfθinsi] |
| livro (m) de endereços | βιβλίο διευθύνσεων (ουδ.) | [vivlío ðiefθínseon] |

| caixa (f) de correio | εισερχόμενα (ουδ.) | [iserxómena] |
| correio (m) | ταχυδρομείο (ουδ.) | [taxiðromío] |

mensagem (f)	μήνυμα (ουδ.)	[mínima]
remetente (m)	αποστολέας (αρ.)	[apostoléas]
enviar (vt)	στέλνω	[stélʲno]
envio (m)	αποστολή (θηλ.)	[apostolí]

| destinatário (m) | παραλήπτης (αρ.) | [paralíptis] |
| receber (vt) | λαμβάνω | [lʲamváno] |

| correspondência (f) | αλληλογραφία (θηλ.) | [alilʲoɣrafía] |
| corresponder-se (vr) | αλληλογραφώ | [alilʲoɣrafó] |

arquivo (m)	αρχείο (ουδ.)	[arxío]
fazer download, baixar (vt)	κατεβάζω	[katevázo]
criar (vt)	δημιουργώ	[ðimiurɣó]
deletar (vt)	διαγράφω	[ðiaɣráfo]
deletado (adj)	διεγραμμένος	[ðieɣraménos]

conexão (f)	σύνδεση (θηλ.)	[sínðesi]
velocidade (f)	ταχύτητα (θηλ.)	[taxítita]
modem (m)	μόντεμ (ουδ.)	[módem]
acesso (m)	πρόσβαση (θηλ.)	[prózvasi]
porta (f)	θύρα (θηλ.)	[θíra]

| conexão (f) | σύνδεση (θηλ.) | [sínðesi] |
| conectar (vi) | συνδέομαι | [sinðéome] |

| escolher (vt) | επιλέγω | [epilʲéɣo] |
| buscar (vt) | ψάχνω | [psáxno] |

167. Eletricidade

eletricidade (f)	ηλεκτρισμός (αρ.)	[ilektrizmós]
elétrico (adj)	ηλεκτρικός	[ilektrikós]
planta (f) elétrica	ηλεκτροπαραγωγικός σταθμός (αρ.)	[ilektroparaγojikós staθmós]
energia (f)	ενέργεια (θηλ.)	[enérjia]
energia (f) elétrica	ηλεκτρική ενέργεια (θηλ.)	[ilektrikí enérjia]
lâmpada (f)	λάμπα (θηλ.)	[lʲámba]
lanterna (f)	φακός (αρ.)	[fakós]
poste (m) de iluminação	στύλος φωτισμού (αρ.)	[stílʲos fotizmú]
luz (f)	φως (ουδ.)	[fos]
ligar (vt)	ανοίγω, ανάβω	[aníγo], [anávo]
desligar (vt)	κλείνω	[klíno]
apagar a luz	σβήνω το φως	[svíno to fos]
queimar (vi)	καίγομαι	[kéγome]
curto-circuito (m)	βραχυκύκλωμα (ουδ.)	[vraxikíklʲoma]
ruptura (f)	σπασμένο καλώδιο (ουδ.)	[spazméno kalóðio]
contato (m)	επαφή (θηλ.)	[epafí]
interruptor (m)	διακόπτης (αρ.)	[ðiakóptis]
tomada (de parede)	πρίζα (θηλ.)	[príza]
plugue (m)	φις (ουδ.)	[fis]
extensão (f)	μπαλαντέζα (θηλ.)	[balʲadéza]
fusível (m)	ασφάλεια (θηλ.)	[asfália]
fio, cabo (m)	καλώδιο (ουδ.)	[kalʲóðio]
instalação (f) elétrica	καλωδίωση (θηλ.)	[kalʲoðíosi]
ampère (m)	αμπέρ (ουδ.)	[ambér]
amperagem (f)	ένταση ρεύματος (θηλ.)	[éndasi révmatos]
volt (m)	βολτ (ουδ.)	[volʲt]
voltagem (f)	τάση (θηλ.)	[tási]
aparelho (m) elétrico	ηλεκτρική συσκευή (θηλ.)	[ilektrikí siskevi]
indicador (m)	δείχτης (αρ.)	[ðíxtis]
eletricista (m)	ηλεκτρολόγος (αρ.)	[ilektrolʲóγos]
soldar (vt)	συγκολλώ	[singolʲó]
soldador (m)	κολλητήρι (ουδ.)	[kolitíri]
corrente (f) elétrica	ρεύμα (ουδ.)	[révma]

168. Ferramentas

ferramenta (f)	εργαλείο (ουδ.)	[erγalío]
ferramentas (f pl)	εργαλεία (ουδ.πλ.)	[erγalía]
equipamento (m)	εξοπλισμός (αρ.)	[eksoplizmós]
martelo (m)	σφυρί (ουδ.)	[sfirí]
chave (f) de fenda	κατσαβίδι (ουδ.)	[katsavíði]

machado (m)	τσεκούρι (ουδ.)	[tsekúri]
serra (f)	πριόνι (ουδ.)	[prióni]
serrar (vt)	πριονίζω	[prionízo]
plaina (f)	πλάνη (θηλ.)	[plʲáni]
aplainar (vt)	πλανίζω	[plʲanízo]
soldador (m)	κολλητήρι (ουδ.)	[kolitíri]
soldar (vt)	συγκολλώ	[singolʲó]
lima (f)	λίμα (θηλ.)	[líma]
tenaz (f)	τανάλια (θηλ.)	[tanália]
alicate (m)	πένσα (θηλ.)	[pénsa]
formão (m)	σκαρπέλο (ουδ.)	[skarpélʲo]
broca (f)	τρυπάνι (ουδ.)	[tripáni]
furadeira (f) elétrica	τρυπάνι, δράπανο (ουδ.)	[tripáni], [ðrápano]
furar (vt)	τρυπώ	[tripó]
faca (f)	μαχαίρι (ουδ.)	[maxéri]
lâmina (f)	λάμα (θηλ.)	[lʲáma]
afiado (adj)	κοφτερός	[kofterós]
cego (adj)	αμβλύς	[amvlís]
embotar-se (vr)	αμβλύνομαι	[amvlínome]
afiar, amolar (vt)	ακονίζω	[akonízo]
parafuso (m)	μπουλόνι (ουδ.)	[bulʲóni]
porca (f)	περικόχλιο (ουδ.)	[perikóxlio]
rosca (f)	σπείρωμα (ουδ.)	[spíroma]
parafuso (para madeira)	βίδα (θηλ.)	[víða]
prego (m)	καρφί (ουδ.)	[karfí]
cabeça (f) do prego	κεφάλι (ουδ.)	[kefáli]
régua (f)	χάρακας (αρ.)	[xárakas]
fita (f) métrica	μετροταινία (θηλ.)	[metrotenía]
lupa (f)	μεγεθυντικός φακός (αρ.)	[mejeθindikós fakós]
medidor (m)	όργανο μέτρησης (ουδ.)	[órγano métrisis]
medir (vt)	μετράω	[metráo]
escala (f)	κλίμακα (θηλ.)	[klímaka]
indicação (f), registro (m)	ενδείξεις (θηλ.πλ.)	[enðíksis]
compressor (m)	συμπιεστής (αρ.)	[simbiestís]
microscópio (m)	μικροσκόπιο (ουδ.)	[mikroskópio]
bomba (f)	αντλία (θηλ.)	[andlía]
robô (m)	ρομπότ (ουδ.)	[robót]
laser (m)	λέιζερ (ουδ.)	[léjzer]
chave (f) de boca	γαλλικό κλειδί (ουδ.)	[γalikó kliðí]
fita (f) adesiva	κολλητική ταινία (θηλ.)	[kolitikí tenía]
cola (f)	κόλλα (θηλ.)	[kólʲa]
lixa (f)	γυαλόχαρτο (ουδ.)	[jalóxarto]
mola (f)	ελατήριο (ουδ.)	[elʲatírio]
ímã (m)	μαγνήτης (αρ.)	[maγnítis]

luva (f)	γάντια (ουδ.πλ.)	[ɣándia]
corda (f)	σχοινί, σκοινί (ουδ.)	[sxiní], [skiní]
cabo (~ de nylon, etc.)	κορδόνι (ουδ.)	[korðóni]
fio (m)	καλώδιο (ουδ.)	[kalʲóðio]
cabo (~ elétrico)	καλώδιο (ουδ.)	[kalʲóðio]

marreta (f)	βαριοπούλα (θηλ.)	[variopúlʲa]
pé de cabra (m)	λοστός (αρ.)	[lʲostós]
escada (f) de mão	φορητή σκάλα (θηλ.)	[forití skálʲa]
escada (m)	φορητή σκάλα (θηλ.)	[forití skálʲa]

enroscar (vt)	βιδώνω	[viðóno]
desenroscar (vt)	ξεβιδώνω	[kseviðóno]
apertar (vt)	σφίγγω	[sfíngo]
colar (vt)	κολλάω	[kolʲáo]
cortar (vt)	κόβω	[kóvo]

falha (f)	βλάβη (θηλ.)	[vlʲávi]
conserto (m)	επισκευή (θηλ.)	[episkeví]
consertar, reparar (vt)	επισκευάζω	[episkevázo]
regular, ajustar (vt)	ρυθμίζω	[riθmízo]

verificar (vt)	ελέγχω	[elénxo]
verificação (f)	έλεγχος (αρ.)	[élenxos]
indicação (f), registro (m)	ενδείξεις (θηλ.πλ.)	[enðíksis]

| seguro (adj) | αξιόπιστος | [aksiópistos] |
| complicado (adj) | περίπλοκος | [períplʲokos] |

enferrujar (vi)	σκουριάζω	[skuriázo]
enferrujado (adj)	σκουριασμένος	[skuriazménos]
ferrugem (f)	σκουριά (θηλ.)	[skuriá]

Transportes

169. Avião

avião (m)	αεροπλάνο (ουδ.)	[aeropl'áno]
passagem (f) aérea	αεροπορικό εισιτήριο (ουδ.)	[aeroporikó isitírio]
companhia (f) aérea	αεροπορική εταιρεία (θηλ.)	[aeroporikí etería]
aeroporto (m)	αεροδρόμιο (ουδ.)	[aeroðrómio]
supersônico (adj)	υπερηχητικός	[iperixitikós]
comandante (m) do avião	κυβερνήτης (αρ.)	[kivernítis]
tripulação (f)	πλήρωμα (ουδ.)	[plíroma]
piloto (m)	πιλότος (αρ.)	[pil'ótos]
aeromoça (f)	αεροσυνοδός (θηλ.)	[aerosinoðós]
copiloto (m)	πλοηγός (αρ.)	[pl'oiɣós]
asas (f pl)	φτερά (ουδ.πλ.)	[fterá]
cauda (f)	ουρά (θηλ.)	[urá]
cabine (f)	πιλοτήριο (ουδ.)	[pil'otírio]
motor (m)	κινητήρας (αρ.)	[kinitíras]
trem (m) de pouso	σύστημα προσγείωσης (ουδ.)	[sístima prosjíosis]
turbina (f)	στρόβιλος (αρ.)	[stróvil'os]
hélice (f)	έλικας (αρ.)	[élikas]
caixa-preta (f)	μαύρο κουτί (ουδ.)	[mávro kutí]
coluna (f) de controle	πηδάλιο (ουδ.)	[piðálio]
combustível (m)	καύσιμο (ουδ.)	[káfsimo]
instruções (f pl) de segurança	οδηγίες ασφαλείας (θηλ.πλ.)	[oðijíes asfalías]
máscara (f) de oxigênio	μάσκα οξυγόνου (θηλ.)	[máska oksiɣónu]
uniforme (m)	στολή (θηλ.)	[stolí]
colete (m) salva-vidas	σωσίβιο γιλέκο (ουδ.)	[sosívio jiléko]
paraquedas (m)	αλεξίπτωτο (ουδ.)	[aleksíptoto]
decolagem (f)	απογείωση (θηλ.)	[apojíosi]
descolar (vi)	απογειώνομαι	[apojiónome]
pista (f) de decolagem	διάδρομος απογείωσης (αρ.)	[ðiáðromos apojíosis]
visibilidade (f)	ορατότητα (θηλ.)	[oratótita]
voo (m)	πέταγμα (ουδ.)	[pétaɣma]
altura (f)	ύψος (ουδ.)	[ípsos]
poço (m) de ar	κενό αέρος (ουδ.)	[kenó aéros]
assento (m)	θέση (θηλ.)	[θési]
fone (m) de ouvido	ακουστικά (ουδ.πλ.)	[akustiká]
mesa (f) retrátil	πτυσσόμενο τραπεζάκι (ουδ.)	[ptisómeno trapezáki]
janela (f)	παράθυρο (ουδ.)	[paráθiro]
corredor (m)	διάδρομος (αρ.)	[ðiáðromos]

170. Comboio

trem (m)	τραίνο, τρένο (ουδ.)	[tréno]
trem (m) elétrico	περιφερειακό τρένο (ουδ.)	[periferiakó tréno]
trem (m)	τρένο εξπρές (ουδ.)	[tréno eksprés]
locomotiva (f) diesel	αμαξοστοιχία ντίζελ (θηλ.)	[amaksostixía dízelʲ]
locomotiva (f) a vapor	ατμάμαξα (θηλ.)	[atmámaksa]
vagão (f) de passageiros	βαγόνι (ουδ.)	[vaγóni]
vagão-restaurante (m)	εστιατόριο (ουδ.)	[estiatório]
carris (m pl)	ράγες (θηλ.πλ.)	[rájes]
estrada (f) de ferro	σιδηρόδρομος (αρ.)	[siðiróðromos]
travessa (f)	στρωτήρας (αρ.)	[strotíras]
plataforma (f)	πλατφόρμα (θηλ.)	[plʲatfórma]
linha (f)	αποβάθρα (θηλ.)	[apováθra]
semáforo (m)	σηματοδότης (αρ.)	[simatoðótis]
estação (f)	σταθμός (αρ.)	[staθmós]
maquinista (m)	οδηγός τρένου (αρ.)	[oðiγós trénu]
bagageiro (m)	αχθοφόρος (αρ.)	[axθofóros]
hospedeiro, -a (m, f)	συνοδός (αρ.)	[sinoðós]
passageiro (m)	επιβάτης (αρ.)	[epivátis]
revisor (m)	ελεγκτής εισιτηρίων (αρ.)	[elengtís isitiríon]
corredor (m)	διάδρομος (αρ.)	[ðiáðromos]
freio (m) de emergência	φρένο έκτακτης	[fréno éktaktis
	ανάγκης (ουδ.)	anángis]
compartimento (m)	κουπέ (ουδ.)	[kupé]
cama (f)	κουκέτα (θηλ.)	[kukéta]
cama (f) de cima	πάνω κουκέτα (θηλ.)	[páno kukéta]
cama (f) de baixo	κάτω κουκέτα (θηλ.)	[káto kukéta]
roupa (f) de cama	σεντόνια (ουδ.πλ.)	[sendónia]
passagem (f)	εισιτήριο (ουδ.)	[isitírio]
horário (m)	δρομολόγιο (ουδ.)	[ðromolʲójo]
painel (m) de informação	πίνακας πληροφοριών (αρ.)	[pínakas pliroforión]
partir (vt)	αναχωρώ	[anaxoró]
partida (f)	αναχώρηση (θηλ.)	[anaxórisi]
chegar (vi)	φτάνω	[ftáno]
chegada (f)	άφιξη (θηλ.)	[áfiksi]
chegar de trem	έρχομαι με τρένο	[érxome me tréno]
pegar o trem	ανεβαίνω στο τρένο	[anevéno sto tréno]
descer de trem	κατεβαίνω από το τρένο	[katevéno apó to tréno]
acidente (m) ferroviário	πρόσκρουση τρένου (θηλ.)	[próskrusi trénu]
foguista (m)	θερμαστής (αρ.)	[θermastís]
fornalha (f)	θάλαμο καύσης (ουδ.)	[θálʲamo káfsis]
carvão (m)	κάρβουνο (ουδ.)	[kárvuno]

171. Barco

| navio (m) | πλοίο (ουδ.) | [plío] |
| embarcação (f) | σκάφος (ουδ.) | [skáfos] |

barco (m) a vapor	ατμόπλοιο (ουδ.)	[atmóplio]
barco (m) fluvial	ποταμόπλοιο (ουδ.)	[potamóplio]
transatlântico (m)	κρουαζιερόπλοιο (ουδ.)	[kruazieróplio]
cruzeiro (m)	καταδρομικό (ουδ.)	[kataðromikó]

iate (m)	κότερο (ουδ.)	[kótero]
rebocador (m)	ρυμουλκό (ουδ.)	[rimulʲkó]
barcaça (f)	φορτηγίδα (θηλ.)	[fortijíða]
ferry (m)	φέρι μποτ (ουδ.)	[féri bot]

| veleiro (m) | ιστιοφόρο (ουδ.) | [istiofóro] |
| bergantim (m) | βριγαντίνο (ουδ.) | [vriɣantíno] |

| quebra-gelo (m) | παγοθραυστικό (ουδ.) | [paɣoθrafstikó] |
| submarino (m) | υποβρύχιο (ουδ.) | [ipovríxo] |

bote, barco (m)	βάρκα (θηλ.)	[várka]
baleeira (bote salva-vidas)	λέμβος (θηλ.)	[lémvos]
bote (m) salva-vidas	σωσίβια λέμβος (θηλ.)	[sosívia lémvos]
lancha (f)	ταχύπλοο (ουδ.)	[taxíplʲoo]

capitão (m)	καπετάνιος (αρ.)	[kapetánios]
marinheiro (m)	ναύτης (αρ.)	[náftis]
marujo (m)	ναυτικός (αρ.)	[naftikós]
tripulação (f)	πλήρωμα (ουδ.)	[plíroma]

contramestre (m)	λοστρόμος (αρ.)	[lʲostrómos]
grumete (m)	μούτσος (αρ.)	[mútsos]
cozinheiro (m) de bordo	μάγειρας (αρ.)	[májiras]
médico (m) de bordo	ιατρός πλοίου (αρ.)	[jatrós plíu]

convés (m)	κατάστρωμα (ουδ.)	[katástroma]
mastro (m)	κατάρτι (ουδ.)	[katárti]
vela (f)	ιστίο (ουδ.)	[istío]

porão (m)	αμπάρι (ουδ.)	[ambári]
proa (f)	πλώρη (θηλ.)	[plóri]
popa (f)	πρύμνη (θηλ.)	[prímni]
remo (m)	κουπί (ουδ.)	[kupí]
hélice (f)	προπέλα (θηλ.)	[propélʲa]

cabine (m)	καμπίνα (θηλ.)	[kabína]
sala (f) dos oficiais	αίθουσα αξιωματικών (ουδ.)	[éθusa aksiomatikón]
sala (f) das máquinas	μηχανοστάσιο (ουδ.)	[mixanostásio]
ponte (m) de comando	γέφυρα (θηλ.)	[jéfira]
sala (f) de comunicações	θάλαμος επικοινωνιών (αρ.)	[θálamos epikinonión]
onda (f)	κύμα (ουδ.)	[kíma]
diário (m) de bordo	ημερολόγιο πλοίου (ουδ.)	[imerolʲójo plíu]
luneta (f)	κυάλι (ουδ.)	[kiáli]
sino (m)	καμπάνα (θηλ.)	[kabána]

bandeira (f)	σημαία (θηλ.)	[siméa]
cabo (m)	παλαμάρι (ουδ.)	[palʲamári]
nó (m)	κόμβος (αρ.)	[kómvos]

| corrimão (m) | κουπαστή (θηλ.) | [kupastí] |
| prancha (f) de embarque | σκάλα επιβιβάσεως (θηλ.) | [skálʲa epiviváseos] |

âncora (f)	άγκυρα (θηλ.)	[ángira]
recolher a âncora	σηκώνω άγκυρα	[sikóno ángira]
jogar a âncora	ρίχνω άγκυρα	[ríxno ángira]
amarra (corrente de âncora)	αλυσίδα της άγκυρας (θηλ.)	[alisíða tis ángiras]

porto (m)	λιμάνι (ουδ.)	[limáni]
cais, amarradouro (m)	προβλήτα (θηλ.)	[provlíta]
atracar (vi)	αράζω	[arázo]
desatracar (vi)	σαλπάρω	[salʲpáro]

viagem (f)	ταξίδι (ουδ.)	[taksíði]
cruzeiro (m)	κρουαζιέρα (θηλ.)	[kruaziéra]
rumo (m)	ρότα, πορεία (θηλ.)	[róta], [poría]
itinerário (m)	δρομολόγιο (ουδ.)	[ðromolʲójo]

canal (m) de navegação	πλωτό μέρος (ουδ.)	[plʲotó méros]
banco (m) de areia	ρηχά (ουδ.πλ.)	[rixá]
encalhar (vt)	εξοκέλλω	[eksokélʲo]

tempestade (f)	καταιγίδα (θηλ.)	[kateჰíða]
sinal (m)	σήμα (ουδ.)	[síma]
afundar-se (vr)	βυθίζομαι	[viθízome]
SOS	SOS (ουδ.)	[es-o-es]
boia (f) salva-vidas	σωσίβιο (ουδ.)	[sosívio]

172. Aeroporto

aeroporto (m)	αεροδρόμιο (ουδ.)	[aeroðrómio]
avião (m)	αεροπλάνο (ουδ.)	[aeroplʲáno]
companhia (f) aérea	αεροπορική εταιρεία (θηλ.)	[aeroporikí etería]
controlador (m) de tráfego aéreo	ελεγκτής εναέριας κυκλοφορίας (αρ.)	[elengtís enaérias kiklʲoforías]

partida (f)	αναχώρηση (θηλ.)	[anaxórisi]
chegada (f)	άφιξη (θηλ.)	[áfiksi]
chegar (vi)	φτάνω	[ftáno]

| hora (f) de partida | ώρα αναχώρησης (θηλ.) | [ora anaxórisis] |
| hora (f) de chegada | ώρα άφιξης (θηλ.) | [óra áfiksis] |

| estar atrasado | καθυστερώ | [kaθisteró] |
| atraso (m) de voo | καθυστέρηση πτήσης (θηλ.) | [kaθistérisi ptísis] |

painel (m) de informação	πίνακας πληροφοριών (αρ.)	[pínakas pliroforión]
informação (f)	πληροφορίες (θηλ.πλ.)	[pliroforíes]
anunciar (vt)	ανακοινώνω	[anakinóno]
voo (m)	πτήση (θηλ.)	[ptísi]

| alfândega (f) | τελωνείο (ουδ.) | [teľonío] |
| funcionário (m) da alfândega | τελωνειακός (αρ.) | [teľoniakós] |

declaração (f) alfandegária	τελωνειακή διασάφηση (θηλ.)	[teľoniakí ðiasáfisi]
preencher a declaração	συμπληρώνω τη δήλωση	[simbliróno ti δíľosi]
controle (m) de passaporte	έλεγχος διαβατηρίων (αρ.)	[élenxos ðiavatiríon]

bagagem (f)	αποσκευές (θηλ.πλ.)	[aposkevés]
bagagem (f) de mão	χειραποσκευή (θηλ.)	[xiraposkeví]
carrinho (m)	καρότσι αποσκευών (ουδ.)	[karótsi aposkevón]

pouso (m)	προσγείωση (θηλ.)	[prozjíosi]
pista (f) de pouso	διάδρομος προσγείωσης (αρ.)	[ðiáðromos prozjíosis]
aterrissar (vi)	προσγειώνομαι	[prozjiónome]
escada (f) de avião	σκάλα αεροσκάφους (θηλ.)	[skáľa aeroskáfus]

check-in (m)	check-in (ουδ.)	[ʧek-in]
balcão (m) do check-in	πάγκος ελέγχου εισητηρίων (αρ.)	[pángos elénxu isitiríon]
fazer o check-in	κάνω check-in	[káno ʧek-in]
cartão (m) de embarque	κάρτα επιβίβασης (θηλ.)	[kárta epivívasis]
portão (m) de embarque	πύλη αναχώρησης (θηλ.)	[píli anaxórisis]

trânsito (m)	διέλευση (θηλ.)	[ðiélefsi]
esperar (vi, vt)	περιμένω	[periméno]
sala (f) de espera	αίθουσα αναχώρησης (θηλ.)	[éθusa anaxórisis]
despedir-se (acompanhar)	συνοδεύω	[sinoðévo]
despedir-se (dizer adeus)	αποχαιρετώ	[apoxeretó]

173. Bicicleta. Motocicleta

bicicleta (f)	ποδήλατο (ουδ.)	[poðíľato]
lambreta (f)	σκούτερ (ουδ.)	[skúter]
moto (f)	μοτοσυκλέτα (θηλ.)	[motosikléta]

ir de bicicleta	πηγαίνω με το ποδήλατο	[pijéno me to poðíľato]
guidão (m)	τιμόνι (ουδ.)	[timóni]
pedal (m)	πεντάλ (ουδ.)	[pedáľ]
freios (m pl)	φρένα (ουδ.πλ.)	[fréna]
banco, selim (m)	σέλα (θηλ.)	[séľa]

bomba (f)	τρόμπα (θηλ.)	[trómba]
bagageiro (m) de teto	σχάρα (θηλ.)	[sxára]
lanterna (f)	φακός (αρ.)	[fakós]
capacete (m)	κράνος (ουδ.)	[krános]

roda (f)	τροχός (αρ.)	[troxós]
para-choque (m)	λασπωτήρας (αρ.)	[ľaspotíras]
aro (m)	ζάντα (θηλ.)	[zánda]
raio (m)	ακτίνα (θηλ.)	[aktína]

Carros

174. Tipos de carros

carro, automóvel (m)	αυτοκίνητο (ουδ.)	[aftokínito]
carro (m) esportivo	σπορ αυτοκίνητο (ουδ.)	[spor aftokínito]
limusine (f)	λιμουζίνα (θηλ.)	[limuzína]
todo o terreno (m)	όχημα παντός	[óxima pandós
	εδάφους (ουδ.)	eδáfus]
conversível (m)	κάμπριο (ουδ.)	[kábrio]
minibus (m)	μίνιμπας (ουδ.)	[mínibas]
ambulância (f)	ασθενοφόρο (ουδ.)	[asθenofóro]
limpa-neve (m)	εκχιονιστήρας (αρ.)	[ekxonistíras]
caminhão (m)	φορτηγό (ουδ.)	[fortiɣó]
caminhão-tanque (m)	βυτιοφόρο (ουδ.)	[vitiofóro]
perua, van (f)	φορτηγάκι (ουδ.)	[fortiɣáki]
caminhão-trator (m)	τράκτορας (αρ.)	[tráktoras]
reboque (m)	ρυμουλκούμενο (ουδ.)	[rimulʲkúmeno]
confortável (adj)	άνετος	[ánetos]
usado (adj)	μεταχειρισμένος	[metaxirizménos]

175. Carros. Carroçaria

capô (m)	καπό (ουδ.)	[kapó]
para-choque (m)	λασπωτήρας (αρ.)	[lʲaspotíras]
teto (m)	οροφή (θηλ.)	[orofí]
para-brisa (m)	παρμπρίζ (ουδ.)	[parbríz]
retrovisor (m)	εσωτερικός καθρέφτης (αρ.)	[esoterikós kaθréftis]
esguicho (m)	ψεκαστήρας (αρ.)	[psekastíras]
limpadores (m) de para-brisas	υαλοκαθαριστήρες (αρ.πλ.)	[jalʲokaθaristíres]
vidro (m) lateral	πλαϊνό τζάμι (ουδ.)	[plʲajnó dzámi]
elevador (m) do vidro	ηλεκτρικά παράθυρα (ουδ.πλ.)	[ilektriká paráθira]
antena (f)	κεραία (θηλ.)	[keréa]
teto (m) solar	ηλιοροφή (θηλ.)	[iliorofí]
para-choque (m)	προφυλακτήρας (αρ.)	[profilʲaktíras]
porta-malas (f)	πορτ-μπαγκάζ (ουδ.)	[portbagáz]
porta (f)	πόρτα (θηλ.)	[pórta]
maçaneta (f)	χερούλι (ουδ.)	[xerúli]
fechadura (f)	κλειδαριά (θηλ.)	[kliðariá]
placa (f)	πινακίδα (θηλ.)	[pinakíða]
silenciador (m)	σιγαστήρας (αρ.)	[siɣastíras]

| tanque (m) de gasolina | ντεπόζιτο (ουδ.) | [depózito] |
| tubo (m) de exaustão | εξάτμιση (θηλ.) | [eksátmisi] |

acelerador (m)	γκάζι (ουδ.)	[gázi]
pedal (m)	πεντάλ (ουδ.)	[pedálʲ]
pedal (m) do acelerador	ποδομοχλός επιταχύνσεως (αρ.)	[poðomoxlʲós epitaxínseos]

freio (m)	φρένο (ουδ.)	[fréno]
pedal (m) do freio	ποδομοχλός πεδήσεως (αρ.)	[poðomoxlʲós peðíseos]
frear (vt)	φρενάρω	[frenáro]
freio (m) de mão	χειρόφρενο (ουδ.)	[xirófreno]

embreagem (f)	συμπλέκτης (αρ.)	[simbléktis]
pedal (m) da embreagem	ποδομοχλός συμπλέξεως (αρ.)	[poðomoxlʲós simblékseos]
disco (m) de embreagem	δίσκος συμπλέκτη (αρ.)	[ðískos simblékti]
amortecedor (m)	αμορτισέρ (ουδ.)	[amortisér]

roda (f)	τροχός (αρ.), ρόδα (θηλ.)	[troxós], [róða]
pneu (m) estepe	ρεζέρβα (θηλ.)	[rezérva]
calota (f)	τάσι (ουδ.)	[tási]

caixa (f) de mudanças	κιβώτιο ταχυτήτων (ουδ.)	[kivótio taxitíton]
automático (adj)	αυτόματος	[aftómatos]
mecânico (adj)	μηχανικό	[mixanikó]
alavanca (f) de câmbio	μοχλός ταχυτήτων (αρ.)	[moxlʲós taxitíton]

| farol (m) | προβολέας (αρ.) | [provoléas] |
| faróis (m pl) | προβολείς (αρ.πλ.) | [provolís] |

farol (m) baixo	φώτα διασταυρώσεως (ουδ.πλ.)	[fóta ðiastavróseos]
farol (m) alto	φώτα πορείας (ουδ.πλ.)	[fóta porías]
luzes (f pl) de parada	φώτα πεδήσεως (ουδ.πλ.)	[fóta peðíseos]

| luzes (f pl) de posição | φώτα θέσεως (ουδ.πλ.) | [fóta θéseos] |
| luzes (f pl) de emergência | φώτα έκτακτης ανάγκης (ουδ.πλ.) | [fóta éktaktis anángis] |

faróis (m pl) de neblina	φώτα ομίχλης (ουδ.πλ.)	[fóta omíxlis]
pisca-pisca (m)	φλας (ουδ.)	[flʲas]
luz (f) de marcha ré	φως οπισθοπορείας (ουδ.)	[fos opisθoporías]

176. Carros. Habitáculo

interior (do carro)	σαλόνι (ουδ.)	[salʲóni]
de couro	δερμάτινος	[ðermátinos]
de veludo	βελουτέ	[velʲuté]
estofamento (m)	ταπετσαρία (θηλ.)	[tapetsaría]

indicador (m)	όργανο (ουδ.), μετρητής (αρ.)	[óryano], [metritís]
painel (m)	ταμπλό (ουδ.)	[tablʲó]
velocímetro (m)	ταχύμετρο, κοντέρ (ουδ.)	[taxímetro], [kontér]
ponteiro (m)	βελόνα (θηλ.), δείκτης (αρ.)	[velʲóna], [ðíktis]

hodômetro, odômetro (m)	οδόμετρο (ουδ.)	[oðómetro]
indicador (m)	ένδειξη (θηλ.)	[énðiksi]
nível (m)	στάθμη (θηλ.)	[stáθmi]
luz (f) de aviso	λυχνία, ένδειξη (θηλ.)	[lixnía], [énðiksi]

volante (m)	τιμόνι (ουδ.)	[timóni]
buzina (f)	κόρνα (θηλ.)	[kórna]
botão (m)	κουμπί (ουδ.)	[kumbí]
interruptor (m)	διακόπτης (αρ.)	[ðiakóptis]

assento (m)	θέση (θηλ.)	[θési]
costas (f pl) do assento	πλάτη (θηλ.)	[plʲáti]
cabeceira (f)	προσκέφαλο (ουδ.)	[proskéfalʲo]
cinto (m) de segurança	ζώνη ασφαλείας (θηλ.)	[zóni asfalías]
apertar o cinto	βάζω ζώνη	[vázo zóni]
ajuste (m)	προσαρμογή (θηλ.)	[prosarmoγí]

airbag (m)	αερόσακος (αρ.)	[aerósakos]
ar (m) condicionado	κλιματιστικό (ουδ.)	[klimatistikó]

rádio (m)	ραδιόφωνο (ουδ.)	[raðiófono]
leitor (m) de CD	CD πλέιερ (ουδ.)	[sidí pléjer]
ligar (vt)	ανοίγω	[aníγo]
antena (f)	κεραία (θηλ.)	[keréa]
porta-luvas (m)	ντουλαπάκι (ουδ.)	[dulʲapáki]
cinzeiro (m)	τασάκι (ουδ.)	[tasáki]

177. Carros. Motor

motor (m)	κινητήρας (αρ.)	[kinitíras]
motor (m)	μηχανή (θηλ.)	[mixaní]
a diesel	ντίζελ	[dízelʲ]
a gasolina	βενζινο-	[venzino]

cilindrada (f)	όγκος του κινητήρα (αρ.)	[óngos tu kinitíra]
potência (f)	ισχύς (θηλ.)	[isxís]
cavalo (m) de potência	ιπποδύναμη (θηλ.)	[ipoðínami]
pistão (m)	πιστόνι (ουδ.)	[pistóni]
cilindro (m)	κύλινδρος (αρ.)	[kílinðros]
válvula (f)	βαλβίδα (θηλ.)	[valʲvíða]

injetor (m)	μπεκ (ουδ.)	[bek]
gerador (m)	γεννήτρια (θηλ.)	[jenítria]
carburador (m)	καρμπυρατέρ (αρ.)	[karbiratér]
óleo (m) de motor	λάδι κινητήρων (ουδ.)	[lʲáði kinitíron]

radiador (m)	ψυγείο (ουδ.)	[psijío]
líquido (m) de arrefecimento	υγρό ψύξεως (ουδ.)	[iγró psíkseos]
ventilador (m)	ανεμιστήρας (αρ.)	[anemistíras]

bateria (f)	συσσωρευτής (αρ.)	[sisoreftís]
dispositivo (m) de arranque	μίζα (θηλ.)	[míza]
ignição (f)	ανάφλεξη (θηλ.)	[anáfleksi]
vela (f) de ignição	μπουζί (ουδ.)	[buzí]

terminal (m)	ακροδέκτης (αρ.)	[akroðéktis]
terminal (m) positivo	θετικός πόλος (αρ.)	[θetikós pól¡os]
terminal (m) negativo	αρνητικός πόλος (αρ.)	[arnitikós pól¡os]
fusível (m)	ασφάλεια (θηλ.)	[asfália]

filtro (m) de ar	φίλτρο αέρα (ουδ.)	[fíl¡tro aéra]
filtro (m) de óleo	φίλτρο λαδιού (ουδ.)	[fíl¡tro l¡aðiú]
filtro (m) de combustível	φίλτρο καυσίμου (ουδ.)	[fíl¡tro kafsímu]

178. Carros. Batidas. Reparação

acidente (m) de carro	σύγκρουση (θηλ.)	[síngrusi]
acidente (m) rodoviário	ατύχημα (ουδ.)	[atíxima]
bater (~ num muro)	συγκρούομαι	[singrúome]
sofrer um acidente	τσακίζομαι	[tsakízome]
dano (m)	ζημιά (θηλ.)	[zimiá]
intato	σώος	[sóos]

avariar (vi)	χαλάω	[xal¡áo]
cabo (m) de reboque	σχοινί ρυμούλκησης (ουδ.)	[sxiní rimúl¡kisis]

furo (m)	τρύπα (θηλ.)	[trípa]
estar furado	ξεφουσκώνω	[ksefuskóno]
encher (vt)	φουσκώνω	[fuskóno]
pressão (f)	πίεση (θηλ.)	[píesi]
verificar (vt)	ελέγχω	[elénxo]

reparo (m)	επισκευή (θηλ.)	[episkeví]
oficina (f) automotiva	συνεργείο αυτοκινήτων (ουδ.)	[sinerjío aftokiníton]
peça (f) de reposição	ανταλλακτικό (ουδ.)	[andal¡aktikó]
peça (f)	μέρος (ουδ.)	[méros]

parafuso (com porca)	μπουλόνι (ουδ.)	[bul¡óni]
parafuso (m)	βίδα (θηλ.)	[víða]
porca (f)	περικόχλιο (ουδ.)	[perikóxlio]
arruela (f)	ροδέλα (θηλ.)	[roðél¡a]
rolamento (m)	ρουλεμάν (ουδ.)	[rulemán]

tubo (m)	σωλήνας (αρ.)	[solínas]
junta, gaxeta (f)	λαστιχάκι (ουδ.)	[l¡astixáki]
fio, cabo (m)	καλώδιο (ουδ.)	[kal¡óðio]

macaco (m)	γρύλος (αρ.)	[γríl¡os]
chave (f) de boca	γαλλικό κλειδί (ουδ.)	[γalikó kliðí]
martelo (m)	σφυρί (ουδ.)	[sfirí]
bomba (f)	τρόμπα (θηλ.)	[trómba]
chave (f) de fenda	κατσαβίδι (ουδ.)	[katsavíði]

extintor (m)	πυροσβεστήρας (αρ.)	[pirozvestíras]
triângulo (m) de emergência	προειδοποιητικό τρίγωνο (ουδ.)	[proiðopoiitikó tríγono]

morrer (motor)	σβήνω	[zvíno]
paragem, "morte" (f)	διακοπή (θηλ.)	[ðiakopí]

estar quebrado	είμαι χαλασμένος	[íme xalʲazménos]
superaquecer-se (vr)	υπερθερμαίνομαι	[iperθerménome]
congelar-se (vr)	παγώνω	[payóno]
rebentar (vi)	σκάω	[skáo]

pressão (f)	πίεση (θηλ.)	[píesi]
nível (m)	επίπεδο (ουδ.)	[epípeðo]
frouxo (adj)	χαλαρός	[xalʲarós]

batida (f)	βαθούλωμα (ουδ.)	[vaθúlʲoma]
ruído (m)	χτύπημα (ουδ.)	[xtípima]
fissura (f)	ράγισμα (ουδ.)	[rájizma]
arranhão (m)	γρατζουνιά (θηλ.)	[ɣradzuniá]

179. Carros. Estrada

estrada (f)	δρόμος (αρ.)	[ðrómos]
autoestrada (f)	αυτοκινητόδρομος (αρ.)	[aftokinitóðromos]
rodovia (f)	αυτοκινητόδρομος (αρ.)	[aftokinitóðromos]
direção (f)	κατεύθυνση (θηλ.)	[katéfθinsi]
distância (f)	απόσταση (θηλ.)	[apóstasi]

ponte (f)	γέφυρα (θηλ.)	[jéfira]
parque (m) de estacionamento	πάρκινγκ (ουδ.)	[párking]
praça (f)	πλατεία (θηλ.)	[plʲatía]
nó (m) rodoviário	κυκλοφοριακός κόμβος (αρ.)	[kiklʲoforiakós kómvos]
túnel (m)	σήραγγα (θηλ.)	[síranga]

posto (m) de gasolina	βενζινάδικο (ουδ.)	[venzináðiko]
parque (m) de estacionamento	πάρκινγκ (ουδ.)	[párking]
bomba (f) de gasolina	αντλία καυσίμων (θηλ.)	[andlía kafsímon]
oficina (f) automotiva	συνεργείο αυτοκινήτων (ουδ.)	[sinerjío aftokiníton]

abastecer (vt)	βάζω βενζίνη	[vázo venzíni]
combustível (m)	καύσιμο (ουδ.)	[káfsimo]
galão (m) de gasolina	κάνιστρο (ουδ.)	[kánistro]

asfalto (m)	άσφαλτος (θηλ.)	[ásfalʲtos]
marcação (f) de estradas	σήμανση (θηλ.)	[símansi]
meio-fio (m)	κράσπεδο (ουδ.)	[kráspeðo]
guard-rail (m)	στηθαίο (ουδ.)	[stiθéo]
valeta (f)	τάφρος (θηλ.)	[táfros]
acostamento (m)	έρεισμα (ουδ.)	[érizma]
poste (m) de luz	φανοστάτης (αρ.)	[fanostátis]

dirigir (vt)	οδηγώ	[oðiɣó]
virar (~ para a direita)	στρίβω	[strívo]
dar retorno	κάνω αναστροφή	[káno anastrofí]
ré (f)	όπισθεν (θηλ.)	[ópisθen]

buzinar (vi)	κορνάρω	[kornáro]
buzina (f)	κόρνα (θηλ.)	[kórna]
atolar-se (vr)	κολλάω	[kolʲáo]
desligar (vt)	σβήνω	[zvíno]

velocidade (f)	ταχύτητα (θηλ.)	[taxítita]
exceder a velocidade	υπερβαίνω το όριο ταχύτητας	[ipervéno to όrio taxítitas]
multar (vt)	επιβάλλω πρόστιμο	[epiválio próstimo]
semáforo (m)	φανάρι (ουδ.)	[fanári]
carteira (f) de motorista	δίπλωμα οδήγησης (ουδ.)	[δíplioma oδíjisis]

passagem (f) de nível	ισόπεδη διάβαση (θηλ.)	[isόpeδi δiávasi]
cruzamento (m)	διασταύρωση (θηλ.)	[δiastávrosi]
faixa (f)	διάβαση πεζών (θηλ.)	[δiávasi pezόn]
curva (f)	στροφή (θηλ.)	[strofí]
zona (f) de pedestres	πεζόδρομος (αρ.)	[pezόδromos]

180. Sinais de trânsito

código (m) de trânsito	κώδικας οδικής κυκλοφορίας (αρ.)	[kόδikas oδikís kiklioforías]
sinal (m) de trânsito	πινακίδα (θηλ.)	[pinakíδa]
ultrapassagem (f)	προσπέρασμα (ουδ.)	[prospérazma]
curva (f)	στροφή (θηλ.)	[strofí]
retorno (m)	αναστροφή (θηλ.)	[anastrofí]
rotatória (f)	Κυκλική υποχρεωτική διαδρομή	[kiklikí ipoxreotikí δiaδromí]

sentido proibido	απαγορεύεται η είσοδος	[apayorévete i ísoδos]
trânsito proibido	κλειστή οδός	[klistí oδós]
proibido de ultrapassar	απαγορεύεται το προσπέρασμα	[apayorévete to prospérazma]
estacionamento proibido	απαγορεύεται η στάθμευση	[apayorévete i stáθmefsi]
paragem proibida	απαγορεύεται η στάση	[apayorévete i stási]

curva (f) perigosa	επικίνδυνη στροφή (θηλ.)	[epikínδini strofí]
descida (f) perigosa	επικίνδυνη κατωφέρεια (θηλ.)	[epikínδini katoféria]
trânsito de sentido único	μονόδρομος	[monόδromos]
faixa (f)	διάβαση πεζών (θηλ.)	[δiávasi pezόn]
pavimento (m) escorregadio	ολισθηρό οδόστρωμα (ουδ.)	[olisθiró oδóstroma]
conceder passagem	Υποχρεωτική παραχώρηση προτεραιότητας	[ipoxreotikí paraxórisi protereotitas]

PESSOAS. EVENTOS

Eventos

181. Férias. Evento

festa (f)	γιορτή (θηλ.)	[jortí]
feriado (m) nacional	εθνική γιορτή (θηλ.)	[eθnikí jortí]
feriado (m)	αργία (θηλ.)	[arjía]
festejar (vt)	γιορτάζω	[jortázo]
evento (festa, etc.)	γεγονός (ουδ.)	[jeɣonós]
evento (banquete, etc.)	εκδήλωση (θηλ.)	[ekðílʲosi]
banquete (m)	συμπόσιο (ουδ.)	[simbósio]
recepção (f)	δεξίωση (θηλ.)	[ðeksíosi]
festim (m)	γλέντι (ουδ.)	[ɣléndi]
aniversário (m)	επέτειος (θηλ.)	[epétios]
jubileu (m)	ιωβηλαίο (ουδ.)	[ioviléo]
celebrar (vt)	γιορτάζω	[jortázo]
Ano (m) Novo	Πρωτοχρονιά (θηλ.)	[protoxroniá]
Feliz Ano Novo!	Καλή Χρονιά!	kalí xroniá!
Papai Noel (m)	Άγιος Βασίλης (αρ.)	[ájos vasílis]
Natal (m)	Χριστούγεννα (ουδ.πλ.)	[xristújena]
Feliz Natal!	Καλά Χριστούγεννα!	[kalʲá xristújena]
árvore (f) de Natal	Χριστουγεννιάτικο δέντρο (ουδ.)	[xristujeniátiko ðéndro]
fogos (m pl) de artifício	πυροτεχνήματα (ουδ.πλ.)	[pirotexnímata]
casamento (m)	γάμος (αρ.)	[ɣámos]
noivo (m)	γαμπρός (αρ.)	[ɣambrós]
noiva (f)	νύφη (θηλ.)	[nífi]
convidar (vt)	προσκαλώ	[proskalʲó]
convite (m)	πρόσκληση (θηλ.)	[prósklisi]
convidado (m)	επισκέπτης (αρ.)	[episképtis]
visitar (vt)	επισκέπτομαι	[episképtome]
receber os convidados	συναντώ τους καλεσμένους	[sinandó tus kalezménus]
presente (m)	δώρο (ουδ.)	[ðóro]
oferecer, dar (vt)	δίνω	[ðíno]
receber presentes	παίρνω δώρα	[pérno ðóra]
buquê (m) de flores	ανθοδέσμη (θηλ.)	[anθoðézmi]
felicitações (f pl)	συγχαρητήρια (ουδ.πλ.)	[sinxaritíria]
felicitar (vt)	συγχαίρω	[sinxéro]

cartão (m) de parabéns	ευχετήρια κάρτα (θηλ.)	[efxetíria kárta]
enviar um cartão postal	στέλνω κάρτα	[stélʲno kárta]
receber um cartão postal	λαμβάνω κάρτα	[lʲamváno kárta]
brinde (m)	πρόποση (θηλ.)	[próposi]
oferecer (vt)	κερνάω	[kernáo]
champanhe (m)	σαμπάνια (θηλ.)	[sambánia]
divertir-se (vr)	διασκεδάζω	[ðiaskeðázo]
diversão (f)	ευθυμία (θηλ.)	[efθimía]
alegria (f)	χαρά (θηλ.)	[xará]
dança (f)	χορός (αρ.)	[xorós]
dançar (vi)	χορεύω	[xorévo]
valsa (f)	βαλς (ουδ.)	[valʲs]
tango (m)	τανγκό (ουδ.)	[tangó]

182. Funerais. Enterro

cemitério (m)	νεκροταφείο (ουδ.)	[nekrotafío]
sepultura (f), túmulo (m)	τάφος (αρ.)	[táfos]
cruz (f)	σταυρός (αρ.)	[stavrós]
lápide (f)	ταφόπλακα (θηλ.)	[tafóplʲaka]
cerca (f)	φράχτης (αρ.)	[fráxtis]
capela (f)	παρεκκλήσι (ουδ.)	[pareklísi]
morte (f)	θάνατος (αρ.)	[θánatos]
morrer (vi)	πεθαίνω	[peθéno]
defunto (m)	νεκρός (αρ.)	[nekrós]
luto (m)	πένθος (ουδ.)	[pénθos]
enterrar, sepultar (vt)	θάβω	[θávo]
funerária (f)	γραφείο τελετών (ουδ.)	[γrafío teletón]
funeral (m)	κηδεία (θηλ.)	[kiðía]
coroa (f) de flores	στεφάνι (ουδ.)	[stefáni]
caixão (m)	φέρετρο (ουδ.)	[féretro]
carro (m) funerário	νεκροφόρα (θηλ.)	[nekrofóra]
mortalha (f)	σάβανο (ουδ.)	[sávano]
urna (f) funerária	τεφροδόχος (θηλ.)	[tefroðóxos]
crematório (m)	κρεματόριο (ουδ.)	[krematório]
obituário (m), necrologia (f)	νεκρολογία (θηλ.)	[nekrolʲojía]
chorar (vi)	κλαίω	[kléo]
soluçar (vi)	οδύρομαι	[oðírome]

183. Guerra. Soldados

pelotão (m)	διμοιρία (θηλ.)	[ðimiría]
companhia (f)	λόχος (αρ.)	[lʲóxos]

T&P Books. Vocabulário Português Brasileiro-Grego - 9000 palavras

regimento (m)	σύνταγμα (ουδ.)	[síndaɣma]
exército (m)	στρατός (αρ.)	[stratós]
divisão (f)	μεραρχία (θηλ.)	[merarxía]

| esquadrão (m) | απόσπασμα (ουδ.) | [apóspazma] |
| hoste (f) | στρατιά (θηλ.) | [stratiá] |

| soldado (m) | στρατιώτης (αρ.) | [stratiótis] |
| oficial (m) | αξιωματικός (αρ.) | [aksiomatikós] |

soldado (m) raso	απλός στρατιώτης (αρ.)	[aplʲós stratiótis]
sargento (m)	λοχίας (αρ.)	[lʲoxías]
tenente (m)	υπολοχαγός (αρ.)	[ipolʲoxaɣós]
capitão (m)	λοχαγός (αρ.)	[lʲoxaɣós]
major (m)	ταγματάρχης (αρ.)	[taɣmatárxis]
coronel (m)	συνταγματάρχης (αρ.)	[sindaɣmatárxis]
general (m)	στρατηγός (αρ.)	[stratiɣós]

marujo (m)	ναυτικός (αρ.)	[naftikós]
capitão (m)	καπετάνιος (αρ.)	[kapetánios]
contramestre (m)	λοστρόμος (αρ.)	[lʲostrómos]

artilheiro (m)	πυροβολητής (αρ.)	[pirovolitís]
soldado (m) paraquedista	αλεξιπτωτιστής (αρ.)	[aleksiptotís]
piloto (m)	αεροπόρος (αρ.)	[aeropóros]
navegador (m)	πλοηγός (αρ.)	[plʲoiɣós]
mecânico (m)	μηχανικός (αρ.)	[mixanikós]

| sapador-mineiro (m) | σκαπανέας (αρ.) | [skapanéas] |
| paraquedista (m) | αλεξιπτωτιστής (αρ.) | [aleksiptotís] |

| explorador (m) | στρατιωτικός αναγνώρισης (αρ.) | [stratiotikós anaɣnórisis] |
| atirador (m) de tocaia | δεινός σκοπευτής (αρ.) | [ðinós skopeftís] |

patrulha (f)	περιπολία (θηλ.)	[peripolía]
patrulhar (vt)	περιπολώ	[peripolʲó]
sentinela (f)	σκοπός (αρ.)	[skopós]

| guerreiro (m) | πολεμιστής (αρ.) | [polemistís] |
| patriota (m) | πατριώτης (αρ.) | [patriótis] |

| herói (m) | ήρωας (αρ.) | [íroas] |
| heroína (f) | ηρωίδα (θηλ.) | [iroíða] |

traidor (m)	προδότης (αρ.)	[proðótis]
desertor (m)	λιποτάκτης (αρ.)	[lipotáktis]
desertar (vt)	λιποτακτώ	[lipotaktó]

mercenário (m)	μισθοφόρος (αρ.)	[misθofóros]
recruta (m)	νεοσύλλεκτος (αρ.)	[neosílektos]
voluntário (m)	εθελοντής (αρ.)	[eθelʲondís]

morto (m)	νεκρός (αρ.)	[nekrós]
ferido (m)	τραυματίας (αρ.)	[travmatías]
prisioneiro (m) de guerra	αιχμάλωτος (αρ.)	[exmálʲotos]

184. Guerra. Ações militares. Parte 1

guerra (f)	πόλεμος (αρ.)	[pólemos]
guerrear (vt)	πολεμώ	[polemó]
guerra (f) civil	εμφύλιος πόλεμος (αρ.)	[emfílios pólemos]
perfidamente	ύπουλα	[ípulʲa]
declaração (f) de guerra	κήρυξη πολέμου (θηλ.)	[kíriksi polému]
declarar guerra	κηρύσσω πόλεμο	[kiríso pólemo]
agressão (f)	επιθετικότητα (θηλ.)	[epiθetikótita]
atacar (vt)	επιτίθεμαι	[epitíθeme]
invadir (vt)	εισβάλλω	[isválʲo]
invasor (m)	επιδρομέας (αρ.)	[epiðroméas]
conquistador (m)	κατακτητής (αρ.)	[kataktitís]
defesa (f)	άμυνα (θηλ.)	[ámina]
defender (vt)	υπερασπίζω	[iperaspízo]
defender-se (vr)	αμύνομαι	[amínome]
inimigo (m)	εχθρός (αρ.)	[exθrós]
adversário (m)	αντίπαλος (αρ.)	[andípalʲos]
inimigo (adj)	εχθρικός	[exθrikós]
estratégia (f)	στρατηγική (θηλ.)	[stratjikí]
tática (f)	τακτική (θηλ.)	[taktikí]
ordem (f)	διαταγή (θηλ.)	[ðiataɟí]
comando (m)	διαταγή (θηλ.)	[ðiataɟí]
ordenar (vt)	διατάζω	[ðiatázo]
missão (f)	αποστολή (θηλ.)	[apostolí]
secreto (adj)	μυστικός	[mistikós]
batalha (f), combate (m)	μάχη (θηλ.)	[máxi]
ataque (m)	επίθεση (θηλ.)	[epíθesi]
assalto (m)	επίθεση (θηλ.)	[epíθesi]
assaltar (vt)	επιτίθεμαι	[epitíθeme]
assédio, sítio (m)	πολιορκία (θηλ.)	[poliorkía]
ofensiva (f)	επίθεση (θηλ.)	[epíθesi]
tomar à ofensiva	επιτίθεμαι	[epitíθeme]
retirada (f)	υποχώρηση (θηλ.)	[ipoxórisi]
retirar-se (vr)	υποχωρώ	[ipoxoró]
cerco (m)	περικύκλωση (θηλ.)	[perikíklʲosi]
cercar (vt)	περικυκλώνω	[perikiklʲóno]
bombardeio (m)	βομβαρδισμός (αρ.)	[vomvarðizmós]
lançar uma bomba	ρίχνω βόμβα	[ríxno vómva]
bombardear (vt)	βομβαρδίζω	[vomvarðízo]
explosão (f)	έκρηξη (θηλ.)	[ékriksi]
tiro (m)	πυροβολισμός (αρ.)	[pirovolizmós]
dar um tiro	πυροβολώ	[pirovolʲó]

tiroteio (m)	πυροβολισμός (αρ.)	[pirovolizmós]
apontar para ...	στοχεύω σε ...	[stoxévo se]
apontar (vt)	σημαδεύω	[simaðévo]
acertar (vt)	πετυχαίνω	[petixéno]

afundar (~ um navio, etc.)	βυθίζω	[viθízo]
brecha (f)	ρήγμα (ουδ.)	[ríɣma]
afundar-se (vr)	βουλιάζω	[vuliázo]

frente (m)	μέτωπο (ουδ.)	[métopo]
evacuação (f)	εκκένωση (θηλ.)	[ekénosi]
evacuar (vt)	εκκενώνω	[ekenóno]

arame (m) enfarpado	συρματόπλεγμα (ουδ.)	[sirmatópleɣma]
barreira (f) anti-tanque	εμπόδιο (ουδ.)	[embóðio]
torre (f) de vigia	παρατηρητήριο (ουδ.)	[paratiritírio]

hospital (m) militar	στρατιωτικό νοσοκομείο (ουδ.)	[stratiotikó nosokomío]
ferir (vt)	τραυματίζω	[travmatízo]
ferida (f)	πληγή (θηλ.)	[pliʝí]
ferido (m)	τραυματίας (αρ.)	[travmatías]
ficar ferido	τραυματίζομαι	[travmatízome]
grave (ferida ~)	σοβαρός	[sovarós]

185. Guerra. Ações militares. Parte 2

cativeiro (m)	αιχμαλωσία (θηλ.)	[exmalʲosía]
capturar (vt)	αιχμαλωτίζω	[exmalʲotízo]
estar em cativeiro	είμαι αιχμάλωτος	[íme exmálʲotos]
ser aprisionado	αιχμαλωτίζομαι	[exmalʲotízome]

campo (m) de concentração	στρατόπεδο συγκέντρωσης (ουδ.)	[stratópeðo singendrósis]
prisioneiro (m) de guerra	αιχμάλωτος (αρ.)	[exmálʲotos]
escapar (vi)	δραπετεύω	[ðrapetévo]

trair (vt)	προδίδω	[proðíðo]
traidor (m)	προδότης (αρ.)	[proðótis]
traição (f)	προδοσία (θηλ.)	[proðosía]

| fuzilar, executar (vt) | εκτελώ | [ektelʲó] |
| fuzilamento (m) | τυφεκισμός (αρ.) | [tifekizmós] |

equipamento (m)	εξοπλισμός (αρ.)	[eksoplizmós]
insígnia (f) de ombro	επωμίδα (θηλ.)	[epomíða]
máscara (f) de gás	μάσκα αερίων (θηλ.)	[máska aeríon]

rádio (m)	πομποδέκτης (αρ.)	[pomboðéktis]
cifra (f), código (m)	κωδικός (αρ.)	[koðikós]
conspiração (f)	μυστικότητα (θηλ.)	[mistikótita]
senha (f)	κωδικός (αρ.)	[koðikós]
mina (f)	νάρκη (θηλ.)	[nárki]
minar (vt)	ναρκοθετώ	[narkoθetó]

campo (m) minado	ναρκοπέδιο (ουδ.)	[narkopédio]
alarme (m) aéreo	αεροπορικός	[aeroporikós
	συναγερμός (αρ.)	sinajermós]
alarme (m)	συναγερμός (αρ.)	[sinajermós]
sinal (m)	σήμα (ουδ.)	[síma]
sinalizador (m)	συνθηματική ρουκέτα (θηλ.)	[sinθimatikí rukéta]

quartel-general (m)	αρχηγείο (ουδ.)	[arxijío]
reconhecimento (m)	αναγνώριση (θηλ.)	[anaɣnórisi]
situação (f)	κατάσταση (θηλ.)	[katástasi]
relatório (m)	αναφορά (θηλ.)	[anaforá]
emboscada (f)	ενέδρα (θηλ.)	[enéðra]
reforço (m)	ενισχύσεις (θηλ.πλ.)	[enisxísis]

alvo (m)	στόχος (αρ.)	[stóxos]
campo (m) de tiro	πεδίο βολής (ουδ.)	[peðío volís]
manobras (f pl)	στρατιωτική άσκηση (θηλ.)	[stratiotikí áskisi]

pânico (m)	πανικός (αρ.)	[panikós]
devastação (f)	ερείπια (ουδ.πλ.)	[erípia]
ruínas (f pl)	καταστροφές (θηλ.πλ.)	[katastrofés]
destruir (vt)	καταστρέφω	[katastréfo]

sobreviver (vi)	επιβιώνω	[epivevióno]
desarmar (vt)	αφοπλίζω	[afoplízo]
manusear (vt)	μεταχειρίζομαι	[metaxirízome]

| Sentido! | Προσοχή! | [prosoxí] |
| Descansar! | Ανάπαυση! | [anápafsi] |

façanha (f)	άθλος (αρ.)	[áθlos]
juramento (m)	όρκος (αρ.)	[órkos]
jurar (vi)	ορκίζομαι	[orkízome]

condecoração (f)	μετάλλιο, παράσημο (ουδ.)	[metálio], [parásimo]
condecorar (vt)	απονέμω	[aponémo]
medalha (f)	μετάλλιο (ουδ.)	[metálio]
ordem (f)	παράσημο (ουδ.)	[parásimo]

vitória (f)	νίκη (θηλ.)	[níki]
derrota (f)	ήττα (θηλ.)	[íta]
armistício (m)	ανακωχή (θηλ.)	[anakoxí]

bandeira (f)	σημαία (θηλ.)	[siméa]
glória (f)	δόξα (θηλ.)	[ðóksa]
parada (f)	παρέλαση (θηλ.)	[parélʲasi]
marchar (vi)	παρελαύνω	[parelʲávno]

186. Armas

arma (f)	όπλα (ουδ.πλ.)	[óplʲa]
arma (f) de fogo	πυροβόλα όπλα (ουδ.πλ.)	[pirovólʲa óplʲa]
arma (f) branca	αγχέμαχα όπλα (ουδ.πλ.)	[anxémaxa óplʲa]
arma (f) química	χημικά όπλα (ουδ.πλ.)	[ximiká óplʲa]

nuclear (adj)	πυρηνικός	[pirinikós]
arma (f) nuclear	πυρηνικά όπλα (ουδ.πλ.)	[piriniká ópl'a]

bomba (f)	βόμβα (θηλ.)	[vómva]
bomba (f) atômica	ατομική βόμβα (θηλ.)	[atomikí vómva]

pistola (f)	πιστόλι (ουδ.)	[pistóli]
rifle (m)	τουφέκι (ουδ.)	[tuféki]
semi-automática (f)	αυτόματο (ουδ.)	[aftómato]
metralhadora (f)	πολυβόλο (ουδ.)	[polivól'o]

boca (f)	στόμιο κάννης (ουδ.)	[stómio kánis]
cano (m)	κάννη (θηλ.)	[káni]
calibre (m)	διαμέτρημα (ουδ.)	[ðiamétrima]

gatilho (m)	σκανδάλη (θηλ.)	[skanðáli]
mira (f)	στόχαστρο (ουδ.)	[stóxastro]
carregador (m)	γεμιστήρας (αρ.)	[jemistíras]
coronha (f)	κοντάκι (ουδ.)	[kondáki]

granada (f) de mão	χειροβομβίδα (θηλ.)	[xirovomvíða]
explosivo (m)	εκρηκτικό (ουδ.)	[ekriktikó]

bala (f)	σφαίρα (θηλ.)	[sféra]
cartucho (m)	φυσίγγι (ουδ.)	[fisíngi]
carga (f)	γόμωση (θηλ.)	[γómosi]
munições (f pl)	πυρομαχικά (ουδ.πλ.)	[piromaxiká]

bombardeiro (m)	βομβαρδιστικό αεροπλάνο (ουδ.)	[vomvarðistikó aeropl'áno]
avião (m) de caça	μαχητικό αεροσκάφος (ουδ.)	[maxitikó aeroskáfos]
helicóptero (m)	ελικόπτερο (ουδ.)	[elikóptero]

canhão (m) antiaéreo	αντιαεροπορικό πυροβόλο (ουδ.)	[andiaeroporikó pirovól'o]
tanque (m)	τανκ (ουδ.)	[tank]
canhão (de um tanque)	πυροβόλο (ουδ.)	[pirovól'o]

artilharia (f)	πυροβολικό (ουδ.)	[pirovolikó]
fazer a pontaria	σημαδεύω	[simaðévo]

projétil (m)	βλήμα (ουδ.)	[vlíma]
granada (f) de morteiro	βλήμα όλμου (ουδ.)	[vlíma ól'mu]
morteiro (m)	όλμος (αρ.), ολμοβόλο (ουδ.)	[ól'mos], [ol'movól'o]
estilhaço (m)	θραύσμα (ουδ.)	[θrávzma]

submarino (m)	υποβρύχιο (ουδ.)	[ipovríxo]
torpedo (m)	τορπίλη (θηλ.)	[torpíli]
míssil (m)	ρουκέτα (θηλ.)	[rukéta]

carregar (uma arma)	γεμίζω	[jemízo]
disparar, atirar (vi)	πυροβολώ	[pirovol'ó]
apontar para ...	στοχεύω σε ...	[stoxévo se]
baioneta (f)	ξιφολόγχη (θηλ.)	[ksifol'ónxi]
espada (f)	ξίφος (ουδ.)	[ksífos]

sabre (m)	σπαθί (ουδ.)	[spaθí]
lança (f)	δόρυ (ουδ.)	[ðóri]
arco (m)	τόξο (ουδ.)	[tókso]
flecha (f)	βέλος (ουδ.)	[véľos]
mosquete (m)	μουσκέτο (ουδ.)	[muskéto]
besta (f)	τόξο (ουδ.)	[tókso]

187. Povos da antiguidade

primitivo (adj)	πρωτόγονος	[protóγonos]
pré-histórico (adj)	προϊστορικός	[projstorikós]
antigo (adj)	αρχαίος	[arxéos]

Idade (f) da Pedra	Λίθινη Εποχή (θηλ.)	[líθini epoxí]
Idade (f) do Bronze	Εποχή του Χαλκού (θηλ.)	[epoxí tu xaľkú]
Era (f) do Gelo	Εποχή των Παγετώνων (θηλ.)	[epoxí ton paγetónon]

tribo (f)	φυλή (θηλ.)	[filí]
canibal (m)	κανίβαλος (αρ.)	[kanívaľos]
caçador (m)	κυνηγός (αρ.)	[kiniγós]
caçar (vi)	κυνηγώ	[kiniγó]
mamute (m)	μαμούθ (ουδ.)	[mamúθ]

caverna (f)	σπηλιά (θηλ.)	[spiliá]
fogo (m)	φωτιά (θηλ.)	[fotiá]
fogueira (f)	φωτιά (θηλ.)	[fotiá]
pintura (f) rupestre	τοιχογραφία σπηλαίων (θηλ.)	[tixoγrafía spiléon]

ferramenta (f)	εργαλείο (ουδ.)	[erγalío]
lança (f)	ακόντιο (ουδ.)	[akóndio]
machado (m) de pedra	πέτρινο τσεκούρι (ουδ.)	[pétrino tsekúri]

| guerrear (vt) | πολεμώ | [polemó] |
| domesticar (vt) | εξημερώνω | [eksimeróno] |

ídolo (m)	είδωλο (ουδ.)	[íðoľo]
adorar, venerar (vt)	λατρεύω	[ľatrévo]
superstição (f)	δεισιδαιμονία (θηλ.)	[ðisiðemonía]

| evolução (f) | εξέλιξη (θηλ.) | [ekséliksi] |
| desenvolvimento (m) | ανάπτυξη (θηλ.) | [anáptiksi] |

| extinção (f) | εξαφάνιση (θηλ.) | [eksafánisi] |
| adaptar-se (vr) | προσαρμόζομαι | [prosarmózome] |

arqueologia (f)	αρχαιολογία (θηλ.)	[arxeoľojía]
arqueólogo (m)	αρχαιολόγος (αρ.)	[arxeoľóγos]
arqueológico (adj)	αρχαιολογικός	[arxeoľojikós]

escavação (sítio)	χώρος ανασκαφής (αρ.)	[xóros anaskafís]
escavações (f pl)	ανασκαφή (θηλ.)	[anaskafí]
achado (m)	εύρημα (ουδ.)	[évrima]
fragmento (m)	τεμάχιο (ουδ.)	[temáxio]

169

188. Idade média

povo (m)	λαός (αρ.)	[l‿aós]
povos (m pl)	λαοί (αρ.πλ.)	[l‿aí]
tribo (f)	φυλή (θηλ.)	[filí]
tribos (f pl)	φυλές (θηλ.πλ.)	[filés]

bárbaros (pl)	Βάρβαροι (αρ.πλ.)	[várvari]
galeses (pl)	Γάλλοι (αρ.πλ.)	[γáli]
godos (pl)	Γότθοι (αρ.πλ.)	[γótθi]
eslavos (pl)	Σλάβοι (αρ.πλ.)	[sl‿ávi]
viquingues (pl)	Βίκινγκς (αρ.πλ.)	[víkings]

| romanos (pl) | Ρωμαίοι (αρ.πλ.) | [roméi] |
| romano (adj) | ρωμαϊκός | [romaikós] |

bizantinos (pl)	Βυζαντινοί (αρ.πλ.)	[vizandiní]
Bizâncio	Βυζάντιο (ουδ.)	[vizándio]
bizantino (adj)	βυζαντινός	[vizandinós]

imperador (m)	αυτοκράτορας (αρ.)	[aftokrátoras]
líder (m)	αρχηγός (αρ.)	[arxiγós]
poderoso (adj)	ισχυρός	[isxirós]
rei (m)	βασιλιάς (αρ.)	[vasiliás]
governante (m)	ηγεμόνας (αρ.)	[i‿emónas]

cavaleiro (m)	ιππότης (αρ.)	[ipótis]
senhor feudal (m)	φεουδάρχης (αρ.)	[feuðárxis]
feudal (adj)	φεουδαρχικός	[feuðarxikós]
vassalo (m)	υποτελής, βασάλος (αρ.)	[ipotelís], [vasál‿os]

duque (m)	δούκας (αρ.)	[ðúkas]
conde (m)	κόμης (αρ.)	[kómis]
barão (m)	βαρόνος (αρ.)	[varónos]
bispo (m)	επίσκοπος (αρ.)	[epískopos]

armadura (f)	πανοπλία (θηλ.)	[panoplía]
escudo (m)	ασπίδα (θηλ.)	[aspíða]
espada (f)	σπαθί (ουδ.)	[spaθí]
cota (f) de malha	αλυσιδωτή πανοπλία (θηλ.)	[alisiðotí panoplía]

| cruzada (f) | σταυροφορία (θηλ.) | [stavroforía] |
| cruzado (m) | σταυροφόρος (αρ.) | [stavrofóros] |

território (m)	έδαφος (ουδ.)	[éðafos]
atacar (vt)	επιτίθεμαι	[epitíθeme]
conquistar (vt)	κατακτώ	[kataktó]
ocupar, invadir (vt)	καταλαμβάνω	[katal‿amváno]

assédio, sítio (m)	πολιορκία (θηλ.)	[poliorkía]
sitiado (adj)	πολιορκημένος	[poliorkiménos]
assediar, sitiar (vt)	πολιορκώ	[poliorkó]

| inquisição (f) | Ιερά Εξέταση (θηλ.) | [ierá eksétasi] |
| inquisidor (m) | ιεροεξεταστής (αρ.) | [ieroeksetastís] |

tortura (f)	βασανιστήριο (ουδ.)	[vasanistírio]
cruel (adj)	βάναυσος	[vánafsos]
herege (m)	αιρετικός (αρ.)	[eretikós]
heresia (f)	αίρεση (θηλ.)	[éresi]

navegação (f) marítima	ναυτιλία (θηλ.)	[naftilía]
pirata (m)	πειρατής (αρ.)	[piratís]
pirataria (f)	πειρατεία (θηλ.)	[piratía]
abordagem (f)	ρεσάλτο (ουδ.)	[resálⁱto]
presa (f), butim (m)	λάφυρο (ουδ.)	[lⁱáfiro]
tesouros (m pl)	θησαυροί (αρ.πλ.)	[θisavrí]

descobrimento (m)	ανακάλυψη (θηλ.)	[anakálipsi]
descobrir (novas terras)	ανακαλύπτω	[anakalípto]
expedição (f)	αποστολή (θηλ.)	[apostolí]

mosqueteiro (m)	μουσκετοφόρος (αρ.)	[musketofóros]
cardeal (m)	καρδινάλιος (αρ.)	[karðinálios]
heráldica (f)	εραλδική (θηλ.)	[eralⁱðikí]
heráldico (adj)	εραλδικός	[eralⁱðikós]

189. Líder. Chefe. Autoridades

rei (m)	βασιλιάς (αρ.)	[vasiliás]
rainha (f)	βασίλισσα (θηλ.)	[vasílisa]
real (adj)	βασιλικός	[vasilikós]
reino (m)	βασίλειο (ουδ.)	[vasílio]

príncipe (m)	πρίγκιπας (αρ.)	[príngipas]
princesa (f)	πριγκίπισσα (θηλ.)	[pringípisa]

presidente (m)	πρόεδρος (αρ.)	[próeðros]
vice-presidente (m)	αντιπρόεδρος (αρ.)	[andipróeðros]
senador (m)	γερουσιαστής (αρ.)	[ǰerusiastís]

monarca (m)	μονάρχης (αρ.)	[monárxis]
governante (m)	ηγεμόνας (αρ.)	[iǰemónas]
ditador (m)	δικτάτορας (αρ.)	[ðiktátoras]
tirano (m)	τύραννος (αρ.)	[tíranos]
magnata (m)	μεγιστάνας (αρ.)	[meǰistánas]

diretor (m)	διευθυντής (αρ.)	[ðiefθindís]
chefe (m)	αφεντικό (ουδ.)	[afendikó]
gerente (m)	διευθυντής (αρ.)	[ðiefθindís]
patrão (m)	αφεντικό (ουδ.)	[afendikó]
dono (m)	ιδιοκτήτης (αρ.)	[iðioktítis]

líder (m)	αρχηγός (αρ.)	[arxiǰós]
chefe (m)	επικεφαλής (αρ.)	[epikefalís]
autoridades (f pl)	αρχές (θηλ.πλ.)	[arxés]
superiores (m pl)	προϊστάμενοι (πλ.)	[projstámeni]

governador (m)	κυβερνήτης (αρ.)	[kivernítis]
cônsul (m)	πρόξενος (αρ.)	[próksenos]

diplomata (m)	διπλωμάτης (αρ.)	[ðiplomátis]
Presidente (m) da Câmara	δήμαρχος (αρ.)	[ðímarxos]
xerife (m)	σερίφης (αρ.)	[serífis]

imperador (m)	αυτοκράτορας (αρ.)	[aftokrátoras]
czar (m)	τσάρος (αρ.)	[tsáros]
faraó (m)	Φαραώ (αρ.)	[faraó]
cã, khan (m)	χαν, χάνος (αρ.)	[xan], [xános]

190. Estrada. Caminho. Direções

estrada (f)	δρόμος (αρ.)	[ðrómos]
via (f)	κατεύθυνση (θηλ.)	[katéfθinsi]

rodovia (f)	αυτοκινητόδρομος (αρ.)	[aftokinitóðromos]
autoestrada (f)	αυτοκινητόδρομος (αρ.)	[aftokinitóðromos]
estrada (f) nacional	διαπολιτειακός αυτοκινητόδρομος (αρ.)	[ðiapolitiakós aftokinitóðromos]

estrada (f) principal	κύριος δρόμος (αρ.)	[kírios ðrómos]
estrada (f) de terra	χωματόδρομος (αρ.)	[xomatóðromos]

trilha (f)	μονοπάτι (ουδ.)	[monopáti]
pequena trilha (f)	μονοπάτι (ουδ.)	[monopáti]

Onde?	Πού;	[pú]
Para onde?	Πού;	[pú]
De onde?	Από πού;	[apó pú]

direção (f)	κατεύθυνση (θηλ.)	[katéfθinsi]
indicar (~ o caminho)	δείχνω	[ðíxno]

para a esquerda	αριστερά	[aristerá]
para a direita	δεξιά	[ðeksiá]
em frente	ευθεία	[efθía]
para trás	πίσω	[píso]

curva (f)	στροφή (θηλ.)	[strofí]
virar (~ para a direita)	στρίβω	[strívo]
dar retorno	κάνω αναστροφή	[káno anastrofí]

estar visível	φαίνομαι	[fénome]
aparecer (vi)	εμφανίζομαι	[emfanízome]

paragem (pausa)	στάση (θηλ.)	[stási]
descansar (vi)	ξεκουράζομαι	[ksekurázome]
descanso, repouso (m)	ξεκούραση (θηλ.)	[ksekúrasi]

perder-se (vr)	χάνομαι	[xánome]
conduzir a ... (caminho)	οδηγώ σε ...	[oðiγó se]
chegar a ...	βγαίνω σε ...	[vjéno se]
trecho (m)	μέρος του δρόμου (αρ.)	[méros tu ðrómu]
asfalto (m)	άσφαλτος (θηλ.)	[ásfaltos]
meio-fio (m)	κράσπεδο (ουδ.)	[kráspeðo]

valeta (f)	χαντάκι (ουδ.)	[xandáki]
tampa (f) de esgoto	φρεάτιο (ουδ.)	[freátio]
acostamento (m)	έρεισμα (ουδ.)	[érizma]
buraco (m)	λακκούβα (θηλ.)	[lʲakúva]

| ir (a pé) | πηγαίνω | [pijéno] |
| ultrapassar (vt) | προσπερνώ | [prospernó] |

| passo (m) | βήμα (ουδ.) | [víma] |
| a pé | με τα πόδια | [me ta pódia] |

bloquear (vt)	κλείνω	[klíno]
cancela (f)	μπάρα (θηλ.)	[bára]
beco (m) sem saída	αδιέξοδο (ουδ.)	[aðiéksoðo]

191. Violação da lei. Criminosos. Parte 1

bandido (m)	συμμορίτης (αρ.)	[simorítis]
crime (m)	έγκλημα (ουδ.)	[énglima]
criminoso (m)	εγκληματίας (αρ.)	[englimatías]

ladrão (m)	κλέφτης (αρ.)	[kléftis]
roubar (vt)	κλέβω	[klévo]
roubo (atividade)	κλοπή (θηλ.)	[klʲopí]
furto (m)	κλοπή (θηλ.)	[klʲopí]

raptar, sequestrar (vt)	απάγω	[apáγo]
sequestro (m)	απαγωγή (θηλ.)	[apaγojí]
sequestrador (m)	απαγωγέας (αρ.)	[apaγojéas]

| resgate (m) | λύτρα (ουδ.πλ.) | [lítra] |
| pedir resgate | ζητώ λύτρα | [zitó lítra] |

roubar (vt)	ληστεύω	[listévo]
assalto, roubo (m)	ληστεία (θηλ.)	[listía]
assaltante (m)	ληστής (αρ.)	[listís]

extorquir (vt)	αποσπώ εκβιαστικά	[apospó ekviastiká]
extorsionário (m)	εκβιαστής (αρ.)	[ekviastís]
extorsão (f)	εκβιασμός (αρ.)	[ekviazmós]

matar, assassinar (vt)	σκοτώνω	[skotóno]
homicídio (m)	φόνος (αρ.)	[fónos]
homicida, assassino (m)	δολοφόνος (αρ.)	[ðolʲofónos]

tiro (m)	πυροβολισμός (αρ.)	[pirovolizmós]
dar um tiro	πυροβολώ	[pirovolʲó]
matar a tiro	σκοτώνω με πυροβόλο όπλο	[skotóno mepirovólʲo oplʲo]

| disparar, atirar (vi) | πυροβολώ | [pirovolʲó] |
| tiroteio (m) | πυροβολισμός (αρ.) | [pirovolizmós] |

| incidente (m) | επεισόδιο (ουδ.) | [episódio] |
| briga (~ de rua) | καυγάς (αρ.) | [kavγás] |

vítima (f)	θύμα (ουδ.)	[θíma]
danificar (vt)	καταστρέφω	[katastréfo]
dano (m)	ζημιά (θηλ.)	[zimiá]
cadáver (m)	πτώμα (ουδ.)	[ptóma]
grave (adj)	σοβαρός	[sovarós]

atacar (vt)	επιτίθεμαι	[epitíθeme]
bater (espancar)	χτυπάω	[xtipáo]
espancar (vt)	δέρνω	[ðérno]
tirar, roubar (dinheiro)	κλέβω	[klévo]
esfaquear (vt)	μαχαιρώνω	[maxeróno]
mutilar (vt)	παραμορφώνω	[paramorfóno]
ferir (vt)	τραυματίζω	[travmatízo]

chantagem (f)	εκβιασμός (αρ.)	[ekviazmós]
chantagear (vt)	εκβιάζω	[ekviázo]
chantagista (m)	εκβιαστής (αρ.)	[ekviastís]

extorsão (f)	προστασία έναντι χρημάτων (θηλ.)	[prostasía énandi xrimáton]
extorsionário (m)	απατεώνας (αρ.)	[apateónas]
gângster (m)	γκάνγκστερ (αρ.)	[gángster]
máfia (f)	μαφία (θηλ.)	[mafía]

punguista (m)	πορτοφολάς (αρ.)	[portofoljás]
assaltante, ladrão (m)	διαρρήκτης (αρ.)	[ðiaríktis]
contrabando (m)	λαθρεμπόριο (ουδ.)	[ljaθrembório]
contrabandista (m)	λαθρέμπορος (αρ.)	[ljaθrémboros]

falsificação (f)	πλαστογραφία (θηλ.)	[pljastoγrafía]
falsificar (vt)	πλαστογραφώ	[pljastoγrafó]
falsificado (adj)	πλαστός	[pljastós]

192. Violação da lei. Criminosos. Parte 2

estupro (m)	βιασμός (αρ.)	[viazmós]
estuprar (vt)	βιάζω	[viázo]
estuprador (m)	βιαστής (αρ.)	[viastís]
maníaco (m)	μανιακός (αρ.)	[maniakós]

prostituta (f)	πόρνη (θηλ.)	[pórni]
prostituição (f)	πορνεία (θηλ.)	[pornía]
cafetão (m)	νταβατζής (αρ.)	[davadzís]

drogado (m)	ναρκομανής (αρ.)	[narkomanís]
traficante (m)	έμπορος ναρκωτικών (αρ.)	[émboros narkotikón]

explodir (vt)	ανατινάζω	[anatinázo]
explosão (f)	έκρηξη (θηλ.)	[ékriksi]
incendiar (vt)	πυρπολώ	[pirpoljó]
incendiário (m)	εμπρηστής (αρ.)	[embristís]

terrorismo (m)	τρομοκρατία (θηλ.)	[tromokratía]
terrorista (m)	τρομοκράτης (αρ.)	[tromokrátis]

refém (m)	όμηρος (αρ.)	[ómiros]
enganar (vt)	εξαπατώ	[eksapató]
engano (m)	εξαπάτηση (θηλ.)	[eksapátisi]
vigarista (m)	απατεώνας (αρ.)	[apateónas]

subornar (vt)	δωροδοκώ	[ðoroðokó]
suborno (atividade)	δωροδοκία (θηλ.)	[ðoroðokía]
suborno (dinheiro)	δωροδοκία (θηλ.)	[ðoroðokía]

veneno (m)	δηλητήριο (ουδ.)	[ðilitírio]
envenenar (vt)	δηλητηριάζω	[ðilitiriázo]
envenenar-se (vr)	δηλητηριάζομαι	[ðilitiriázome]

| suicídio (m) | αυτοκτονία (θηλ.) | [aftoktonía] |
| suicida (m) | αυτόχειρας (αρ.) | [aftóxiras] |

ameaçar (vt)	απειλώ	[apilió]
ameaça (f)	απειλή (θηλ.)	[apilí]
atentar contra a vida de ...	αποπειρώμαι	[apopiróme]
atentado (m)	απόπειρα δολοφονίας (θηλ.)	[apópira ðolíofonías]

| roubar (um carro) | κλέβω | [klévo] |
| sequestrar (um avião) | κάνω αεροπειρατεία | [káno aeropiratía] |

| vingança (f) | εκδίκηση (θηλ.) | [ekðíkisi] |
| vingar (vt) | εκδικούμαι | [ekðikúme] |

torturar (vt)	βασανίζω	[vasanízo]
tortura (f)	βασανιστήριο (ουδ.)	[vasanistírio]
atormentar (vt)	βασανίζω	[vasanízo]

pirata (m)	πειρατής (αρ.)	[piratís]
desordeiro (m)	χούλιγκαν (αρ.)	[xúligan]
armado (adj)	οπλισμένος	[oplizménos]
violência (f)	βία, βιαιότητα (θηλ.)	[vía], [vieótita]

| espionagem (f) | κατασκοπεία (θηλ.) | [kataskopía] |
| espionar (vi) | κατασκοπεύω | [kataskopévo] |

193. Polícia. Lei. Parte 1

| justiça (sistema de ~) | δικαιοσύνη (θηλ.) | [ðikeosíni] |
| tribunal (m) | δικαστήριο (ουδ.) | [ðikastírio] |

juiz (m)	δικαστής (αρ.)	[ðikastís]
jurados (m pl)	ένορκοι (αρ.πλ.)	[énorki]
tribunal (m) do júri	ορκωτό δικαστήριο (ουδ.)	[orkotó ðikastírio]
julgar (vt)	δικάζω	[ðikázo]

advogado (m)	δικηγόρος (αρ.)	[ðikiɣóros]
réu (m)	κατηγορούμενος (αρ.)	[katiɣorúmenos]
banco (m) dos réus	εδώλιο (ουδ.)	[eðólio]
acusação (f)	κατηγορία (θηλ.)	[katiɣoría]
acusado (m)	κατηγορούμενος (αρ.)	[katiɣorúmenos]

sentença (f)	απόφαση (θηλ.)	[apófasi]
sentenciar (vt)	καταδικάζω	[kataðikázo]
culpado (m)	ένοχος (αρ.)	[énoxos]
punir (vt)	τιμωρώ	[timoró]
punição (f)	τιμωρία (θηλ.)	[timoría]
multa (f)	πρόστιμο (ουδ.)	[próstimo]
prisão (f) perpétua	ισόβια (ουδ.πλ.)	[isóvia]
pena (f) de morte	θανατική ποινή (θηλ.)	[θanatikí piní]
cadeira (f) elétrica	ηλεκτρική καρέκλα (θηλ.)	[ilektrikí karéklʲa]
forca (f)	αγχόνη (θηλ.)	[anxóni]
executar (vt)	εκτελώ	[ektelʲó]
execução (f)	εκτέλεση (θηλ.)	[ektélesi]
prisão (f)	φυλακή (θηλ.)	[filʲakí]
cela (f) de prisão	κελί (ουδ.)	[kelí]
escolta (f)	συνοδεία (θηλ.)	[sinoðía]
guarda (m) prisional	δεσμοφύλακας (αρ.)	[ðezmofílʲakas]
preso, prisioneiro (m)	φυλακισμένος (αρ.)	[filʲakizménos]
algemas (f pl)	χειροπέδες (θηλ.πλ.)	[xiropéðes]
algemar (vt)	περνάω χειροπέδες	[pernáo xiropéðes]
fuga, evasão (f)	απόδραση (θηλ.)	[apóðrasi]
fugir (vi)	δραπετεύω	[ðrapetévo]
desaparecer (vi)	εξαφανίζομαι	[eksafanízome]
soltar, libertar (vt)	απελευθερώνω	[apelefθeróno]
anistia (f)	αμνηστία (θηλ.)	[amnistía]
polícia (instituição)	αστυνομία (θηλ.)	[astinomía]
polícia (m)	αστυνομικός (αρ.)	[astinomikós]
delegacia (f) de polícia	αστυνομικό τμήμα (ουδ.)	[astinomikó tmíma]
cassetete (m)	ρόπαλο (ουδ.)	[rópalʲo]
megafone (m)	μεγάφωνο (ουδ.)	[meɣáfono]
carro (m) de patrulha	περιπολικό (ουδ.)	[peripolikó]
sirene (f)	σειρήνα (θηλ.)	[sirína]
ligar a sirene	ανοίγω τη σειρήνα	[aníɣo ti sirína]
toque (m) da sirene	βοή της σειρήνας (θηλ.)	[voí tis sirínas]
cena (f) do crime	τόπος εγκλήματος (αρ.)	[tópos englímatos]
testemunha (f)	μάρτυρας (αρ.)	[mártiras]
liberdade (f)	ελευθερία (θηλ.)	[elefθería]
cúmplice (m)	συνεργός (αρ.)	[sinerɣós]
escapar (vi)	δραπετεύω	[ðrapetévo]
traço (não deixar ~s)	ίχνος (ουδ.)	[íxnos]

194. Polícia. Lei. Parte 2

procura (f)	έρευνα (θηλ.)	[érevna]
procurar (vt)	αναζητώ	[anazitó]

suspeita (f)	υποψία (θηλ.)	[ipopsía]
suspeito (adj)	ύποπτος	[ípoptos]
parar (veículo, etc.)	σταματώ	[stamató]
deter (fazer parar)	προφυλακίζω	[profilʲakízo]
caso (~ criminal)	υπόθεση (θηλ.)	[ipóθesi]
investigação (f)	έρευνα (θηλ.)	[érevna]
detetive (m)	ντετέκτιβ (αρ.)	[detéktiv]
investigador (m)	αστυνομικός ερευνητής (αρ.)	[astinomikós erevnitís]
versão (f)	εκδοχή (θηλ.)	[ekδoxí]
motivo (m)	κίνητρο (ουδ.)	[kínitro]
interrogatório (m)	ανάκριση (θηλ.)	[anákrisi]
interrogar (vt)	ανακρίνω	[anakríno]
questionar (vt)	ανακρίνω	[anakríno]
verificação (f)	έλεγχος (αρ.)	[élenxos]
batida (f) policial	έφοδος (θηλ.)	[éfoδos]
busca (f)	έρευνα (θηλ.)	[érevna]
perseguição (f)	καταδίωξη (θηλ.)	[kataδíoksi]
perseguir (vt)	καταδιώκω	[kataδióko]
seguir, rastrear (vt)	κυνηγώ	[kiniɣó]
prisão (f)	σύλληψη (θηλ.)	[sílipsi]
prender (vt)	συλλαμβάνω	[silʲamváno]
pegar, capturar (vt)	πιάνω	[piáno]
captura (f)	σύλληψη (θηλ.)	[sílipsi]
documento (m)	έγγραφο (ουδ.)	[éngrafo]
prova (f)	απόδειξη (θηλ.)	[apóδiksi]
provar (vt)	αποδεικνύω	[apoδiknío]
pegada (f)	αποτύπωμα (ουδ.)	[apotípoma]
impressões (f pl) digitais	δακτυλικά αποτυπώματα (ουδ.πλ.)	[δaktiliká apotipómata]
prova (f)	απόδειξη (θηλ.)	[apóδiksi]
álibi (m)	άλλοθι (ουδ.)	[álʲoθi]
inocente (adj)	αθώος	[aθóos]
injustiça (f)	αδικία (θηλ.)	[aδikía]
injusto (adj)	άδικος	[áδikos]
criminal (adj)	εγκληματικός	[englimatikós]
confiscar (vt)	κατάσχω	[katásxo]
droga (f)	ναρκωτικά (ουδ.πλ.)	[narkotiká]
arma (f)	όπλο (ουδ.)	[óplʲo]
desarmar (vt)	αφοπλίζω	[afoplízo]
ordenar (vt)	διατάζω	[δiatázo]
desaparecer (vi)	εξαφανίζομαι	[eksafanízome]
lei (f)	νόμος (αρ.)	[nómos]
legal (adj)	νόμιμος	[nómimos]
ilegal (adj)	παράνομος	[paránomos]
responsabilidade (f)	ευθύνη (θηλ.)	[efθíni]
responsável (adj)	υπεύθυνος	[ipéfθinos]

NATUREZA

A Terra. Parte 1

195. Espaço sideral

espaço, cosmo (m)	διάστημα (ουδ.)	[δiástima]
espacial, cósmico (adj)	διαστημικός	[δiastimikós]
espaço (m) cósmico	απώτερο διάστημα (ουδ.)	[apótero δiástima]
mundo, universo (m)	σύμπαν (ουδ.)	[símban]
galáxia (f)	γαλαξίας (αρ.)	[ɣalʲaksías]
estrela (f)	αστέρας (αρ.)	[astéras]
constelação (f)	αστερισμός (αρ.)	[asterizmós]
planeta (m)	πλανήτης (αρ.)	[plʲanítis]
satélite (m)	δορυφόρος (αρ.)	[δorifóros]
meteorito (m)	μετεωρίτης (αρ.)	[meteorítis]
cometa (m)	κομήτης (αρ.)	[komítis]
asteroide (m)	αστεροειδής (αρ.)	[asteroiδís]
órbita (f)	τροχιά (θηλ.)	[troxiá]
girar (vi)	περιστρέφομαι	[peristréfome]
atmosfera (f)	ατμόσφαιρα (θηλ.)	[atmósfera]
Sol (m)	Ήλιος (αρ.)	[ílios]
Sistema (m) Solar	ηλιακό σύστημα (ουδ.)	[iliakó sístima]
eclipse (m) solar	έκλειψη ηλίου (θηλ.)	[éklipsi ilíu]
Terra (f)	Γη (θηλ.)	[ji]
Lua (f)	Σελήνη (θηλ.)	[selíni]
Marte (m)	Άρης (αρ.)	[áris]
Vênus (f)	Αφροδίτη (θηλ.)	[afroδíti]
Júpiter (m)	Δίας (αρ.)	[δías]
Saturno (m)	Κρόνος (αρ.)	[krónos]
Mercúrio (m)	Ερμής (αρ.)	[ermís]
Urano (m)	Ουρανός (αρ.)	[uranós]
Netuno (m)	Ποσειδώνας (αρ.)	[posiδónas]
Plutão (m)	Πλούτωνας (αρ.)	[plʲútonas]
Via Láctea (f)	Γαλαξίας (αρ.)	[ɣalʲaksías]
Ursa Maior (f)	Μεγάλη Άρκτος (θηλ.)	[meɣáli árktos]
Estrela Polar (f)	Πολικός Αστέρας (αρ.)	[polikós astéras]
marciano (m)	Αρειανός (αρ.)	[arianós]
extraterrestre (m)	εξωγήινος (αρ.)	[eksoʝíinos]

alienígena (m)	εξωγήινος (αρ.)	[eksojíinos]
disco (m) voador	ιπτάμενος δίσκος (αρ.)	[iptámenos ðískos]
espaçonave (f)	διαστημόπλοιο (ουδ.)	[ðiastimóplio]
estação (f) orbital	διαστημικός σταθμός (αρ.)	[ðiastimikós staθmós]
lançamento (m)	εκτόξευση (θηλ.)	[ektóksefsi]
motor (m)	κινητήρας (αρ.)	[kinitíras]
bocal (m)	ακροφύσιο (ουδ.)	[akrofísio]
combustível (m)	καύσιμο (ουδ.)	[káfsimo]
cabine (f)	πιλοτήριο (ουδ.)	[pilotírio]
antena (f)	κεραία (θηλ.)	[keréa]
vigia (f)	φινιστρίνι (ουδ.)	[finistríni]
bateria (f) solar	ηλιακός συλλέκτης (αρ.)	[iliakós siléktis]
traje (m) espacial	στολή αστροναύτη (θηλ.)	[stolí astronáfti]
imponderabilidade (f)	έλλειψη βαρύτητας (θηλ.)	[élipsi varítitas]
oxigênio (m)	οξυγόνο (ουδ.)	[oksiγóno]
acoplagem (f)	πρόσδεση (θηλ.)	[prózðesi]
fazer uma acoplagem	προσδένω	[prozðéno]
observatório (m)	αστεροσκοπείο (ουδ.)	[asteroskopío]
telescópio (m)	τηλεσκόπιο (ουδ.)	[tileskópio]
observar (vt)	παρατηρώ	[paratiró]
explorar (vt)	ερευνώ	[erevnó]

196. A Terra

Terra (f)	Γη (θηλ.)	[ji]
globo terrestre (Terra)	υδρόγειος (θηλ.)	[iðrójios]
planeta (m)	πλανήτης (αρ.)	[planítis]
atmosfera (f)	ατμόσφαιρα (θηλ.)	[atmósfera]
geografia (f)	γεωγραφία (θηλ.)	[jeoγrafía]
natureza (f)	φύση (θηλ.)	[físi]
globo (mapa esférico)	υδρόγειος (θηλ.)	[iðrójios]
mapa (m)	χάρτης (αρ.)	[xártis]
atlas (m)	άτλας (αρ.)	[átlas]
Europa (f)	Ευρώπη (θηλ.)	[evrópi]
Ásia (f)	Ασία (θηλ.)	[asía]
África (f)	Αφρική (θηλ.)	[afrikí]
Austrália (f)	Αυστραλία (θηλ.)	[afstralía]
América (f)	Αμερική (θηλ.)	[amerikí]
América (f) do Norte	Βόρεια Αμερική (θηλ.)	[vória amerikí]
América (f) do Sul	Νότια Αμερική (θηλ.)	[nótia amerikí]
Antártida (f)	Ανταρκτική (θηλ.)	[andarktikí]
Ártico (m)	Αρκτική (θηλ.)	[arktikí]

197. Pontos cardeais

norte (m)	βορράς (αρ.)	[vorás]
para norte	προς το βορρά	[pros to vorá]
no norte	στο βορρά	[sto vorá]
do norte (adj)	βόρειος	[vórios]
sul (m)	νότος (αρ.)	[nótos]
para sul	προς το νότο	[pros to nóto]
no sul	στο νότο	[sto nóto]
do sul (adj)	νότιος	[nótios]
oeste, ocidente (m)	δύση (θηλ.)	[ðísi]
para oeste	προς τη δύση	[pros ti ðísi]
no oeste	στη δύση	[sti ðísi]
ocidental (adj)	δυτικός	[ðitikós]
leste, oriente (m)	ανατολή (θηλ.)	[anatolí]
para leste	προς την ανατολή	[pros tin anatolí]
no leste	στην ανατολή	[stin anatolí]
oriental (adj)	ανατολικός	[anatolikós]

198. Mar. Oceano

mar (m)	θάλασσα (θηλ.)	[θálʲasa]
oceano (m)	ωκεανός (αρ.)	[okeanós]
golfo (m)	κόλπος (αρ.)	[kólʲpos]
estreito (m)	πορθμός (αρ.)	[porθmós]
continente (m)	ήπειρος (θηλ.)	[íperos]
ilha (f)	νησί (ουδ.)	[nisí]
península (f)	χερσόνησος (θηλ.)	[xersónisos]
arquipélago (m)	αρχιπέλαγος (ουδ.)	[arxipélʲaγos]
baía (f)	κόλπος (αρ.)	[kólʲpos]
porto (m)	λιμάνι (ουδ.)	[limáni]
lagoa (f)	λιμνοθάλασσα (θηλ.)	[limnoθálʲasa]
cabo (m)	ακρωτήρι (ουδ.)	[akrotíri]
atol (m)	ατόλη (θηλ.)	[atóli]
recife (m)	ύφαλος (αρ.)	[ífalʲos]
coral (m)	κοράλλι (ουδ.)	[koráli]
recife (m) de coral	κοραλλιογενής ύφαλος (αρ.)	[koralioȷenís ifalʲos]
profundo (adj)	βαθύς	[vaθís]
profundidade (f)	βάθος (ουδ.)	[váθos]
abismo (m)	άβυσσος (θηλ.)	[ávisos]
fossa (f) oceânica	τάφρος (θηλ.)	[táfros]
corrente (f)	ρεύμα (ουδ.)	[révma]
banhar (vt)	περιβρέχω	[perivréxo]
litoral (m)	παραλία (θηλ.)	[paralía]
costa (f)	ακτή (θηλ.)	[aktí]

maré (f) alta	πλημμυρίδα (θηλ.)	[plimiríða]
refluxo (m)	παλίρροια (θηλ.)	[palíria]
restinga (f)	ρηχά (ουδ.πλ.)	[rixá]
fundo (m)	πάτος (αρ.)	[pátos]

onda (f)	κύμα (ουδ.)	[kíma]
crista (f) da onda	κορυφή (θηλ.)	[korifí]
espuma (f)	αφρός (αρ.)	[afrós]

tempestade (f)	καταιγίδα (θηλ.)	[katejíða]
furacão (m)	τυφώνας (αρ.)	[tifónas]
tsunami (m)	τσουνάμι (ουδ.)	[tsunámi]
calmaria (f)	νηνεμία (θηλ.)	[ninemía]
calmo (adj)	ήσυχος	[ísixos]

| polo (m) | πόλος (αρ.) | [pólʲos] |
| polar (adj) | πολικός | [polikós] |

latitude (f)	γεωγραφικό πλάτος (ουδ.)	[jeoɣrafikó plʲátos]
longitude (f)	μήκος (ουδ.)	[míkos]
paralela (f)	παράλληλος (αρ.)	[parálilʲos]
equador (m)	ισημερινός (αρ.)	[isimerinós]

céu (m)	ουρανός (αρ.)	[uranós]
horizonte (m)	ορίζοντας (αρ.)	[orízondas]
ar (m)	αέρας (αρ.)	[aéras]

farol (m)	φάρος (αρ.)	[fáros]
mergulhar (vi)	βουτάω	[vutáo]
afundar-se (vr)	βυθίζομαι	[viθízome]
tesouros (m pl)	θησαυροί (αρ.πλ.)	[θisavrí]

199. Nomes de Mares e Oceanos

Oceano (m) Atlântico	Ατλαντικός Ωκεανός (αρ.)	[atlʲandikós okeanós]
Oceano (m) Índico	Ινδικός Ωκεανός (αρ.)	[inðikós okeanós]
Oceano (m) Pacífico	Ειρηνικός Ωκεανός (αρ.)	[irinikós okeanós]
Oceano (m) Ártico	Αρκτικός Ωκεανός (αρ.)	[arktikós okeanós]

Mar (m) Negro	Μαύρη Θάλασσα (θηλ.)	[mávri θálʲasa]
Mar (m) Vermelho	Ερυθρά Θάλασσα (θηλ.)	[eriθrá θálʲasa]
Mar (m) Amarelo	Κίτρινη Θάλασσα (θηλ.)	[kítrini θálʲasa]
Mar (m) Branco	Λευκή Θάλασσα (θηλ.)	[lefkí θálʲasa]

Mar (m) Cáspio	Κασπία Θάλασσα (θηλ.)	[kaspía θálʲasa]
Mar (m) Morto	Νεκρά Θάλασσα (θηλ.)	[nekrá θálʲasa]
Mar (m) Mediterrâneo	Μεσόγειος Θάλασσα (θηλ.)	[mesójios θálʲasa]

| Mar (m) Egeu | Αιγαίο (ουδ.) | [ejéo] |
| Mar (m) Adriático | Αδριατική (θηλ.) | [aðriatikí] |

Mar (m) Arábico	Αραβική Θάλασσα (θηλ.)	[aravikí θálʲasa]
Mar (m) do Japão	Ιαπωνική Θάλασσα (θηλ.)	[japonikí θálʲasa]
Mar (m) de Bering	Βερίγγειος Θάλασσα (θηλ.)	[veríngios θálʲasa]

Mar (m) da China Meridional	Νότια Κινέζικη Θάλασσα (θηλ.)	[nótia kinéziki θálʲasa]
Mar (m) de Coral	Θάλασσα των Κοραλλίων (θηλ.)	[θálʲasa tonkoralíon]
Mar (m) de Tasman	Θάλασσα της Τασμανίας (θηλ.)	[θálʲasa tis tazmanías]
Mar (m) do Caribe	Καραϊβική θάλασσα (θηλ.)	[karaivikí θálʲasa]
Mar (m) de Barents	Θάλασσα Μπάρεντς (θηλ.)	[θalʲasa bárents]
Mar (m) de Kara	Θάλασσα του Κάρα (θηλ.)	[θalʲasa tu kára]
Mar (m) do Norte	Βόρεια Θάλασσα (θηλ.)	[vória θálʲasa]
Mar (m) Báltico	Βαλτική Θάλασσα (θηλ.)	[valʲtikí θálʲasa]
Mar (m) da Noruega	Νορβηγική Θάλασσα (θηλ.)	[norvijikí θálʲasa]

200. Montanhas

montanha (f)	βουνό (ουδ.)	[vunó]
cordilheira (f)	οροσειρά (θηλ.)	[orosirá]
serra (f)	κορυφογραμμή (θηλ.)	[korifoɣramí]
cume (m)	κορυφή (θηλ.)	[korifí]
pico (m)	κορυφή (θηλ.)	[korifí]
pé (m)	πρόποδες (αρ.πλ.)	[própoðes]
declive (m)	πλαγιά (θηλ.)	[plʲajá]
vulcão (m)	ηφαίστειο (ουδ.)	[iféstio]
vulcão (m) ativo	ενεργό ηφαίστειο (ουδ.)	[eneɣó iféstio]
vulcão (m) extinto	σβησμένο ηφαίστειο (ουδ.)	[svizméno iféstio]
erupção (f)	έκρηξη (θηλ.)	[ékriksi]
cratera (f)	κρατήρας (αρ.)	[kratíras]
magma (m)	μάγμα (ουδ.)	[máɣma]
lava (f)	λάβα (θηλ.)	[lʲáva]
fundido (lava ~a)	πυρακτωμένος	[piraktoménos]
cânion, desfiladeiro (m)	φαράγγι (ουδ.)	[farángi]
garganta (f)	φαράγγι (ουδ.)	[farángi]
fenda (f)	ρωγμή (θηλ.)	[roɣmí]
passo, colo (m)	διάσελο (ουδ.)	[ðiáselʲo]
planalto (m)	οροπέδιο (ουδ.)	[oropéðio]
falésia (f)	γκρεμός (αρ.)	[gremós]
colina (f)	λόφος (αρ.)	[lʲófos]
geleira (f)	παγετώνας (αρ.)	[pajetónas]
cachoeira (f)	καταρράκτης (αρ.)	[kataráktis]
gêiser (m)	θερμοπίδακας (αρ.)	[θermopíðakas]
lago (m)	λίμνη (θηλ.)	[límni]
planície (f)	πεδιάδα (θηλ.)	[peðiáða]
paisagem (f)	τοπίο (ουδ.)	[topío]
eco (m)	ηχώ (θηλ.)	[ixó]

alpinista (m)	ορειβάτης (αρ.)	[orivátis]
escalador (m)	ορειβάτης (αρ.)	[orivátis]
conquistar (vt)	κατακτώ	[kataktó]
subida, escalada (f)	ανάβαση (θηλ.)	[anávasi]

201. Nomes de montanhas

Alpes (m pl)	Άλπεις (θηλ.πλ.)	[álᵖpis]
Monte Branco (m)	Λευκό Όρος (ουδ.)	[lefkó oros]
Pirineus (m pl)	Πυρηναία (ουδ.πλ.)	[pirinéa]

Cárpatos (m pl)	Καρπάθια Όρη (ουδ.πλ.)	[karpáθxa óri]
Urais (m pl)	Ουράλια (ουδ.πλ.)	[urália]
Cáucaso (m)	Καύκασος (αρ.)	[káfkasos]
Elbrus (m)	Ελμπρούς (ουδ.)	[elᵖbrús]

Altai (m)	όρη Αλτάι (ουδ.πλ.)	[óri alᵖtáj]
Pamir (m)	Παμίρ (ουδ.)	[pamír]
Himalaia (m)	Ιμαλάια (ουδ.πλ.)	[imalᵖája]
monte Everest (m)	Έβερεστ (ουδ.)	[éverest]

| Cordilheira (f) dos Andes | Άνδεις (θηλ.πλ.) | [ánðis] |
| Kilimanjaro (m) | Κιλιμαντζάρο (ουδ.) | [kilimandzáro] |

202. Rios

rio (m)	ποταμός (αρ.)	[potamós]
fonte, nascente (f)	πηγή (θηλ.)	[pijí]
leito (m) de rio	κοίτη (θηλ.)	[kíti]
bacia (f)	λεκάνη (θηλ.)	[lekáni]
desaguar no ...	εκβάλλω στο ...	[ekválᵖo sto]

| afluente (m) | παραπόταμος (αρ.) | [parapótamos] |
| margem (do rio) | ακτή (θηλ.) | [aktí] |

corrente (f)	ρεύμα (ουδ.)	[révma]
rio abaixo	στη φορά του ρεύματος	[sti forá tu révmatos]
rio acima	κόντρα στο ρεύμα	[kóndra sto révma]

inundação (f)	πλημμύρα (θηλ.)	[plimíra]
cheia (f)	ξεχείλισμα (ουδ.)	[ksexílizma]
transbordar (vi)	πλημμυρίζω	[plimirízo]
inundar (vt)	πλημμυρίζω	[plimirízo]

| banco (m) de areia | ρηχά (ουδ.πλ.) | [rixá] |
| corredeira (f) | ορμητικό ρεύμα (ουδ.) | [ormitikó révma] |

barragem (f)	φράγμα (ουδ.)	[fráyma]
canal (m)	κανάλι (ουδ.)	[canáli]
reservatório (m) de água	ταμιευτήρας (αρ.)	[tamieftíras]
eclusa (f)	θυρόφραγμα (ουδ.)	[θirófrayma]
corpo (m) de água	νερόλακκος (αρ.)	[nerólᵖakos]

pântano (m)	έλος (ουδ.)	[éľos]
lamaçal (m)	βάλτος (αρ.)	[válʲtos]
redemoinho (m)	δίνη (θηλ.)	[ðíni]

riacho (m)	ρυάκι (ουδ.)	[riáki]
potável (adj)	πόσιμο	[pósimo]
doce (água)	γλυκό	[ɣlikó]

gelo (m)	πάγος (αρ.)	[páɣos]
congelar-se (vr)	παγώνω	[paɣóno]

203. Nomes de rios

rio Sena (m)	Σηκουάνας (αρ.)	[sikuánas]
rio Loire (m)	Λίγηρας (αρ.)	[líɟiras]

rio Tâmisa (m)	Τάμεσης (αρ.)	[támesis]
rio Reno (m)	Ρήνος (αρ.)	[rínos]
rio Danúbio (m)	Δούναβης (αρ.)	[ðúnavis]

rio Volga (m)	Βόλγας (αρ.)	[vólʲɣas]
rio Don (m)	Ντον (αρ.)	[don]
rio Lena (m)	Λένας (αρ.)	[lénas]

rio Amarelo (m)	Κίτρινος Ποταμός (αρ.)	[kítrinos potamós]
rio Yangtzé (m)	Γιανγκτσέ (αρ.)	[ɟangtsé]
rio Mekong (m)	Μεκόνγκ (αρ.)	[mekóng]
rio Ganges (m)	Γάγγης (αρ.)	[ɣángis]

rio Nilo (m)	Νείλος (αρ.)	[níľos]
rio Congo (m)	Κονγκό (αρ.)	[kongó]
rio Cubango (m)	Οκαβάνγκο (αρ.)	[okavángo]
rio Zambeze (m)	Ζαμβέζης (αρ.)	[zamvézis]
rio Limpopo (m)	Λιμπόπο (αρ.)	[limbópo]
rio Mississippi (m)	Μισισιπής (αρ.)	[misisipís]

204. Floresta

floresta (f), bosque (m)	δάσος (ουδ.)	[ðásos]
florestal (adj)	του δάσους	[tu ðásus]

mata (f) fechada	πυκνό δάσος (ουδ.)	[piknó ðásos]
arvoredo (m)	άλσος (ουδ.)	[álʲsos]
clareira (f)	ξέφωτο (ουδ.)	[kséfoto]

matagal (m)	λόχμη (θηλ.)	[lʲóxmi]
mato (m), caatinga (f)	θαμνότοπος (αρ.)	[θamnótopos]

pequena trilha (f)	μονοπάτι (ουδ.)	[monopáti]
ravina (f)	χαράδρα (θηλ.)	[xaráðra]
árvore (f)	δέντρο (ουδ.)	[ðéndro]
folha (f)	φύλλο (ουδ.)	[fílʲo]

folhagem (f)	φύλλωμα (ουδ.)	[fíl'oma]
queda (f) das folhas	φυλλοβολία (θηλ.)	[fil'ovolía]
cair (vi)	πέφτω	[péfto]
topo (m)	κορυφή (θηλ.)	[korifí]

ramo (m)	κλαδί (ουδ.)	[klaðí]
galho (m)	μεγάλο κλαδί (ουδ.)	[meɣál'o kl'aðí]
botão (m)	μπουμπούκι (ουδ.)	[bubúki]
agulha (f)	βελόνα (θηλ.)	[vel'óna]
pinha (f)	κουκουνάρι (ουδ.)	[kukunári]

buraco (m) de árvore	φωλιά στο δέντρο (θηλ.)	[foliá sto ðéndro]
ninho (m)	φωλιά (θηλ.)	[foliá]
toca (f)	φωλιά (θηλ.), λαγούμι (ουδ.)	[foliá], [l'aɣúmi]

tronco (m)	κορμός (αρ.)	[kormós]
raiz (f)	ρίζα (θηλ.)	[ríza]
casca (f) de árvore	φλοιός (αρ.)	[fliós]
musgo (m)	βρύο (ουδ.)	[vrío]

arrancar pela raiz	ξεριζώνω	[kserizóno]
cortar (vt)	κόβω	[kóvo]
desflorestar (vt)	αποψιλώνω	[apopsil'óno]
toco, cepo (m)	κομμένος κορμός (αρ.)	[koménos kormós]

fogueira (f)	φωτιά (θηλ.)	[fotiá]
incêndio (m) florestal	πυρκαγιά (θηλ.)	[pirkajá]
apagar (vt)	σβήνω	[zvíno]

guarda-parque (m)	δασοφύλακας (αρ.)	[ðasofíl'akas]
proteção (f)	προστασία (θηλ.)	[prostasía]
proteger (a natureza)	προστατεύω	[prostatévo]
caçador (m) furtivo	λαθροθήρας (αρ.)	[l'aθroθíras]
armadilha (f)	δόκανο (ουδ.)	[ðókano]

| colher (cogumelos, bagas) | μαζεύω | [mazévo] |
| perder-se (vr) | χάνομαι | [xánome] |

205. Recursos naturais

recursos (m pl) naturais	φυσικοί πόροι (αρ.πλ.)	[fisikí póri]
minerais (m pl)	ορυκτά (ουδ.πλ.)	[oriktá]
depósitos (m pl)	κοιτάσματα (ουδ.πλ.)	[kitázmata]
jazida (f)	κοίτασμα (ουδ.)	[kítazma]

extrair (vt)	εξορύσσω	[eksoríso]
extração (f)	εξόρυξη (θηλ.)	[eksóriksi]
minério (m)	μετάλλευμα (ουδ.)	[metálevma]
mina (f)	μεταλλείο, ορυχείο (ουδ.)	[metalío], [orixío]
poço (m) de mina	φρεάτιο ορυχείου (ουδ.)	[freátio orixíu]
mineiro (m)	ανθρακωρύχος (αρ.)	[anθrakoríxos]

| gás (m) | αέριο (ουδ.) | [aério] |
| gasoduto (m) | αγωγός αερίου (αρ.) | [aɣoɣós aeríu] |

petróleo (m)	πετρέλαιο (ουδ.)	[petréleo]
oleoduto (m)	πετρελαιαγωγός (αρ.)	[petreleaγογós]
poço (m) de petróleo	πετρελαιοπηγή (θηλ.)	[petreleopiμí]
torre (f) petrolífera	πύργος διατρήσεων (αρ.)	[píryos ðiatríseon]
petroleiro (m)	τάνκερ (ουδ.)	[tánker]
areia (f)	άμμος (θηλ.)	[ámos]
calcário (m)	ασβεστόλιθος (αρ.)	[asvestóliθos]
cascalho (m)	χαλίκι (ουδ.)	[xalíki]
turfa (f)	τύρφη (θηλ.)	[tírfi]
argila (f)	πηλός (αρ.)	[piμós]
carvão (m)	γαιάνθρακας (αρ.)	[γeánθrakas]
ferro (m)	σιδηρομετάλλευμα (ουδ.)	[siðirometálevma]
ouro (m)	χρυσάφι (ουδ.)	[xrisáfi]
prata (f)	ασήμι (ουδ.)	[asími]
níquel (m)	νικέλιο (ουδ.)	[nikélio]
cobre (m)	χαλκός (αρ.)	[xalμkós]
zinco (m)	ψευδάργυρος (αρ.)	[psevðárjiros]
manganês (m)	μαγγάνιο (ουδ.)	[mangánio]
mercúrio (m)	υδράργυρος (αρ.)	[iðrárjiros]
chumbo (m)	μόλυβδος (αρ.)	[mólivðos]
mineral (m)	ορυκτό (ουδ.)	[oriktó]
cristal (m)	κρύσταλλος (αρ.)	[krístalμos]
mármore (m)	μάρμαρο (ουδ.)	[mármaro]
urânio (m)	ουράνιο (ουδ.)	[uránio]

A Terra. Parte 2

206. Tempo

tempo (m)	καιρός (αρ.)	[kerós]
previsão (f) do tempo	πρόγνωση καιρού (θηλ.)	[próɣnosi kerú]
temperatura (f)	θερμοκρασία (θηλ.)	[θermokrasía]
termômetro (m)	θερμόμετρο (ουδ.)	[θermómetro]
barômetro (m)	βαρόμετρο (ουδ.)	[varómetro]
umidade (f)	υγρασία (θηλ.)	[iɣrasía]
calor (m)	ζέστη (θηλ.)	[zésti]
tórrido (adj)	ζεστός, καυτός	[zestós], [kaftós]
está muito calor	κάνει ζέστη	[káni zésti]
está calor	κάνει ζέστη	[káni zésti]
quente (morno)	ζεστός	[zestós]
está frio	κάνει κρύο	[káni krío]
frio (adj)	κρύος	[kríos]
sol (m)	ήλιος (αρ.)	[ílios]
brilhar (vi)	λάμπω	[l'ámbo]
de sol, ensolarado	ηλιόλουστος	[iliól'ustos]
nascer (vi)	ανατέλλω	[anatél'o]
pôr-se (vr)	δύω	[ðío]
nuvem (f)	σύννεφο (ουδ.)	[sínefo]
nublado (adj)	συννεφιασμένος	[sinefiazménos]
nuvem (f) preta	μαύρο σύννεφο (ουδ.)	[mávro sínefo]
escuro, cinzento (adj)	συννεφιασμένος	[sinefiazménos]
chuva (f)	βροχή (θηλ.)	[vroxí]
está a chover	βρέχει	[vréxi]
chuvoso (adj)	βροχερός	[vroxerós]
chuviscar (vi)	ψιχαλίζει	[psixalízi]
chuva (f) torrencial	δυνατή βροχή (θηλ.)	[ðinatí vroxí]
aguaceiro (m)	νεροποντή (θηλ.)	[neropondí]
forte (chuva, etc.)	δυνατός	[ðinatós]
poça (f)	λακκούβα (θηλ.)	[l'akúva]
molhar-se (vr)	βρέχομαι	[vréxome]
nevoeiro (m)	ομίχλη (θηλ.)	[omíxli]
de nevoeiro	ομιχλώδης	[omixl'óðis]
neve (f)	χιόνι (ουδ.)	[xóni]
está nevando	χιονίζει	[xonízi]

207. Tempo extremo. Catástrofes naturais

trovoada (f)	καταιγίδα (θηλ.)	[katejíða]
relâmpago (m)	αστραπή (θηλ.)	[astrapí]
relampejar (vi)	αστράπτω	[astrápto]
trovão (m)	βροντή (θηλ.)	[vrondí]
trovejar (vi)	βροντάω	[vrondáo]
está trovejando	βροντάει	[vrondái]
granizo (m)	χαλάζι (ουδ.)	[xalʲázi]
está caindo granizo	ρίχνει χαλάζι	[ríxni xalʲázi]
inundar (vt)	πλημμυρίζω	[plimirízo]
inundação (f)	πλημμύρα (θηλ.)	[plimíra]
terremoto (m)	σεισμός (αρ.)	[sizmós]
abalo, tremor (m)	δόνηση (θηλ.)	[ðónisi]
epicentro (m)	επίκεντρο (ουδ.)	[epíkendro]
erupção (f)	έκρηξη (θηλ.)	[ékriksi]
lava (f)	λάβα (θηλ.)	[lʲáva]
tornado (m)	ανεμοστρόβιλος (αρ.)	[anemostróvilʲos]
tornado (m)	σίφουνας (αρ.)	[sífunas]
tufão (m)	τυφώνας (αρ.)	[tifónas]
furacão (m)	τυφώνας (αρ.)	[tifónas]
tempestade (f)	καταιγίδα (θηλ.)	[katejíða]
tsunami (m)	τσουνάμι (ουδ.)	[tsunámi]
ciclone (m)	κυκλώνας (αρ.)	[kiklʲónas]
mau tempo (m)	κακοκαιρία (θηλ.)	[kakokería]
incêndio (m)	φωτιά, πυρκαγιά (θηλ.)	[fotiá], [pirkajá]
catástrofe (f)	καταστροφή (θηλ.)	[katastrofí]
meteorito (m)	μετεωρίτης (αρ.)	[meteorítis]
avalanche (f)	χιονοστιβάδα (θηλ.)	[xonostiváða]
deslizamento (m) de neve	χιονοστιβάδα (θηλ.)	[xonostiváða]
nevasca (f)	χιονοθύελλα (θηλ.)	[xonoθíelʲa]
tempestade (f) de neve	χιονοθύελλα (θηλ.)	[xonoθíelʲa]

208. Ruídos. Sons

silêncio (m)	ησυχία (θηλ.)	[isixía]
som (m)	ήχος (αρ.)	[íxos]
ruído, barulho (m)	θόρυβος (αρ.)	[θórivos]
fazer barulho	κάνει θόρυβο	[káni θórivo]
ruidoso, barulhento (adj)	θορυβώδης	[θorivóðis]
alto	δυνατά	[ðinatá]
alto (ex. voz ~a)	δυνατός	[ðinatós]
constante (ruído, etc.)	αδιάκοπος	[aðiákopos]

grito (m)	κραυγή (θηλ.)	[kravjí]
gritar (vi)	φωνάζω	[fonázo]
sussurro (m)	ψιθύρισμα (ουδ.)	[psiθírizma]
sussurrar (vi, vt)	ψιθυρίζω	[psiθirízo]

| latido (m) | γάβγισμα (ουδ.) | [ɣávjizma] |
| latir (vi) | γαυγίζω | [ɣavjízo] |

gemido (m)	βογκητό (ουδ.)	[vongitó]
gemer (vi)	βογκώ	[vongó]
tosse (f)	βήχας (αρ.)	[víxas]
tossir (vi)	βήχω	[víxo]

assobio (m)	σφύριγμα (ουδ.)	[sfíriɣma]
assobiar (vi)	σφυρίζω	[sfirízo]
batida (f)	χτύπημα (ουδ.)	[xtípima]
bater (à porta)	χτυπάω	[xtipáo]

| estalar (vi) | τρίζω | [trízo] |
| estalido (m) | κρότος (αρ.) | [krótos] |

sirene (f)	σειρήνα (θηλ.)	[sirína]
apito (m)	σφυρίχτρα (θηλ.)	[sfiríxtra]
apitar (vi)	σφυρίζω	[sfirízo]
buzina (f)	κόρνα (θηλ.)	[kórna]
buzinar (vi)	κορνάρω	[kornáro]

209. Inverno

inverno (m)	χειμώνας (αρ.)	[ximónas]
de inverno	χειμωνιάτικος	[ximoniátikos]
no inverno	το χειμώνα	[to ximóna]

neve (f)	χιόνι (ουδ.)	[xóni]
está nevando	χιονίζει	[xonízi]
queda (f) de neve	χιονόπτωση (θηλ.)	[xonóptosi]
amontoado (m) de neve	σωρός χιονιού (αρ.)	[sorós xoniú]

floco (m) de neve	χιονονιφάδα (θηλ.)	[xononifáða]
bola (f) de neve	χιονόμπαλα (θηλ.)	[xonóbalʲa]
boneco (m) de neve	χιονάνθρωπος (αρ.)	[xonánθropos]
sincelo (m)	παγοκρύσταλλος (αρ.)	[paɣokrístalʲos]

dezembro (m)	Δεκέμβριος (αρ.)	[ðekémvrios]
janeiro (m)	Ιανουάριος (αρ.)	[januários]
fevereiro (m)	Φεβρουάριος (αρ.)	[fevruários]

| gelo (m) | παγωνιά (θηλ.) | [paɣoniá] |
| gelado (tempo ~) | παγωμένος | [paɣoménos] |

abaixo de zero	υπό το μηδέν	[ipó to miðén]
primeira geada (f)	παγετός (αρ.)	[pajetós]
geada (f) branca	πάχνη (θηλ.)	[páxni]
frio (m)	κρύο (ουδ.)	[krío]

está frio	κάνει κρύο	[káni krío]
casaco (m) de pele	γούνα (θηλ.)	[ɣúna]
mitenes (f pl)	γάντια χωρίς δάχτυλα (ουδ.πλ.)	[ɣándia xoris ðáxtila]
adoecer (vi)	αρρωσταίνω	[arosténo]
resfriado (m)	κρυολόγημα (ουδ.)	[krioljójima]
ficar resfriado	κρυολογώ	[krioljoɣó]
gelo (m)	πάγος (αρ.)	[páɣos]
gelo (m) na estrada	λεπτό στρώμα πάγου (ουδ.)	[leptó stróma páɣu]
congelar-se (vr)	παγώνω	[paɣóno]
bloco (m) de gelo	παγονησίδα (θηλ.)	[paɣonisíða]
esqui (m)	σκι (ουδ.)	[ski]
esquiador (m)	σκιέρ (αρ.)	[skiér]
esquiar (vi)	κάνω σκι	[káno ski]
patinar (vi)	πατινάρω	[patináro]

Fauna

210. Mamíferos. Predadores

predador (m)	θηρευτής (ουδ.)	[θireftís]
tigre (m)	τίγρη (θηλ.), τίγρης (αρ.)	[tíγri], [tíχris]
leão (m)	λιοντάρι (ουδ.)	[liondári]
lobo (m)	λύκος (αρ.)	[líkos]
raposa (f)	αλεπού (θηλ.)	[alepú]

jaguar (m)	ιαγουάρος (αρ.)	[jaγuáros]
leopardo (m)	λεοπάρδαλη (θηλ.)	[leopárðali]
chita (f)	γατόπαρδος (αρ.)	[γatóparðos]

pantera (f)	πάνθηρας (αρ.)	[pánθiras]
puma (m)	πούμα (ουδ.)	[púma]
leopardo-das-neves (m)	λεοπάρδαλη (θηλ.) των χιόνων	[leopárðali ton xiónon]
lince (m)	λύγκας (αρ.)	[língas]

coiote (m)	κογιότ (ουδ.)	[koϳiót]
chacal (m)	τσακάλι (ουδ.)	[tsakáli]
hiena (f)	ύαινα (θηλ.)	[íena]

211. Animais selvagens

animal (m)	ζώο (ουδ.)	[zóo]
besta (f)	θηρίο (ουδ.)	[θirío]

esquilo (m)	σκίουρος (αρ.)	[skíuros]
ouriço (m)	σκαντζόχοιρος (αρ.)	[skandzóxiros]
lebre (f)	λαγός (αρ.)	[lʲaγós]
coelho (m)	κουνέλι (ουδ.)	[kunéli]

texugo (m)	ασβός (αρ.)	[azvós]
guaxinim (m)	ρακούν (ουδ.)	[rakún]
hamster (m)	χάμστερ (ουδ.)	[xámster]
marmota (f)	μυωξός (αρ.)	[mioksós]

toupeira (f)	τυφλοπόντικας (αρ.)	[tiflʲopóndikas]
rato (m)	ποντίκι (ουδ.)	[pondíki]
ratazana (f)	αρουραίος (αρ.)	[aruréos]
morcego (m)	νυχτερίδα (θηλ.)	[nixteríða]

arminho (m)	ερμίνα (θηλ.)	[ermína]
zibelina (f)	σαμούρι (ουδ.)	[samúri]
marta (f)	κουνάβι (ουδ.)	[kunávi]
doninha (f)	νυφίτσα (θηλ.)	[nifítsa]

visom (m)	βιζόν (ουδ.)	[vizón]
castor (m)	κάστορας (αρ.)	[kástoras]
lontra (f)	ενυδρίδα (θηλ.)	[eniðríða]

cavalo (m)	άλογο (ουδ.)	[álᵛoγo]
alce (m)	άλκη (θηλ.)	[álᵛki]
veado (m)	ελάφι (ουδ.)	[elᵛáfi]
camelo (m)	καμήλα (θηλ.)	[kamílᵛa]

bisão (m)	βίσονας (αρ.)	[vísonas]
auroque (m)	βόνασος (αρ.)	[vónasos]
búfalo (m)	βούβαλος (αρ.)	[vúvalᵛos]

zebra (f)	ζέβρα (θηλ.)	[zévra]
antílope (m)	αντιλόπη (θηλ.)	[andilᵛópi]
corça (f)	ζαρκάδι (ουδ.)	[zarkáði]
gamo (m)	ντάμα ντάμα (ουδ.)	[dáma dáma]
camurça (f)	αγριόγιδο (ουδ.)	[aγrióγiðo]
javali (m)	αγριογούρουνο (αρ.)	[aγrioγúruno]

baleia (f)	φάλαινα (θηλ.)	[fálena]
foca (f)	φώκια (θηλ.)	[fókia]
morsa (f)	θαλάσσιος ίππος (αρ.)	[θalᵛásios ípos]
urso-marinho (m)	γουνοφόρα φώκια (θηλ.)	[ɣunofóra fóka]
golfinho (m)	δελφίνι (ουδ.)	[ðelᵛfíni]

urso (m)	αρκούδα (θηλ.)	[arkúða]
urso (m) polar	πολική αρκούδα (θηλ.)	[polikí arkúða]
panda (m)	πάντα (ουδ.)	[pánda]

macaco (m)	μαϊμού (θηλ.)	[majmú]
chimpanzé (m)	χιμπαντζής (ουδ.)	[xibadzís]
orangotango (m)	ουραγκοτάγκος (αρ.)	[urangotángos]
gorila (m)	γορίλας (αρ.)	[ɣorílᵛas]
macaco (m)	μακάκας (αρ.)	[makákas]
gibão (m)	γίββωνας (αρ.)	[jívonas]

elefante (m)	ελέφαντας (αρ.)	[eléfandas]
rinoceronte (m)	ρινόκερος (αρ.)	[rinókeros]
girafa (f)	καμηλοπάρδαλη (θηλ.)	[kamilᵛopárðali]
hipopótamo (m)	ιπποπόταμος (αρ.)	[ipopótamos]

| canguru (m) | καγκουρό (ουδ.) | [kanguró] |
| coala (m) | κοάλα (ουδ.) | [koálᵛa] |

mangusto (m)	μαγκούστα (θηλ.)	[mangústa]
chinchila (f)	τσιντσιλά (ουδ.)	[tsintsilᵛá]
cangambá (f)	μεφίτιδα (θηλ.)	[mefítiða]
porco-espinho (m)	ακανθόχοιρος (αρ.)	[akanθóxiros]

212. Animais domésticos

| gata (f) | γάτα (θηλ.) | [ɣáta] |
| gato (m) macho | γάτος (αρ.) | [ɣátos] |

cão (m)	σκύλος (αρ.)	[skíl'os]
cavalo (m)	άλογο (ουδ.)	[ál'oγo]
garanhão (m)	επιβήτορας (αρ.)	[epivítoras]
égua (f)	φοράδα (θηλ.)	[foráða]

vaca (f)	αγελάδα (θηλ.)	[ajel'áða]
touro (m)	ταύρος (αρ.)	[távros]
boi (m)	βόδι (ουδ.)	[vóði]

ovelha (f)	πρόβατο (ουδ.)	[próvato]
carneiro (m)	κριάρι (ουδ.)	[kriári]
cabra (f)	κατσίκα, γίδα (θηλ.)	[katsíka], [jíða]
bode (m)	τράγος (αρ.)	[tráγos]

burro (m)	γάιδαρος (αρ.)	[γáiðaros]
mula (f)	μουλάρι (ουδ.)	[mul'ári]

porco (m)	γουρούνι (ουδ.)	[γurúni]
leitão (m)	γουρουνάκι (ουδ.)	[γurunáki]
coelho (m)	κουνέλι (ουδ.)	[kunéli]

galinha (f)	κότα (θηλ.)	[kóta]
galo (m)	πετεινός, κόκορας (αρ.)	[petinós], [kókoras]

pata (f), pato (m)	πάπια (θηλ.)	[pápia]
pato (m)	αρσενική πάπια (θηλ.)	[arsenikí pápia]
ganso (m)	χήνα (θηλ.)	[xína]

peru (m)	γάλος (αρ.)	[γál'os]
perua (f)	γαλοπούλα (θηλ.)	[γal'opúl'a]

animais (m pl) domésticos	κατοικίδια (ουδ.πλ.)	[katikíðia]
domesticado (adj)	κατοικίδιος	[katikíðios]
domesticar (vt)	δαμάζω	[ðamázo]
criar (vt)	εκτρέφω	[ektréfo]

fazenda (f)	αγρόκτημα (ουδ.)	[aγróktima]
aves (f pl) domésticas	πουλερικό (ουδ.)	[pulerikó]
gado (m)	βοοειδή (ουδ.πλ.)	[vooiðí]
rebanho (m), manada (f)	κοπάδι (ουδ.)	[kopáði]

estábulo (m)	στάβλος (αρ.)	[stávl'os]
chiqueiro (m)	χοιροστάσιο (ουδ.)	[xirostásio]
estábulo (m)	βουστάσιο (ουδ.)	[vustásio]
coelheira (f)	κλουβί κουνελιού (ουδ.)	[kl'uví kuneliú]
galinheiro (m)	κοτέτσι (ουδ.)	[kotétsi]

213. Cães. Raças de cães

cão (m)	σκύλος (αρ.)	[skíl'os]
cão pastor (m)	ποιμενικός (αρ.)	[pimenikós]
poodle (m)	κανίς (ουδ.)	[kanís]
linguicinha (m)	ντάκσχουντ (ουδ.)	[dáksxund]
buldogue (m)	μπουλντόγκ (ουδ.)	[bul'dóg]

boxer (m)	μπόξερ (ουδ.)	[bókser]
mastim (m)	μαστίφ (ουδ.)	[mastíf]
rottweiler (m)	ροτβάιλερ (ουδ.)	[rotvájler]
dóberman (m)	ντόμπερμαν (ουδ.)	[dóberman]

basset (m)	μπάσσετ (ουδ.)	[báset]
pastor inglês (m)	μπομπτέιλ (ουδ.)	[bobtéjlʲ]
dálmata (m)	δαλματίας (αρ.)	[ðalʲmatías]
cocker spaniel (m)	Κόκερ Σπάνιελ (ουδ.)	[kóker spánielʲ]

| terra-nova (m) | νέας γης (αρ.) | [néas ʝis] |
| são-bernardo (m) | Αγίου Βερνάρδου (ουδ.) | [aʝíu vernárðu] |

husky (m) siberiano	χάσκι (ουδ.)	[xáski]
Chow-chow (m)	Τσόου Τσόου (ουδ.)	[tsóu tsóu]
spitz alemão (m)	σπιτς (ουδ.)	[spits]
pug (m)	μοπς (ουδ.)	[mops]

214. Sons produzidos pelos animais

latido (m)	γάβγισμα (ουδ.)	[ɣávʝizma]
latir (vi)	γαυγίζω	[ɣavʝízo]
miar (vi)	νιαουρίζω	[niaurízo]
ronronar (vi)	γουργουρίζω	[ɣurɣurízo]

mugir (vaca)	μουγκρίζω	[mungrízo]
bramir (touro)	μουγκρίζω	[mungrízo]
rosnar (vi)	βρυχώμαι	[vrixóme]

uivo (m)	ουρλιαχτό (ουδ.)	[urliaxtó]
uivar (vi)	ουρλιάζω	[urliázo]
ganir (vi)	κλαίω	[kléo]

balir (vi)	βελάζω	[velʲázo]
grunhir (vi)	γρυλίζω	[ɣrilízo]
guinchar (vi)	τσιρίζω	[tsirízo]

coaxar (sapo)	κοάζω	[koázo]
zumbir (inseto)	βουίζω	[vuízo]
ziziar (vi)	τιτιβίζω	[titivízo]

215. Animais jovens

cria (f), filhote (m)	κουτάβι (ουδ.)	[kutávi]
gatinho (m)	γατάκι (ουδ.)	[ɣatáki]
ratinho (m)	ποντικάκι (ουδ.)	[pondikáki]
cachorro (m)	κουτάβι (ουδ.)	[kutávi]

filhote (m) de lebre	λαγουδάκι (ουδ.)	[lʲaɣuðáki]
coelhinho (m)	κουνελάκι (ουδ.)	[kunelʲáki]
lobinho (m)	λυκόπουλο (ουδ.)	[likópulʲo]
filhote (m) de raposa	αλεπουδάκι (ουδ.)	[alepuðáki]

filhote (m) de urso	αρκουδάκι (ουδ.)	[arkuðáki]
filhote (m) de leão	λεονταράκι (ουδ.)	[leondaráki]
filhote (m) de tigre	τιγράκι (ουδ.)	[tiɣráki]
filhote (m) de elefante	ελεφαντάκι (ουδ.)	[elefandáki]

leitão (m)	γουρουνάκι (ουδ.)	[ɣurunáki]
bezerro (m)	μοσχάρι (ουδ.)	[mosxári]
cabrito (m)	κατσικάκι (ουδ.)	[katsikáki]
cordeiro (m)	αρνί (ουδ.)	[arní]
filhote (m) de veado	ελαφάκι (ουδ.)	[elʲafáki]
cria (f) de camelo	καμηλάκι (ουδ.)	[kamilʲáki]

| filhote (m) de serpente | φιδάκι (ουδ.) | [fiðáki] |
| filhote (m) de rã | βατραχάκι (ουδ.) | [vatraxáki] |

cria (f) de ave	νεοσσός (αρ.)	[neosós]
pinto (m)	κλωσσόπουλο (ουδ.)	[klʲosópulʲo]
patinho (m)	παπί, παπάκι (ουδ.)	[papí], [papáki]

216. Pássaros

pássaro (m), ave (f)	πουλί (ουδ.)	[pulí]
pombo (m)	περιστέρι (ουδ.)	[peristéri]
pardal (m)	σπουργίτι (ουδ.)	[spurʝíti]
chapim-real (m)	καλόγερος (αρ.)	[kalʲójeros]
pega-rabuda (f)	καρακάξα (θηλ.)	[karakáksa]

corvo (m)	κόρακας (αρ.)	[kórakas]
gralha-cinzenta (f)	κουρούνα (θηλ.)	[kurúna]
gralha-de-nuca-cinzenta (f)	κάργα (θηλ.)	[kárɣa]
gralha-calva (f)	χαβαρόνι (ουδ.)	[xavaróni]

pato (m)	πάπια (θηλ.)	[pápia]
ganso (m)	χήνα (θηλ.)	[xína]
faisão (m)	φασιανός (αρ.)	[fasianós]

águia (f)	αετός (αρ.)	[aetós]
açor (m)	γεράκι (ουδ.)	[jeráki]
falcão (m)	γεράκι (ουδ.)	[jeráki]
abutre (m)	γύπας (αρ.)	[ʝípas]
condor (m)	κόνδορας (αρ.)	[kónðoras]

cisne (m)	κύκνος (αρ.)	[kíknos]
grou (m)	γερανός (αρ.)	[jeranós]
cegonha (f)	πελαργός (αρ.)	[pelʲarɣós]

papagaio (m)	παπαγάλος (αρ.)	[papaɣálʲos]
beija-flor (m)	κολιμπρί (ουδ.)	[kolibrí]
pavão (m)	παγόνι (ουδ.)	[paɣóni]

avestruz (m)	στρουθοκάμηλος (αρ.)	[struθokámilʲos]
garça (f)	τσικνιάς (αρ.)	[tsikniás]
flamingo (m)	φλαμίγκο (ουδ.)	[flʲamíngo]
pelicano (m)	πελεκάνος (αρ.)	[pelekános]

rouxinol (m)	αηδόνι (ουδ.)	[aiðóni]
andorinha (f)	χελιδόνι (ουδ.)	[xeliðóni]

tordo-zornal (m)	τσίχλα (θηλ.)	[tsíxlia]
tordo-músico (m)	κελαηδότσιχλα (θηλ.)	[kelaiðótsixlia]
melro-preto (m)	κοτσύφι (ουδ.)	[kotsífi]

andorinhão (m)	σταχτάρα (θηλ.)	[staxtára]
cotovia (f)	κορυδαλλός (αρ.)	[koriðalliós]
codorna (f)	ορτύκι (ουδ.)	[ortíki]

pica-pau (m)	δρυοκολάπτης (αρ.)	[ðriokoliáptis]
cuco (m)	κούκος (αρ.)	[kúkos]
coruja (f)	κουκουβάγια (θηλ.)	[kukuvája]
bufo-real (m)	μπούφος (αρ.)	[búfos]
tetraz-grande (m)	αγριόκουρκος (αρ.)	[aɣriókurkos]
tetraz-lira (m)	λυροπετεινός (αρ.)	[liropetinós]
perdiz-cinzenta (f)	πέρδικα (θηλ.)	[pérðika]

estorninho (m)	ψαρόνι (ουδ.)	[psaróni]
canário (m)	καναρίνι (ουδ.)	[kanaríni]
galinha-do-mato (f)	αγριόκοτα (θηλ.)	[aɣriókota]
tentilhão (m)	σπίνος (αρ.)	[spínos]
dom-fafe (m)	πύρρουλα (αρ.)	[pírulia]

gaivota (f)	γλάρος (αρ.)	[ɣliáros]
albatroz (m)	άλμπατρος (ουδ.)	[álibatros]
pinguim (m)	πιγκουίνος (αρ.)	[pinguínos]

217. Pássaros. Canto e sons

cantar (vi)	τραγουδώ	[traɣuðó]
gritar, chamar (vi)	καλώ	[kalió]
cantar (o galo)	λαλώ	[lialó]
cocorocó (m)	κουκουρίκου	[kukuríku]

cacarejar (vi)	κακαρίζω	[kakarízo]
crocitar (vi)	κρώζω	[krózo]
grasnar (vi)	κρώζω	[krózo]
piar (vi)	πιπίζω	[pipízo]
chilrear, gorjear (vi)	τιτιβίζω	[titivízo]

218. Peixes. Animais marinhos

brema (f)	αβραμίδα (θηλ.)	[avramíða]
carpa (f)	κυπρίνος (αρ.)	[kiprínos]
perca (f)	πέρκα (θηλ.)	[pérka]
siluro (m)	γουλιανός (αρ.)	[ɣulianós]
lúcio (m)	λούτσος (αρ.)	[liútsos]

salmão (m)	σολομός (αρ.)	[soliomós]
esturjão (m)	οξύρυγχος (αρ.)	[oksírinxos]

arenque (m)	ρέγγα (θηλ.)	[rénga]
salmão (m) do Atlântico	σολομός του Ατλαντικού (αρ.)	[sol'omós tu atl'andikú]
cavala, sarda (f)	σκουμπρί (ουδ.)	[skumbrí]
solha (f), linguado (m)	πλατύψαρο (ουδ.)	[pl'atípsaro]

lúcio perca (m)	ποταμολάβρακο (ουδ.)	[potamol'ávrako]
bacalhau (m)	μπακαλιάρος (αρ.)	[bakaliáros]
atum (m)	τόνος (αρ.)	[tónos]
truta (f)	πέστροφα (θηλ.)	[péstrofa]

enguia (f)	χέλι (ουδ.)	[xéli]
raia (f) elétrica	μουδιάστρα (θηλ.)	[muðiástra]
moreia (f)	σμέρνα (θηλ.)	[zmérna]
piranha (f)	πιράνχας (ουδ.)	[piránxas]

tubarão (m)	καρχαρίας (αρ.)	[karxarías]
golfinho (m)	δελφίνι (ουδ.)	[ðel'fíni]
baleia (f)	φάλαινα (θηλ.)	[fálena]

caranguejo (m)	καβούρι (ουδ.)	[kavúri]
água-viva (f)	μέδουσα (θηλ.)	[méðusa]
polvo (m)	χταπόδι (ουδ.)	[xtapóði]

estrela-do-mar (f)	αστερίας (αρ.)	[asterías]
ouriço-do-mar (m)	αχινός (αρ.)	[axinós]
cavalo-marinho (m)	ιππόκαμπος (αρ.)	[ipókambos]

ostra (f)	στρείδι (ουδ.)	[stríði]
camarão (m)	γαρίδα (θηλ.)	[ɣaríða]
lagosta (f)	αστακός (αρ.)	[astakós]
lagosta (f)	ακανθωτός αστακός (αρ.)	[akanθotós astakós]

219. Anfíbios. Répteis

| cobra (f) | φίδι (ουδ.) | [fíði] |
| venenoso (adj) | δηλητηριώδης | [ðilitirióðis] |

víbora (f)	οχιά (θηλ.)	[oxiá]
naja (f)	κόμπρα (θηλ.)	[kóbra]
píton (m)	πύθωνας (αρ.)	[píθonas]
jiboia (f)	βόας (αρ.)	[vóas]

cobra-de-água (f)	νερόφιδο (ουδ.)	[nerófiðo]
cascavel (f)	κροταλίας (αρ.)	[krotalías]
anaconda (f)	ανακόντα (θηλ.)	[anakónda]

lagarto (m)	σαύρα (θηλ.)	[sávra]
iguana (f)	ιγκουάνα (θηλ.)	[iguána]
varano (m)	βαράνος (αρ.)	[varános]
salamandra (f)	σαλαμάντρα (θηλ.)	[sal'amándra]
camaleão (m)	χαμαιλέοντας (αρ.)	[xameléondas]
escorpião (m)	σκορπιός (αρ.)	[skorpiós]
tartaruga (f)	χελώνα (θηλ.)	[xel'óna]

rã (f)	βάτραχος (αρ.)	[vátraxos]
sapo (m)	φρύνος (αρ.)	[frínos]
crocodilo (m)	κροκόδειλος (αρ.)	[krokódilǐos]

220. Insetos

inseto (m)	έντομο (ουδ.)	[éndomo]
borboleta (f)	πεταλούδα (θηλ.)	[petalǐúða]
formiga (f)	μυρμήγκι (ουδ.)	[mirmíngi]
mosca (f)	μύγα (θηλ.)	[míγa]
mosquito (m)	κουνούπι (ουδ.)	[kunúpi]
escaravelho (m)	σκαθάρι (ουδ.)	[skaθári]

vespa (f)	σφήκα (θηλ.)	[sfíka]
abelha (f)	μέλισσα (θηλ.)	[mélisa]
mamangaba (f)	βομβίνος (αρ.)	[vomvínos]
moscardo (m)	οίστρος (αρ.)	[ístros]

| aranha (f) | αράχνη (θηλ.) | [aráxni] |
| teia (f) de aranha | ιστός αράχνης (αρ.) | [istós aráxnis] |

libélula (f)	λιβελούλα (θηλ.)	[livelǐúlǐa]
gafanhoto (m)	ακρίδα (θηλ.)	[akríða]
traça (f)	νυχτοπεταλούδα (θηλ.)	[nixtopetalǐúða]

barata (f)	κατσαρίδα (θηλ.)	[katsaríða]
carrapato (m)	ακάρι (ουδ.)	[akári]
pulga (f)	ψύλλος (αρ.)	[psílǐos]
borrachudo (m)	μυγάκι (ουδ.)	[miγáki]

gafanhoto (m)	ακρίδα (θηλ.)	[akríða]
caracol (m)	σαλιγκάρι (ουδ.)	[salingári]
grilo (m)	γρύλος (αρ.)	[γrílǐos]
pirilampo, vaga-lume (m)	πυγολαμπίδα (θηλ.)	[piγolǐambíða]
joaninha (f)	πασχαλίτσα (θηλ.)	[pasxalítsa]
besouro (m)	μηλολόνθη (θηλ.)	[milǐolǐónθi]

sanguessuga (f)	βδέλλα (θηλ.)	[vðélǐa]
lagarta (f)	κάμπια (θηλ.)	[kámbia]
minhoca (f)	σκουλήκι (ουδ.)	[skulíki]
larva (f)	σκώληκας (αρ.)	[skólikas]

221. Animais. Partes do corpo

bico (m)	ράμφος (ουδ.)	[rámfos]
asas (f pl)	φτερά (ουδ.πλ.)	[fterá]
pata (f)	πόδι (ουδ.)	[póði]
plumagem (f)	φτέρωμα (ουδ.)	[ftéroma]
pena, pluma (f)	φτερό (ουδ.)	[fteró]
crista (f)	λοφίο (ουδ.)	[lǐofío]
brânquias, guelras (f pl)	βράγχια (ουδ.πλ.)	[vránxia]
ovas (f pl)	αβγά (ουδ.πλ.)	[avγá]

larva (f)	σκώληκας (αρ.)	[skólikas]
barbatana (f)	πτερύγιο (ουδ.)	[pteríjo]
escama (f)	λέπια (ουδ.πλ.)	[lépia]

presa (f)	σκυλόδοντο (ουδ.)	[skilʲóðondo]
pata (f)	πόδι (ουδ.)	[póði]
focinho (m)	μουσούδα (θηλ.)	[musúða]
boca (f)	στόμα (ουδ.)	[stóma]
cauda (f), rabo (m)	ουρά (θηλ.)	[urá]
bigodes (m pl)	μουστάκι (ουδ.)	[mustáki]

| casco (m) | οπλή (θηλ.) | [oplí] |
| corno (m) | κέρατο (ουδ.) | [kérato] |

carapaça (f)	όστρακο (ουδ.)	[óstrako]
concha (f)	κοχύλι (ουδ.)	[koxíli]
casca (f) de ovo	τσόφλι (ουδ.)	[tsófli]

| pelo (m) | τρίχωμα (ουδ.) | [tríxoma] |
| pele (f), couro (m) | τομάρι (ουδ.) | [tomári] |

222. Ações dos animais

voar (vi)	πετάω	[petáo]
dar voltas	στροβιλίζομαι	[strovilízome]
voar (para longe)	πετάω μακριά	[petáo makriá]
bater as asas	κουνάω	[kunáo]

| bicar (vi) | ραμφίζω | [ramfízo] |
| incubar (vt) | εκκολάπτω | [ekolʲápto] |

| sair do ovo | εκκολάπτομαι | [ekolʲáptome] |
| fazer o ninho | χτίζω φωλιά | [xtízo foliá] |

rastejar (vi)	έρπω	[érpo]
picar (vt)	τσιμπάω	[tsimbáo]
morder (cachorro, etc.)	δαγκώνω	[ðangóno]

cheirar (vt)	μυρίζω	[mirízo]
latir (vi)	γαυγίζω	[ɣavjízo]
silvar (vi)	συρίζω	[sirízo]

| assustar (vt) | τρομάζω | [tromázo] |
| atacar (vt) | επιτίθεμαι | [epitíθeme] |

roer (vt)	ροκανίζω	[rokanízo]
arranhar (vt)	γρατζουνίζω	[ɣradzunízo]
esconder-se (vr)	κρύβομαι	[krívome]

brincar (vi)	παίζω	[pézo]
caçar (vi)	κυνηγώ	[kiniɣó]
hibernar (vi)	βρίσκομαι σε χειμέρια νάρκη	[vrískome se ximéria nárki]
extinguir-se (vr)	εξαφανίζομαι	[eksafanízome]

199

223. Animais. Habitats

hábitat (m)	περιβάλλον (ουδ.)	[periválion]
migração (f)	αποδημία (θηλ.)	[apoðimía]
montanha (f)	βουνό (ουδ.)	[vunó]
recife (m)	ύφαλος (αρ.)	[ífalios]
falésia (f)	γκρεμός (αρ.)	[gremós]
floresta (f)	δάσος (ουδ.)	[ðásos]
selva (f)	ζούγκλα (θηλ.)	[zúnglia]
savana (f)	σαβάνα (θηλ.)	[savána]
tundra (f)	τούνδρα (θηλ.)	[túnðra]
estepe (f)	στέπα (θηλ.)	[stépa]
deserto (m)	έρημος (θηλ.)	[érimos]
oásis (m)	όαση (θηλ.)	[óasi]
mar (m)	θάλασσα (θηλ.)	[θáliasa]
lago (m)	λίμνη (θηλ.)	[límni]
oceano (m)	ωκεανός (αρ.)	[okeanós]
pântano (m)	βάλτος (αρ.)	[válitos]
de água doce	γλυκός	[ɣlikós]
lagoa (f)	λιμνούλα (θηλ.)	[limnúlia]
rio (m)	ποταμός (αρ.)	[potamós]
toca (f) do urso	φωλιά (θηλ.)	[foliá]
ninho (m)	φωλιά (θηλ.)	[foliá]
buraco (m) de árvore	φωλιά στο δέντρο (θηλ.)	[foliá sto ðéndro]
toca (f)	φωλιά (θηλ.), λαγούμι (ουδ.)	[foliá], [liaɣúmi]
formigueiro (m)	μυρμηγκοφωλιά (θηλ.)	[mirmingofoliá]

224. Cuidados com os animais

jardim (m) zoológico	ζωολογικός κήπος (αρ.)	[zoolioɣikós kípos]
reserva (f) natural	εθνικός δρυμός (αρ.)	[eθnikós ðrimós]
viveiro (m)	εκτροφείο (ουδ.)	[ektrofío]
jaula (f) de ar livre	υπαίθριο κλουβί (ουδ.)	[ipéθrio kliuví]
jaula, gaiola (f)	κλουβί (ουδ.)	[kliuví]
casinha (f) de cachorro	σκυλόσπιτο (ουδ.)	[skilóspito]
pombal (m)	περιστεριώνας (αρ.)	[peristeriónas]
aquário (m)	ενυδρείο (ουδ.)	[eniðrío]
delfinário (m)	δελφινάριο (ουδ.)	[ðelifinário]
criar (vt)	εκτρέφω	[ektréfo]
cria (f)	γέννα (θηλ.)	[jéna]
domesticar (vt)	δαμάζω	[ðamázo]
adestrar (vt)	εκπαιδεύω	[ekpeðévo]
ração (f)	τροφή (θηλ.)	[trofí]
alimentar (vt)	ταΐζω	[tézo]

loja (f) de animais	καταστήματα κατοικίδιων (ουδ.)	[katastimáta katıkíðion]
focinheira (m)	φίμωτρο (ουδ.)	[fímotro]
coleira (f)	περιλαίμιο (ουδ.)	[perilémio]
nome (do animal)	όνομα (ουδ.)	[ónoma]
pedigree (m)	γενεαλογία (θηλ.)	[jenealˈojía]

225. Animais. Diversos

alcateia (f)	αγέλη (θηλ.)	[ajéli]
bando (pássaros)	σμήνος (ουδ.)	[zmínos]
cardume (peixes)	κοπάδι (ουδ.)	[kopáði]
manada (cavalos)	αγέλη (θηλ.)	[ajéli]

| macho (m) | αρσενικό (ουδ.) | [arsenikó] |
| fêmea (f) | θηλυκό (ουδ.) | [θilikó] |

faminto (adj)	νηστικός	[nistikós]
selvagem (adj)	άγριος	[áɣrios]
perigoso (adj)	επικίνδυνος	[epikínðinos]

226. Cavalos

raça (f)	ράτσα (θηλ.)	[rátsa]
potro (m)	πουλάρι (ουδ.)	[pulˈári]
égua (f)	φοράδα (θηλ.)	[foráða]

mustangue (m)	μάστανγκ (ουδ.)	[mástang]
pônei (m)	πόνυ (ουδ.)	[póni]
cavalo (m) de tiro	άλογο έλξεως (ουδ.)	[álˈoɣo élˈkseos]

| crina (f) | χαίτη (θηλ.) | [xéti] |
| rabo (m) | ουρά (θηλ.) | [urá] |

casco (m)	οπλή (θηλ.)	[oplí]
ferradura (f)	πέταλο (ουδ.)	[petalˈo]
ferrar (vt)	πεταλώνω	[petalˈóno]
ferreiro (m)	πεταλωτής (αρ.)	[petalˈotís]

sela (f)	σέλα (θηλ.)	[sélˈa]
estribo (m)	αναβολέας (αρ.)	[anavoléas]
brida (f)	χαλινάρι (ουδ.)	[xalinári]
rédeas (f pl)	ηνία (ουδ.πλ.)	[inía]
chicote (m)	καμουτσίκι (ουδ.)	[kamutsíki]

cavaleiro (m)	ιππέας (αρ.)	[ipéas]
colocar sela	σελώνω	[selˈóno]
montar no cavalo	καβαλάω άλογο	[kavalˈáo álˈoɣo]

galope (m)	καλπασμός (αρ.)	[kalˈpazmós]
galopar (vi)	καλπάζω	[kalˈpázo]
trote (m)	τροχασμός (αρ.)	[troxazmós]

a trote	με τροχασμό	[me troxazmó]
cavalo (m) de corrida	άλογο κούρσας (ουδ.)	[álΙογο kúrsas]
corridas (f pl)	ιπποδρομίες (θηλ.πλ.)	[ipoðroméas]

estábulo (m)	στάβλος (αρ.)	[stávlΙos]
alimentar (vt)	ταΐζω	[tézo]
feno (m)	σανός (αρ.)	[sanós]
dar água	ποτίζω	[potízo]
limpar (vt)	καθαρίζω	[kaθarízo]

carroça (f)	κάρο (ουδ.)	[káro]
pastar (vi)	βόσκω	[vósko]
relinchar (vi)	χλιμιντρίζω	[xlimindrízo]
dar um coice	κλωτσάω	[klΙotsáo]

Flora

227. Árvores

árvore (f)	δέντρο (ουδ.)	[ðéndro]
decídua (adj)	φυλλοβόλος	[fil'ovól'os]
conífera (adj)	κωνοφόρος	[konofóros]
perene (adj)	αειθαλής	[aiθalís]

macieira (f)	μηλιά (θηλ.)	[miliá]
pereira (f)	αχλαδιά (θηλ.)	[axl'aðiá]
cerejeira (f)	κερασιά (θηλ.)	[kerasiá]
ginjeira (f)	βυσσινιά (θηλ.)	[visiniá]
ameixeira (f)	δαμασκηνιά (θηλ.)	[ðamaskiniá]

bétula (f)	σημύδα (θηλ.)	[simíða]
carvalho (m)	βελανιδιά (θηλ.)	[vel'aniðiá]
tília (f)	φλαμουριά (θηλ.)	[fl'amuriá]
choupo-tremedor (m)	λεύκα (θηλ.)	[léfka]
bordo (m)	σφεντάμι (ουδ.)	[sfendámi]
espruce (m)	έλατο (ουδ.)	[él'ato]
pinheiro (m)	πεύκο (ουδ.)	[péfko]
alerce, lariço (m)	λάριξ (θηλ.)	[l'áriks]
abeto (m)	ελάτη (θηλ.)	[el'áti]
cedro (m)	κέδρος (αρ.)	[kéðros]

choupo, álamo (m)	λεύκα (θηλ.)	[léfka]
tramazeira (f)	σουρβιά (θηλ.)	[surviá]
salgueiro (m)	ιτιά (θηλ.)	[itiá]
amieiro (m)	σκλήθρα (θηλ.)	[sklíθra]
faia (f)	οξιά (θηλ.)	[oksiá]
ulmeiro, olmo (m)	φτελιά (θηλ.)	[fteliá]
freixo (m)	μέλεγος (αρ.)	[méleγos]
castanheiro (m)	καστανιά (θηλ.)	[kastaniá]

magnólia (f)	μανόλια (θηλ.)	[manólia]
palmeira (f)	φοίνικας (αρ.)	[fínikas]
cipreste (m)	κυπαρίσσι (ουδ.)	[kiparísi]

mangue (m)	μανγκρόβιο (ουδ.)	[mangróvio]
embondeiro, baobá (m)	μπάομπαμπ (ουδ.)	[báobab]
eucalipto (m)	ευκάλυπτος (αρ.)	[efkáliptos]
sequoia (f)	σεκόγια (θηλ.)	[sekója]

228. Arbustos

arbusto (m)	θάμνος (αρ.)	[θámnos]
arbusto (m), molta (f)	θάμνος (αρ.)	[θámnos]

| videira (f) | αμπέλι (ουδ.) | [ambéli] |
| vinhedo (m) | αμπέλι (ουδ.) | [ambéli] |

framboeseira (f)	σμεουριά (θηλ.)	[zmeuriá]
groselheira-vermelha (f)	κόκκινο φραγκοστάφυλο (ουδ.)	[kókino frangostáfilʲo]
groselheira (f) espinhosa	λαγοκέρασο (ουδ.)	[lʲaγokéraso]

acácia (f)	ακακία (θηλ.)	[akakía]
bérberis (f)	βερβερίδα (θηλ.)	[ververíða]
jasmim (m)	γιασεμί (ουδ.)	[jasemí]

junípero (m)	άρκευθος (θηλ.)	[árkefθos]
roseira (f)	τριανταφυλλιά (θηλ.)	[triandafiliá]
roseira (f) brava	αγριοτριανταφυλλιά (θηλ.)	[aγriotriandafiliá]

229. Cogumelos

cogumelo (m)	μανιτάρι (ουδ.)	[manitári]
cogumelo (m) comestível	βρώσιμο μανιτάρι (ουδ.)	[vrósimo manitári]
cogumelo (m) venenoso	δηλητηριώδες μανιτάρι (ουδ.)	[ðilitirióðes manitári]
chapéu (m)	καπέλο (ουδ.)	[kapélʲo]
pé, caule (m)	πόδι (ουδ.)	[póði]

boleto, porcino (m)	βασιλομανίταρο (ουδ.)	[vasilʲomanítaro]
boleto (m) alaranjado	μπολέτους πορτοκαλί (ουδ.)	[bolétus portokalí]
boleto (m) de bétula	μπολέτους γκρίζο (ουδ.)	[bolétus grízo]
cantarelo (m)	κανθαρέλλα (θηλ.)	[kanθarélʲa]
rússula (f)	ρούσουλα (θηλ.)	[rúsulʲa]

morchella (f)	μορχέλλη (θηλ.)	[morxéli]
agário-das-moscas (m)	ζουρλομανίταρο (ουδ.)	[zurlʲomanítaro]
cicuta (f) verde	θανατίτης (αρ.)	[θanatítis]

230. Frutos. Bagas

maçã (f)	μήλο (ουδ.)	[mílʲo]
pera (f)	αχλάδι (ουδ.)	[axlʲáði]
ameixa (f)	δαμάσκηνο (ουδ.)	[ðamáskino]

morango (m)	φράουλα (θηλ.)	[fráulʲa]
ginja (f)	βύσσινο (ουδ.)	[vísino]
cereja (f)	κεράσι (ουδ.)	[kerási]
uva (f)	σταφύλι (ουδ.)	[stafíli]

framboesa (f)	σμέουρο (ουδ.)	[zméuro]
groselha (f) negra	μαύρο φραγκοστάφυλο (ουδ.)	[mávro frangostáfilʲo]
groselha (f) vermelha	κόκκινο φραγκοστάφυλο (ουδ.)	[kókino frangostáfilʲo]
groselha (f) espinhosa	λαγοκέρασο (ουδ.)	[lʲaγokéraso]
oxicoco (m)	κράνμπερι (ουδ.)	[kránberi]

laranja (f)	πορτοκάλι (ουδ.)	[portokáli]
tangerina (f)	μανταρίνι (ουδ.)	[mandaríni]
abacaxi (m)	ανανάς (αρ.)	[ananás]
banana (f)	μπανάνα (θηλ.)	[banána]
tâmara (f)	χουρμάς (αρ.)	[xurmás]
limão (m)	λεμόνι (ουδ.)	[lemóni]
damasco (m)	βερίκοκο (ουδ.)	[veríkoko]
pêssego (m)	ροδάκινο (ουδ.)	[roδákino]
quiuí (m)	ακτινίδιο (ουδ.)	[aktiníδio]
toranja (f)	γκρέιπφρουτ (ουδ.)	[gréjpfrut]
baga (f)	μούρο (ουδ.)	[múro]
bagas (f pl)	μούρα (ουδ.πλ.)	[múra]
morango-silvestre (m)	χαμοκέρασο (ουδ.)	[kxamokéraso]
mirtilo (m)	μύρτιλλο (ουδ.)	[mírtiⱡo]

231. Flores. Plantas

flor (f)	λουλούδι (ουδ.)	[ⱡuⱡúδi]
buquê (m) de flores	ανθοδέσμη (θηλ.)	[anθoδézmi]
rosa (f)	τριαντάφυλλο (ουδ.)	[triandáfiⱡo]
tulipa (f)	τουλίπα (θηλ.)	[tulípa]
cravo (m)	γαρίφαλο (ουδ.)	[ɣarífaⱡo]
gladíolo (m)	γλαδιόλα (θηλ.)	[χⱡaδióⱡa]
centáurea (f)	κενταύρια (θηλ.)	[kentávria]
campainha (f)	καμπανούλα (θηλ.)	[kampanúⱡa]
dente-de-leão (m)	ταραξάκο (ουδ.)	[taraksáko]
camomila (f)	χαμομήλι (ουδ.)	[xamomíli]
aloé (m)	αλόη (θηλ.)	[aⱡói]
cacto (m)	κάκτος (αρ.)	[káktos]
fícus (m)	φίκος (αρ.)	[fíkos]
lírio (m)	κρίνος (αρ.)	[krínos]
gerânio (m)	γεράνι (ουδ.)	[jeráni]
jacinto (m)	υάκινθος (αρ.)	[iákinθos]
mimosa (f)	μιμόζα (θηλ.)	[mimóza]
narciso (m)	νάρκισσος (αρ.)	[nárkisos]
capuchinha (f)	καπουτσίνος (αρ.)	[kaputsínos]
orquídea (f)	ορχιδέα (θηλ.)	[orxiδéa]
peônia (f)	παιώνια (θηλ.)	[peónia]
violeta (f)	μενεξές (αρ.), βιολέτα (θηλ.)	[meneksés], [violéta]
amor-perfeito (m)	βιόλα η τρίχρωμη (θηλ.)	[vióⱡa i tríxromi]
não-me-esqueças (m)	μη-με-λησμόνει (ουδ.)	[mi-me-lizmóni]
margarida (f)	μαργαρίτα (θηλ.)	[marɣaríta]
papoula (f)	παπαρούνα (θηλ.)	[paparúna]
cânhamo (m)	κάνναβη (θηλ.)	[kánavi]

hortelã, menta (f)	μέντα (θηλ.)	[ménda]
lírio-do-vale (m)	μιγκέ (ουδ.)	[mingé]
campânula-branca (f)	γάλανθος ο χιονώδης (αρ.)	[χálʲanθos oxonóδis]
urtiga (f)	τσουκνίδα (θηλ.)	[tsukníδa]
azedinha (f)	λάπαθο (ουδ.)	[lʲápaθo]
nenúfar (m)	νούφαρο (ουδ.)	[núfaro]
samambaia (f)	φτέρη (θηλ.)	[ftéri]
líquen (m)	λειχήνα (θηλ.)	[lixína]
estufa (f)	θερμοκήπιο (ουδ.)	[θermokípio]
gramado (m)	γκαζόν (ουδ.)	[gazón]
canteiro (m) de flores	παρτέρι (ουδ.)	[partéri]
planta (f)	φυτό (ουδ.)	[fitó]
grama (f)	χορτάρι (ουδ.)	[xortári]
folha (f) de grama	χορταράκι (ουδ.)	[xortaráki]
folha (f)	φύλλο (ουδ.)	[fílʲo]
pétala (f)	πέταλο (ουδ.)	[pétalʲo]
talo (m)	βλαστός (αρ.)	[vlʲastós]
tubérculo (m)	βολβός (αρ.)	[volʲvós]
broto, rebento (m)	βλαστάρι (ουδ.)	[vlʲastári]
espinho (m)	αγκάθι (ουδ.)	[angáθi]
florescer (vi)	ανθίζω	[anθízo]
murchar (vi)	ξεραίνομαι	[kserénome]
cheiro (m)	μυρωδιά (θηλ.)	[miroδiá]
cortar (flores)	κόβω	[kóvo]
colher (uma flor)	μαζεύω	[mazévo]

232. Cereais, grãos

grão (m)	σιτηρά (ουδ.πλ.)	[sitirá]
cereais (plantas)	δημητριακών (ουδ.πλ.)	[δimitriakón]
espiga (f)	στάχυ (ουδ.)	[stáxi]
trigo (m)	σιτάρι (ουδ.)	[sitári]
centeio (m)	σίκαλη (θηλ.)	[síkali]
aveia (f)	βρώμη (θηλ.)	[vrómi]
painço (m)	κεχρί (ουδ.)	[kexrí]
cevada (f)	κριθάρι (ουδ.)	[kriθári]
milho (m)	καλαμπόκι (ουδ.)	[kalʲambóki]
arroz (m)	ρύζι (ουδ.)	[rízi]
trigo-sarraceno (m)	μαυροσίταρο (ουδ.)	[mavrosítaro]
ervilha (f)	αρακάς (αρ.), μπιζελιά (θηλ.)	[arakás], [bizeliá]
feijão (m) roxo	κόκκινο φασόλι (ουδ.)	[kókino fasóli]
soja (f)	σόγια (θηλ.)	[sója]
lentilha (f)	φακή (θηλ.)	[fakí]
feijão (m)	κουκί (ουδ.)	[kukí]

233. Vegetais. Verduras

vegetais (m pl)	λαχανικά (ουδ.πλ.)	[l'axaniká]
verdura (f)	χόρτα (ουδ.)	[xórta]
tomate (m)	ντομάτα (θηλ.)	[domáta]
pepino (m)	αγγούρι (ουδ.)	[angúri]
cenoura (f)	καρότο (ουδ.)	[karóto]
batata (f)	πατάτα (θηλ.)	[patáta]
cebola (f)	κρεμμύδι (ουδ.)	[kremíði]
alho (m)	σκόρδο (ουδ.)	[skórðo]
couve (f)	λάχανο (ουδ.)	[l'áxano]
couve-flor (f)	κουνουπίδι (ουδ.)	[kunupíði]
couve-de-bruxelas (f)	λαχανάκι Βρυξελλών (ουδ.)	[l'axanáki vriksel'ón]
beterraba (f)	παντζάρι (ουδ.)	[pandzári]
berinjela (f)	μελιτζάνα (θηλ.)	[melidzána]
abobrinha (f)	κολοκύθι (ουδ.)	[kol'okíθi]
abóbora (f)	κολοκύθα (θηλ.)	[kol'okíθa]
nabo (m)	γογγύλι (ουδ.), ρέβα (θηλ.)	[yongíli], [réva]
salsa (f)	μαϊντανός (αρ.)	[majdanós]
endro, aneto (m)	άνηθος (αρ.)	[ániθos]
alface (f)	μαρούλι (ουδ.)	[marúli]
aipo (m)	σέλινο (ουδ.)	[sélino]
aspargo (m)	σπαράγγι (ουδ.)	[sparángi]
espinafre (m)	σπανάκι (ουδ.)	[spanáki]
ervilha (f)	αρακάς (αρ.)	[arakás]
feijão (~ soja, etc.)	κουκί (ουδ.)	[kukí]
milho (m)	καλαμπόκι (ουδ.)	[kal'ambóki]
feijão (m) roxo	κόκκινο φασόλι (ουδ.)	[kókino fasóli]
pimentão (m)	πιπεριά (θηλ.)	[piperiá]
rabanete (m)	ρεπανάκι (ουδ.)	[repanáki]
alcachofra (f)	αγκινάρα (θηλ.)	[anginára]

GEOGRAFIA REGIONAL

Países. Nacionalidades

234. Europa Ocidental

Europa (f)	Ευρώπη (θηλ.)	[evrópi]
União (f) Europeia	Ευρωπαϊκή Ένωση (θηλ.)	[evropaikí énosi]
europeu (m)	Ευρωπαίος (αρ.)	[evropéos]
europeu (adj)	ευρωπαϊκός	[evropaikós]
Áustria (f)	Αυστρία (θηλ.)	[afstría]
austríaco (m)	Αυστριακός (αρ.)	[afstriakós]
austríaca (f)	Αυστριακή (θηλ.)	[afstriakí]
austríaco (adj)	αυστριακός	[afstriakós]
Grã-Bretanha (f)	Μεγάλη Βρετανία (θηλ.)	[meɣáli vretanía]
Inglaterra (f)	Αγγλία (θηλ.)	[anglía]
inglês (m)	Άγγλος (αρ.)	[ánglos]
inglesa (f)	Αγγλίδα (θηλ.)	[anglíða]
inglês (adj)	αγγλικός	[anglikós]
Bélgica (f)	Βέλγιο (ουδ.)	[véljo]
belga (m)	Βέλγος (αρ.)	[vélɣos]
belga (f)	Βελγίδα (θηλ.)	[veljíða]
belga (adj)	βέλγικος	[véljikos]
Alemanha (f)	Γερμανία (θηλ.)	[jermanía]
alemão (m)	Γερμανός (αρ.)	[jermanós]
alemã (f)	Γερμανίδα (θηλ.)	[jermaníða]
alemão (adj)	γερμανικός	[jermanikós]
Países Baixos (m pl)	Κάτω Χώρες (θηλ.πλ.)	[káto xóres]
Holanda (f)	Ολλανδία (θηλ.)	[olanðía]
holandês (m)	Ολλανδός (αρ.)	[olanðós]
holandesa (f)	Ολλανδή (θηλ.)	[olanðí]
holandês (adj)	ολλανδικός	[olanðikós]
Grécia (f)	Ελλάδα (θηλ.)	[eláða]
grego (m)	Έλληνας (αρ.)	[élinas]
grega (f)	Ελληνίδα (θηλ.)	[eliníða]
grego (adj)	ελληνικός	[elinikós]
Dinamarca (f)	Δανία (θηλ.)	[ðanía]
dinamarquês (m)	Δανός (αρ.)	[ðanós]
dinamarquesa (f)	Δανή (θηλ.)	[ðaní]
dinamarquês (adj)	δανικός	[ðanikós]
Irlanda (f)	Ιρλανδία (θηλ.)	[irlanðía]
irlandês (m)	Ιρλανδός (αρ.)	[irlanðós]

irlandesa (f)	Ιρλανδή (θηλ.)	[irlʲanðí]
irlandês (adj)	ιρλανδικός	[irlʲanðikós]
Islândia (f)	Ισλανδία (θηλ.)	[islʲanðía]
islandês (m)	Ισλανδός (αρ.)	[islʲanðós]
islandesa (f)	Ισλανδή (θηλ.)	[islʲanðí]
islandês (adj)	ισλανδικός	[islʲanðikós]
Espanha (f)	Ισπανία (θηλ.)	[ispanía]
espanhol (m)	Ισπανός (αρ.)	[ispanós]
espanhola (f)	Ισπανή, Ισπανίδα (θηλ.)	[ispaní], [ispaníða]
espanhol (adj)	ισπανικός	[ispanikós]
Itália (f)	Ιταλία (θηλ.)	[italía]
italiano (m)	Ιταλός (αρ.)	[italʲós]
italiana (f)	Ιταλίδα (θηλ.)	[italíða]
italiano (adj)	ιταλικός	[italikós]
Chipre (m)	Κύπρος (θηλ.)	[kípros]
cipriota (m)	Κύπριος (αρ.)	[kíprios]
cipriota (f)	Κύπρια (θηλ.)	[kípria]
cipriota (adj)	κυπριακός	[kipriakós]
Malta (f)	Μάλτα (θηλ.)	[málʲta]
maltês (m)	Μαλτέζος (αρ.)	[malʲtézos]
maltesa (f)	Μαλτέζα (θηλ.)	[malʲtéza]
maltês (adj)	μαλτέζικος	[malʲtézikos]
Noruega (f)	Νορβηγία (θηλ.)	[norvijía]
norueguês (m)	Νορβηγός (αρ.)	[norviɣós]
norueguesa (f)	Νορβηγίδα (θηλ.)	[norvijíða]
norueguês (adj)	νορβηγικός	[norvijikós]
Portugal (m)	Πορτογαλία (θηλ.)	[portoɣalía]
português (m)	Πορτογάλος (αρ.)	[portoɣálʲos]
portuguesa (f)	Πορτογαλίδα (θηλ.)	[portoɣalíða]
português (adj)	πορτογαλικός	[portoɣalikós]
Finlândia (f)	Φινλανδία (θηλ.)	[finlʲanðía]
finlandês (m)	Φινλανδός (αρ.)	[finlʲanðós]
finlandesa (f)	Φινλανδή (θηλ.)	[finlʲanðí]
finlandês (adj)	φινλανδικός	[finlʲanðikós]
França (f)	Γαλλία (θηλ.)	[ɣalía]
francês (m)	Γάλλος (αρ.)	[ɣálʲos]
francesa (f)	Γαλλίδα (θηλ.)	[ɣalíða]
francês (adj)	γαλλικός	[ɣalikós]
Suécia (f)	Σουηδία (θηλ.)	[suiðía]
sueco (m)	Σουηδός (αρ.)	[suiðós]
sueca (f)	Σουηδέζα (θηλ.)	[suiðéza]
sueco (adj)	σουηδικός	[suiðikós]
Suíça (f)	Ελβετία (θηλ.)	[elʲvetía]
suíço (m)	Ελβετός (αρ.)	[elʲvetós]
suíça (f)	Ελβετίδα (θηλ.)	[elʲvetíða]

suíço (adj)	ελβετικός	[el'vetikós]
Escócia (f)	Σκοτία (θηλ.)	[skotía]
escocês (m)	Σκοτσέζος (αρ.)	[skotsézos]
escocesa (f)	Σκωτσέζα (θηλ.)	[skotséza]
escocês (adj)	σκοτσέζικος	[skotsézikos]

Vaticano (m)	Βατικανό (ουδ.)	[vatikanó]
Liechtenstein (m)	Λίχτενσταϊν (ουδ.)	[líxtenstajn]
Luxemburgo (m)	Λουξεμβούργο (ουδ.)	[l'uksemvúrɣo]
Mônaco (m)	Μονακό (ουδ.)	[monakó]

235. Europa Central e de Leste

Albânia (f)	Αλβανία (θηλ.)	[al'vanía]
albanês (m)	Αλβανός (αρ.)	[al'vanós]
albanesa (f)	Αλβανή (θηλ.)	[al'vaní]
albanês (adj)	αλβανικός	[al'vanikós]

Bulgária (f)	Βουλγαρία (θηλ.)	[vul'ɣaría]
búlgaro (m)	Βούλγαρος (αρ.)	[vúl'ɣaros]
búlgara (f)	Βουλγάρα (θηλ.)	[vul'ɣára]
búlgaro (adj)	βουλγαρικός	[vul'ɣarikós]

Hungria (f)	Ουγγαρία (θηλ.)	[ungaría]
húngaro (m)	Ούγγρος (αρ.)	[úngros]
húngara (f)	Ουγγαρέζα (θηλ.)	[ungaréza]
húngaro (adj)	ουγγαρέζικος	[ungarézikos]

Letônia (f)	Λετονία (θηλ.)	[letonía]
letão (m)	Λετονός (αρ.)	[letonós]
letã (f)	Λετονή (θηλ.)	[letoní]
letão (adj)	λετονικός	[letonikós]

Lituânia (f)	Λιθουανία (θηλ.)	[liθuanía]
lituano (m)	Λιθουανός (αρ.)	[liθuanós]
lituana (f)	Λιθουανή (θηλ.)	[liθuaní]
lituano (adj)	λιθουανικός	[liθuanikós]

Polônia (f)	Πολωνία (θηλ.)	[pol'onía]
polonês (m)	Πολωνός (αρ.)	[pol'onós]
polonesa (f)	Πολωνή (θηλ.)	[pol'oní]
polonês (adj)	πολωνικός	[pol'onikós]

Romênia (f)	Ρουμανία (θηλ.)	[rumanía]
romeno (m)	Ρουμάνος (αρ.)	[rumános]
romena (f)	Ρουμάνα (θηλ.)	[rumána]
romeno (adj)	ρουμανικός	[rumanikós]

Sérvia (f)	Σερβία (θηλ.)	[servía]
sérvio (m)	Σέρβος (αρ.)	[sérvos]
sérvia (f)	Σέρβα (θηλ.)	[sérva]
sérvio (adj)	σερβικός	[servikós]
Eslováquia (f)	Σλοβακία (θηλ.)	[sl'ovakía]
eslovaco (m)	Σλοβάκος (αρ.)	[sl'ovákos]

eslovaca (f)	Σλοβάκα (θηλ.)	[slⁱováka]
eslovaco (adj)	σλοβακικός	[slⁱovakikós]
Croácia (f)	Κροατία (θηλ.)	[kroatía]
croata (m)	Κροάτης (αρ.)	[kroátis]
croata (f)	Κροάτισσα (θηλ.)	[kroátisa]
croata (adj)	κροατικός	[kroatikós]
República (f) Checa	Τσεχία (θηλ.)	[tsexía]
checo (m)	Τσέχος (αρ.)	[tséxos]
checa (f)	Τσέχα (θηλ.)	[tséxa]
checo (adj)	τσεχικός	[tsexikós]
Estônia (f)	Εσθονία (θηλ.)	[esθonía]
estônio (m)	Εσθονός (αρ.)	[esθonós]
estônia (f)	Εσθονή (θηλ.)	[esθoní]
estônio (adj)	εσθονικός	[esθonikós]
Bósnia e Herzegovina (f)	Βοσνία-Ερζεγοβίνη (θηλ.)	[voznía erzeγovini]
Macedônia (f)	Μακεδονία (θηλ.)	[makeðonía]
Eslovênia (f)	Σλοβενία (θηλ.)	[slⁱovenía]
Montenegro (m)	Μαυροβούνιο (ουδ.)	[mavrovúnio]

236. Países da ex-URSS

Azerbaijão (m)	Αζερμπαϊτζάν (ουδ.)	[azerbajdzán]
azeri (m)	Αζερμπαϊτζάνος (αρ.)	[azerbajdzános]
azeri (f)	Αζερμπαϊτζανή (θηλ.)	[azerbajdzaní]
azeri, azerbaijano (adj)	αζερμπαϊτζάνικος	[azerbajdzánikos]
Armênia (f)	Αρμενία (θηλ.)	[armenía]
armênio (m)	Αρμένης (αρ.)	[arménis]
armênia (f)	Αρμένισσα (θηλ.)	[arménisa]
armênio (adj)	αρμένικος	[arménikos]
Belarus	Λευκορωσία (θηλ.)	[lefkorosía]
bielorrusso (m)	Λευκορώσος (αρ.)	[lefkorósos]
bielorrussa (f)	Λευκορωσίδα (θηλ.)	[lefkorosíða]
bielorrusso (adj)	λευκορωσικός	[lefkorosikós]
Geórgia (f)	Γεωργία (θηλ.)	[jeorⱼía]
georgiano (m)	Γεωργιανός (αρ.)	[jeorⱼianós]
georgiana (f)	Γεωργιανή (θηλ.)	[jeorⱼianí]
georgiano (adj)	γεωργιανός	[jeorⱼianós]
Cazaquistão (m)	Καζακστάν (ουδ.)	[kazakstán]
cazaque (m)	Καζάχος (αρ.)	[kazáxos]
cazaque (f)	Καζάχα (θηλ.)	[kazáxa]
cazaque (adj)	καζάχικος	[kazáxikos]
Quirguistão (m)	Κιργιζία (ουδ.)	[kirⱼizía]
quirguiz (m)	Κιργίζιος (αρ.)	[kirⱼízios]
quirguiz (f)	Κιργίζια (θηλ.)	[kirⱼizia]
quirguiz (adj)	Κιργίζιος	[kirⱼízios]

Moldávia (f)	Μολδαβία (θηλ.)	[molⁱðavía]
moldavo (m)	Μολδαβός (αρ.)	[molⁱðavós]
moldava (f)	Μολδαβή (θηλ.)	[molⁱðaví]
moldavo (adj)	μολδαβικός	[molⁱðavikós]

Rússia (f)	Ρωσία (θηλ.)	[rosía]
russo (m)	Ρώσος (αρ.)	[rósos]
russa (f)	Ρωσίδα (θηλ.)	[rosíða]
russo (adj)	ρωσικός	[rosikós]

Tajiquistão (m)	Τατζικιστάν (ουδ.)	[tadzikistán]
tajique (m)	Τατζίκος (αρ.)	[tadzíkos]
tajique (f)	Τατζίκα (ουδ.)	[tadzíka]
tajique (adj)	Τατζίκος	[tadzíkos]

Turquemenistão (m)	Τουρκμενιστάν (ουδ.)	[turkmenistán]
turcomeno (m)	Τουρκμένιος (αρ.)	[turkménios]
turcomena (f)	Τουρκμένα (ουδ.)	[turkména]
turcomeno (adj)	τουρκμενικός	[turkmenikós]

Uzbequistão (f)	Ουζμπεκιστάν (ουδ.)	[uzbekistán]
uzbeque (m)	Ουζμπέκος (αρ.)	[uzbékos]
uzbeque (f)	Ουζμπέκη (θηλ.)	[uzbéki]
uzbeque (adj)	ουζμπέκικος	[uzbékikos]

Ucrânia (f)	Ουκρανία (θηλ.)	[ukranía]
ucraniano (m)	Ουκρανός (αρ.)	[ukranós]
ucraniana (f)	Ουκρανή (θηλ.)	[ukraní]
ucraniano (adj)	ουκρανικός	[ukranikós]

237. Asia

Ásia (f)	Ασία (θηλ.)	[asía]
asiático (adj)	ασιάτικος	[asiátikos]

Vietnã (m)	Βιετνάμ (ουδ.)	[vietnám]
vietnamita (m)	Βιετναμέζος (αρ.)	[vietnamézos]
vietnamita (f)	Βιετναμέζα (θηλ.)	[vietnaméza]
vietnamita (adj)	βιετναμέζικος	[vietnamézikos]

Índia (f)	Ινδία (θηλ.)	[inðía]
indiano (m)	Ινδός (αρ.)	[inðós]
indiana (f)	Ινδή (θηλ.)	[inðí]
indiano (adj)	ινδικός	[inðikós]

Israel (m)	Ισραήλ (ουδ.)	[izraílⁱ]
israelense (m)	Ισραηλινός (αρ.)	[izrailinós]
israelita (f)	Ισραηλινή (θηλ.)	[izrailiní]
israelense (adj)	ισραηλινός	[izrailinós]

judeu (m)	Εβραίος (αρ.)	[evréos]
judia (f)	Εβραία (θηλ.)	[evréa]
judeu (adj)	εβραϊκός	[evraikós]
China (f)	Κίνα (θηλ.)	[kína]

chinês (m)	Κινέζος (αρ.)	[kinézos]
chinesa (f)	Κινέζα (θηλ.)	[kinéza]
chinês (adj)	κινέζικος	[kinézikos]
coreano (m)	Κορεάτης (αρ.)	[koreátis]
coreana (f)	Κορεάτισσα (θηλ.)	[koreátisa]
coreano (adj)	κορεατικός	[koreátikos]
Líbano (m)	Λίβανος (αρ.)	[lívanos]
libanês (m)	Λιβανέζος (αρ.)	[livanézos]
libanesa (f)	Λιβανέζα (θηλ.)	[livanéza]
libanês (adj)	λιβανέζικος	[livanézikos]
Mongólia (f)	Μογγολία (θηλ.)	[mongolía]
mongol (m)	Μογγόλος (αρ.)	[mongólⁱos]
mongol (f)	Μογγολή (ουδ.)	[mongolí]
mongol (adj)	μογγολικός	[mongolikós]
Malásia (f)	Μαλαισία (θηλ.)	[malesía]
malaio (m)	Μαλαισιανός (αρ.)	[malesianós]
malaia (f)	Μαλαισιανή (θηλ.)	[malesianí]
malaio (adj)	μαλαισιανός	[malesianós]
Paquistão (m)	Πακιστάν (ουδ.)	[pakistán]
paquistanês (m)	Πακιστανός (αρ.)	[pakistanós]
paquistanesa (f)	Πακιστανή (θηλ.)	[pakistaní]
paquistanês (adj)	πακιστανικός	[pakistanikós]
Arábia (f) Saudita	Σαουδική Αραβία (θηλ.)	[sauðikí aravia]
árabe (m)	Άραβας (αρ.)	[áravas]
árabe (f)	Αράβισσα (θηλ.)	[arávisa]
árabe (adj)	αραβικός	[aravikós]
Tailândia (f)	Ταϊλάνδη (θηλ.)	[tajlⁱánði]
tailandês (m)	Ταϊλανδός (αρ.)	[tajlⁱanðós]
tailandesa (f)	Ταϊλανδή (θηλ.)	[tajlⁱanðí]
tailandês (adj)	ταϊλανδικός	[tajlⁱanðikós]
Taiwan (m)	Ταϊβάν (θηλ.)	[tajván]
taiwanês (m)	Ταϊβανέζος (αρ.)	[tajvanézos]
taiwanesa (f)	Ταϊβανέζα (θηλ.)	[tajvanéza]
taiwanês (adj)	ταϊβανέζικος	[tajvanézikos]
Turquia (f)	Τουρκία (θηλ.)	[turkía]
turco (m)	Τούρκος (αρ.)	[túrkos]
turca (f)	Τουρκάλα (θηλ.)	[turkálⁱa]
turco (adj)	τουρκικός	[turkikós]
Japão (m)	Ιαπωνία (θηλ.)	[japonía]
japonês (m)	Ιάπωνας (αρ.)	[jáponas]
japonesa (f)	Ιαπωνίδα (θηλ.)	[japoníða]
japonês (adj)	ιαπωνικός	[japonikós]
Afeganistão (m)	Αφγανιστάν (ουδ.)	[afɣanistán]
Bangladesh (m)	Μπαγκλαντές (ουδ.)	[banglⁱadés]
Indonésia (f)	Ινδονησία (θηλ.)	[inðonisía]

213

Jordânia (f)	Ιορδανία (θηλ.)	[iorðanía]
Iraque (m)	Ιράκ (ουδ.)	[irák]
Irã (m)	Ιράν (ουδ.)	[irán]
Camboja (f)	Καμπότζη (θηλ.)	[kabódzi]
Kuwait (m)	Κουβέιτ (ουδ.)	[kuvéjt]

Laos (m)	Λάος (ουδ.)	[láos]
Birmânia (f)	Μιανμάρ (ουδ.)	[mianmár]
Nepal (m)	Νεπάλ (ουδ.)	[nepálʲ]
Emirados Árabes Unidos	Ηνωμένα Αραβικά Εμιράτα (θηλ.πλ.)	[inoména araviká emiráta]

Síria (f)	Συρία (θηλ.)	[siría]
Palestina (f)	Παλαιστίνη (θηλ.)	[palestíni]
Coreia (f) do Sul	Νότια Κορέα (θηλ.)	[nótia koréa]
Coreia (f) do Norte	Βόρεια Κορέα (θηλ.)	[vória koréa]

238. América do Norte

Estados Unidos da América	Ηνωμένες Πολιτείες Αμερικής (θηλ.πλ.)	[inoménes politíes amerikís]
americano (m)	Αμερικάνος (αρ.)	[amerikános]
americana (f)	Αμερικάνα (θηλ.)	[amerikána]
americano (adj)	αμερικάνικος	[amerikánikos]

Canadá (m)	Καναδάς (αρ.)	[kanaðás]
canadense (m)	Καναδός (αρ.)	[kanaðós]
canadense (f)	Καναδή (θηλ.)	[kanaðí]
canadense (adj)	καναδικός	[kanaðikós]

México (m)	Μεξικό (ουδ.)	[meksikó]
mexicano (m)	Μεξικανός (αρ.)	[meksikános]
mexicana (f)	Μεξικανή (θηλ.)	[meksikaní]
mexicano (adj)	μεξικάνικος	[meksikánikos]

239. América Central do Sul

Argentina (f)	Αργεντινή (θηλ.)	[arjendiní]
argentino (m)	Αργεντινός (αρ.)	[arjendinós]
argentina (f)	Αργεντινή (θηλ.)	[arjendiní]
argentino (adj)	αργεντινός	[arjendinós]

Brasil (m)	Βραζιλία (θηλ.)	[vrazilía]
brasileiro (m)	Βραζιλιάνος (αρ.)	[vraziliános]
brasileira (f)	Βραζιλιάνα (θηλ.)	[vraziliána]
brasileiro (adj)	βραζιλιάνικος	[vraziliánikos]

Colômbia (f)	Κολομβία (θηλ.)	[kolʲomvía]
colombiano (m)	Κολομβιανός (αρ.)	[kolʲomvianós]
colombiana (f)	Κολομβιανή (θηλ.)	[kolʲomvianí]
colombiano (adj)	κολομβιανός	[kolʲomvianós]
Cuba (f)	Κούβα (θηλ.)	[kúva]

cubano (m)	Κουβανός (αρ.)	[kuvanós]
cubana (f)	Κουβανή (θηλ.)	[kuvaní]
cubano (adj)	κουβανέζικος	[kuvanézikos]

Chile (m)	Χιλή (θηλ.)	[xilí]
chileno (m)	Χιλιανός (αρ.)	[xilianós]
chilena (f)	Χιλιανή (θηλ.)	[xilianí]
chileno (adj)	χιλιανός	[xilianós]

Bolívia (f)	Βολιβία (θηλ.)	[volivía]
Venezuela (f)	Βενεζουέλα (θηλ.)	[venezuéli a]
Paraguai (m)	Παραγουάη (θηλ.)	[paraɣuái]
Peru (m)	Περού (ουδ.)	[perú]

Suriname (m)	Σούριναμ (ουδ.)	[súrinam]
Uruguai (m)	Ουρουγουάη (θηλ.)	[uruɣuái]
Equador (m)	Εκουαδόρ (ουδ.)	[ekuaðór]

Bahamas (f pl)	Μπαχάμες (θηλ.πλ.)	[baxámes]
Haiti (m)	Αϊτή (θηλ.)	[aití]
República Dominicana	Δομινικανή Δημοκρατία (θηλ.)	[ðominikaní ðimokratía]
Panamá (m)	Παναμάς (αρ.)	[panamás]
Jamaica (f)	Τζαμάικα (θηλ.)	[dzamájka]

240. Africa

Egito (m)	Αίγυπτος (θηλ.)	[éjiptos]
egípcio (m)	Αιγύπτιος (αρ.)	[ejíptios]
egípcia (f)	Αιγύπτια (θηλ.)	[ejíptia]
egípcio (adj)	αιγυπτιακός	[ejiptiakós]

Marrocos	Μαρόκο (ουδ.)	[maróko]
marroquino (m)	Μαροκινός (αρ.)	[marokinós]
marroquina (f)	Μαροκινή (θηλ.)	[marokiní]
marroquino (adj)	μαροκινός	[marokinós]

Tunísia (f)	Τυνησία (θηλ.)	[tinisía]
tunisiano (m)	Τυνήσιος (αρ.)	[tinísios]
tunisiana (f)	Τυνήσια (θηλ.)	[tinísia]
tunisiano (adj)	τυνησιακός	[tinisiakós]

Gana (f)	Γκάνα (θηλ.)	[gána]
Zanzibar (m)	Ζανζιβάρη (θηλ.)	[zanzivári]
Quênia (f)	Κένυα (θηλ.)	[kénia]
Líbia (f)	Λιβύη (θηλ.)	[livíi]
Madagascar (m)	Μαδαγασκάρη (θηλ.)	[maðaɣaskári]

Namíbia (f)	Ναμίμπια (θηλ.)	[namíbia]
Senegal (m)	Σενεγάλη (θηλ.)	[seneɣáli]
Tanzânia (f)	Τανζανία (θηλ.)	[tanzanía]
África (f) do Sul	Δημοκρατία της Νότιας Αφρικής (θηλ.)	[ðimokratía tis nótias afrikís]
africano (m)	Αφρικανός (αρ.)	[afrikanós]

215

| africana (f) | Αφρικανή (θηλ.) | [afrikaní] |
| africano (adj) | αφρικάνικος | [afrikánikos] |

241. Austrália. Oceania

Austrália (f)	Αυστραλία (θηλ.)	[afstralía]
australiano (m)	Αυστραλός (αρ.)	[afstralˈós]
australiana (f)	Αυστραλή (θηλ.)	[afstralí]
australiano (adj)	αυστραλέζικος	[afstralézikos]

Nova Zelândia (f)	Νέα Ζηλανδία (θηλ.)	[néa zilˈanðía]
neozelandês (m)	Νεοζηλανδός (αρ.)	[neozilˈanðós]
neozelandesa (f)	Νεοζηλανδή (θηλ.)	[neozilˈanðí]
neozelandês (adj)	νεοζηλανδικός	[neozilˈanðikós]

| Tasmânia (f) | Τασμανία (θηλ.) | [tazmanía] |
| Polinésia (f) Francesa | Γαλλική Πολυνησία (θηλ.) | [ɣalikí polinisía] |

242. Cidades

Amesterdã, Amsterdã	Άμστερνταμ (ουδ.)	[ámsterdam]
Ancara	Άγκυρα (θηλ.)	[ángira]
Atenas	Αθήνα (θηλ.)	[aθína]
Bagdade	Βαγδάτη (θηλ.)	[vaɣðáti]
Bancoque	Μπανγκόκ (ουδ.)	[bangkók]

Barcelona	Βαρκελώνη (θηλ.)	[varkelˈóni]
Beirute	Βηρυτός (θηλ.)	[viritós]
Berlim	Βερολίνο (ουδ.)	[verolíno]
Bonn	Βόννη (θηλ.)	[vóni]
Bordéus	Μπορντό (ουδ.)	[bordó]

Bratislava	Μπρατισλάβα (θηλ.)	[bratislˈáva]
Bruxelas	Βρυξέλλες (πλ.)	[vrikséles]
Bucareste	Βουκουρέστι (ουδ.)	[vukurésti]
Budapeste	Βουδαπέστη (θηλ.)	[vuðapésti]
Cairo	Κάιρο (ουδ.)	[káiro]

Calcutá	Καλκούτα (θηλ.)	[kalˈkúta]
Chicago	Σικάγο (ουδ.)	[sikáɣo]
Cidade do México	Πόλη του Μεξικό (θηλ.)	[póli tu meksikó]
Copenhague	Κοπεγχάγη (θηλ.)	[kopenxáji]
Dar es Salaam	Νταρ Ες Σαλάμ (ουδ.)	[dar es salˈám]

Deli	Δελχί (ουδ.)	[ðelˈxí]
Dubai	Ντουμπάι (ουδ.)	[dubáj]
Dublim	Δουβλίνο (ουδ.)	[ðuvlíno]
Düsseldorf	Ντίσελντορφ (ουδ.)	[díselˈdorf]
Estocolmo	Στοκχόλμη (θηλ.)	[stokxólˈmi]

| Florença | Φλωρεντία (θηλ.) | [flˈorendía] |
| Frankfurt | Φρανκφούρτη (θηλ.) | [frankfúrti] |

Genebra	Γενεύη (θηλ.)	[jenévi]
Haia	Χάγη (θηλ.)	[xáji]
Hamburgo	Αμβούργο (ουδ.)	[amvúryo]

Hanói	Ανόι (ουδ.)	[anój]
Havana	Αβάνα (θηλ.)	[avána]
Helsinque	Ελσίνκι (ουδ.)	[elˈsínki]
Hiroshima	Χιροσίμα (θηλ.)	[xirosíma]
Hong Kong	Χονγκ Κονγκ (ουδ.)	[xong kong]
Istambul	Κωνσταντινούπολη (θηλ.)	[konstandinúpoli]

Jerusalém	Ιεροσόλυμα (θηλ.)	[ierosólima]
Kiev, Quieve	Κίεβο (ουδ.)	[kíevo]
Kuala Lumpur	Κουάλα Λουμπούρ (θηλ.)	[kuálˈa lˈubúr]
Lion	Λιόν (θηλ.)	[lión]
Lisboa	Λισαβόνα (θηλ.)	[lisavóna]

Londres	Λονδίνο (ουδ.)	[lˈondíno]
Los Angeles	Λος Άντζελες (ουδ.)	[lˈos ándzeles]
Madrid	Μαδρίτη (θηλ.)	[maðríti]
Marselha	Μασσαλία (θηλ.)	[masalía]
Miami	Μαϊάμι (ουδ.)	[majámi]

Montreal	Μόντρεαλ (ουδ.)	[móntrealˈ]
Moscou	Μόσχα (θηλ.)	[mósxa]
Mumbai	Βομβάη (θηλ.)	[vomvái]
Munique	Μόναχο (ουδ.)	[mónaxo]
Nairóbi	Ναϊρόμπι (ουδ.)	[najróbi]
Nápoles	Νεάπολη (θηλ.)	[neápoli]

Nice	Νίκαια (θηλ.)	[níkea]
Nova York	Νέα Υόρκη (θηλ.)	[néa jórki]
Oslo	Όσλο (ουδ.)	[óslˈo]
Ottawa	Οτάβα (θηλ.)	[otáva]
Paris	Παρίσι (ουδ.)	[parísi]

Pequim	Πεκίνο (ουδ.)	[pekíno]
Praga	Πράγα (θηλ.)	[práya]
Rio de Janeiro	Ρίο ντε Ζανέιρο (ουδ.)	[río de zanéjro]
Roma	Ρώμη (θηλ.)	[rómi]

| São Petersburgo | Αγία Πετρούπολη (θηλ.) | [ajía petrúpoli] |
| Seul | Σεούλ (ουδ.) | [seúlˈ] |

Singapura	Σιγκαπούρη (θηλ.)	[singapúri]
Sydney	Σίδνεϊ (θηλ.)	[síðnej]
Taipé	Ταϊπέι (θηλ.)	[tajpéj]

| Tóquio | Τόκιο (ουδ.) | [tókio] |
| Toronto | Τορόντο (ουδ.) | [toróndo] |

Varsóvia	Βαρσοβία (θηλ.)	[varsovía]
Veneza	Βενετία (θηλ.)	[venetía]
Viena	Βιέννη (θηλ.)	[viéni]
Washington	Ουάσινγκτον (θηλ.)	[wáʃington]
Xangai	Σαγκάη (θηλ.)	[sangái]

243. Política. Governo. Parte 1

política (f)	πολιτική (θηλ.)	[politikí]
político (adj)	πολιτικός	[politikós]
político (m)	πολιτικός (αρ.)	[politikós]
estado (m)	κράτος (ουδ.)	[krátos]
cidadão (m)	υπήκοος (αρ.)	[ipíkoos]
cidadania (f)	υπηκοότητα (θηλ.)	[ipikoótita]
brasão (m) de armas	εθνικό έμβλημα (ουδ.)	[eθnikó émvlima]
hino (m) nacional	εθνικός ύμνος (αρ.)	[eθnikós ímnos]
governo (m)	κυβέρνηση (θηλ.)	[kivérnisi]
Chefe (m) de Estado	αρχηγός κράτους (αρ.)	[arxiγós krátus]
parlamento (m)	βουλή (θηλ.)	[vulí]
partido (m)	κόμμα (ουδ.)	[kóma]
capitalismo (m)	καπιταλισμός (αρ.)	[kapitalizmós]
capitalista (adj)	καπιταλιστικός	[kapitalistikós]
socialismo (m)	σοσιαλισμός (αρ.)	[sosializmós]
socialista (adj)	σοσιαλιστικός	[sosialistikós]
comunismo (m)	κομμουνισμός (αρ.)	[komunizmós]
comunista (adj)	κομμουνιστικός	[komunistikós]
comunista (m)	κομμουνιστής (αρ.)	[komunistís]
democracia (f)	δημοκρατία (θηλ.)	[δimokratía]
democrata (m)	δημοκράτης (αρ.)	[δimokrátis]
democrático (adj)	δημοκρατικός	[δimokratikós]
Partido (m) Democrático	δημοκρατικό κόμμα (ουδ.)	[δimokratikó kóma]
liberal (m)	φιλελεύθερος (αρ.)	[fileléfθeros]
liberal (adj)	φιλελεύθερος	[fileléfθeros]
conservador (m)	συντηρητικός (αρ.)	[sindiritikós]
conservador (adj)	συντηρητικός	[sindiritikós]
república (f)	δημοκρατία (θηλ.)	[δimokratía]
republicano (m)	ρεπουμπλικάνος (αρ.)	[republikános]
Partido (m) Republicano	ρεπουμπλικανικό κόμμα (ουδ.)	[republikanikó kóma]
eleições (f pl)	εκλογές (θηλ.πλ.)	[ekljojés]
eleger (vt)	εκλέγω	[ekléγo]
eleitor (m)	ψηφοφόρος (αρ.)	[psifofóros]
campanha (f) eleitoral	προεκλογική καμπάνια (θηλ.)	[proekljojikí kambánia]
votação (f)	ψηφοφορία (θηλ.)	[psifoforía]
votar (vi)	ψηφίζω	[psifízo]
sufrágio (m)	δικαίωμα ψήφου (ουδ.)	[δikéoma psífu]
candidato (m)	υποψήφιος (αρ.)	[ipopsífios]
candidatar-se (vi)	βάζω υποψηφιότητα	[vázo ipopsifiótita]

campanha (f)	καμπάνια (θηλ.)	[kambánia]
da oposição	αντιπολιτευόμενος	[andipolitevómenos]
oposição (f)	αντιπολίτευση (θηλ.)	[andipolítefsi]

visita (f)	επίσκεψη (θηλ.)	[epískepsi]
visita (f) oficial	επίσημη επίσκεψη (θηλ.)	[epísimi epískepsi]
internacional (adj)	διεθνής	[dieθnís]

negociações (f pl)	διαπραγματεύσεις (θηλ.πλ.)	[ðiapraɣmatéfsis]
negociar (vi)	διαπραγματεύομαι	[ðiapraɣmatévome]

244. Política. Governo. Parte 2

sociedade (f)	κοινωνία (θηλ.)	[kinonía]
constituição (f)	σύνταγμα (ουδ.)	[síndaɣma]
poder (ir para o ~)	εξουσία (θηλ.)	[eksusía]
corrupção (f)	διαφθορά (θηλ.)	[ðiafθorá]

lei (f)	νόμος (αρ.)	[nómos]
legal (adj)	νόμιμος	[nómimos]

justeza (f)	δικαιοσύνη (θηλ.)	[ðikeosíni]
justo (adj)	δίκαιος	[ðíkeos]

comitê (m)	επιτροπή (θηλ.)	[epitropí]
projeto-lei (m)	νομοσχέδιο (ουδ.)	[nomosxéðio]
orçamento (m)	προϋπολογισμός (αρ.)	[proipol⁰ojizmós]
política (f)	πολιτική (θηλ.)	[politikí]
reforma (f)	μεταρρύθμιση (θηλ.)	[metaríθmisi]
radical (adj)	ριζοσπαστικός	[rizospastikós]

força (f)	δύναμη (θηλ.)	[ðínami]
poderoso (adj)	ισχυρός	[isxirós]
partidário (m)	υποστηρικτής (αρ.)	[ipostiriktís]
influência (f)	επίδραση (θηλ.)	[epíðrasi]

regime (m)	πολίτευμα (ουδ.)	[polítevma]
conflito (m)	σύγκρουση (θηλ.)	[síngrusi]
conspiração (f)	συνωμοσία (θηλ.)	[sinomosía]
provocação (f)	πρόκληση (θηλ.)	[próklisi]

derrubar (vt)	ανατρέπω	[anatrépo]
derrube (m), queda (f)	ανατροπή (θηλ.)	[anatropí]
revolução (f)	επανάσταση (θηλ.)	[epanástasi]

golpe (m) de Estado	πραξικόπημα (ουδ.)	[praksikópima]
golpe (m) militar	στρατιωτικό πραξικόπημα (ουδ.)	[stratiotikó praksikópima]

crise (f)	κρίση (θηλ.)	[krísi]
recessão (f) econômica	οικονομική ύφεση (θηλ.)	[ikonomikí ifesi]
manifestante (m)	διαδηλωτής (αρ.)	[ðiaðil⁰otís]
manifestação (f)	διαδήλωση (θηλ.)	[ðiaðíl⁰osi]
lei (f) marcial	στρατιωτικός νόμος (αρ.)	[stratiotikós nómos]

base (f) militar	στρατιωτική βάση (θηλ.)	[stratiotikí vási]
estabilidade (f)	σταθερότητα (θηλ.)	[staθerótita]
estável (adj)	σταθερός	[staθerós]

| exploração (f) | εκμετάλλευση (θηλ.) | [ekmetálefsi] |
| explorar (vt) | εκμεταλλεύομαι | [ekmetalévome] |

racismo (m)	ρατσισμός (αρ.)	[ratsizmós]
racista (m)	ρατσιστής (αρ.)	[ratsistís]
fascismo (m)	φασισμός (αρ.)	[fasizmós]
fascista (m)	φασιστής (αρ.)	[fasistís]

245. Países. Diversos

estrangeiro (m)	ξένος (αρ.)	[ksénos]
estrangeiro (adj)	ξένος	[ksénos]
no estrangeiro	στο εξωτερικό	[sto eksoterikó]

emigrante (m)	μετανάστης (αρ.)	[metanástis]
emigração (f)	μετανάστευση (θηλ.)	[metanástefsi]
emigrar (vi)	αποδημώ	[apoðimó]

Ocidente (m)	Δύση (θηλ.)	[ðísi]
Oriente (m)	Ανατολή (θηλ.)	[anatolí]
Extremo Oriente (m)	Άπω Ανατολή (θηλ.)	[ápo anatolí]

civilização (f)	πολιτισμός (αρ.)	[politizmós]
humanidade (f)	ανθρωπότητα (θηλ.)	[anθropótita]
mundo (m)	πλανήτης (αρ.)	[plʲanítis]
paz (f)	ειρήνη (θηλ.)	[iríni]
mundial (adj)	παγκόσμιος	[pangózmios]

pátria (f)	πατρίδα (θηλ.)	[patríða]
povo (população)	λαός (αρ.)	[lʲaós]
população (f)	πληθυσμός (αρ.)	[pliθizmós]
gente (f)	άνθρωποι (αρ.πλ.)	[ánθropi]
nação (f)	έθνος (ουδ.)	[éθnos]
geração (f)	γενιά (θηλ.)	[ʝeniá]

território (m)	έδαφος (ουδ.)	[éðafos]
região (f)	περιοχή (θηλ.)	[perioxí]
estado (m)	πολιτεία (θηλ.)	[politía]

tradição (f)	παράδοση (θηλ.)	[paráðosi]
costume (m)	έθιμο (ουδ.)	[éθimo]
ecologia (f)	οικολογία (θηλ.)	[ikolʲoʝía]

índio (m)	Ινδιάνος (αρ.)	[inðiános]
cigano (m)	τσιγγάνος (αρ.)	[tsingános]
cigana (f)	τσιγγάνα (θηλ.)	[tsingána]
cigano (adj)	τσιγγάνικος	[tsingánikos]

| império (m) | αυτοκρατορία (θηλ.) | [aftokratoría] |
| colônia (f) | αποικία (θηλ.) | [apikía] |

escravidão (f)	δουλεία (θηλ.)	[ðulía]
invasão (f)	εισβολή (θηλ.)	[isvolí]
fome (f)	πείνα (θηλ.)	[pína]

246. Grupos religiosos mais importantes. Confissões

| religião (f) | θρησκεία (θηλ.) | [θriskía] |
| religioso (adj) | θρησκευτικός | [θriskeftikós] |

crença (f)	πίστη (θηλ.)	[písti]
crer (vt)	πιστεύω	[pistévo]
crente (m)	πιστός (αρ.)	[pistós]

| ateísmo (m) | αθεϊσμός (αρ.) | [aθeizmós] |
| ateu (m) | αθεϊστής (αρ.) | [aθeistís] |

cristianismo (m)	χριστιανισμός (αρ.)	[xristianizmós]
cristão (m)	χριστιανός (αρ.)	[xristianós]
cristão (adj)	χριστιανικός	[xristianikós]

catolicismo (m)	Καθολικισμός (αρ.)	[kaθolikizmós]
católico (m)	καθολικός (αρ.)	[kaθolikós]
católico (adj)	καθολικός	[kaθolikós]

protestantismo (m)	Προτεσταντισμός (αρ.)	[prostetandizmós]
Igreja (f) Protestante	Προτεσταντική εκκλησία (θηλ.)	[protestandikí eklisía]
protestante (m)	προτεστάντης (αρ.)	[protestándis]

ortodoxia (f)	Ορθοδοξία (θηλ.)	[orθoðoksía]
Igreja (f) Ortodoxa	Ορθόδοξη εκκλησία (θηλ.)	[orθóðoksi eklisía]
ortodoxo (m)	ορθόδοξος (αρ.)	[orθóðoksos]

presbiterianismo (m)	Πρεσβυτεριανισμός (αρ.)	[prezviterianizmós]
Igreja (f) Presbiteriana	Πρεσβυτεριανή εκκλησία (θηλ.)	[prezviterianí eklisía]
presbiteriano (m)	πρεσβυτεριανός (αρ.)	[prezviterianós]

| luteranismo (m) | Λουθηρανική εκκλησία (θηλ.) | [lʲuθiranikí eklisía] |
| luterano (m) | λουθηρανός (αρ.) | [lʲuθiranós] |

| Igreja (f) Batista | Βαπτιστική Εκκλησία (θηλ.) | [vaptistikí eklisía] |
| batista (m) | βαπτιστής (αρ.) | [vaptistís] |

| Igreja (f) Anglicana | Αγγλικανική εκκλησία (θηλ.) | [anglikanikí eklisía] |
| anglicano (m) | αγγλικανός (αρ.) | [anglikanós] |

| mormonismo (m) | Μορμονισμός (αρ.) | [mormonizmós] |
| mórmon (m) | μορμόνος (αρ.) | [mormónos] |

Judaísmo (m)	Ιουδαϊσμός (αρ.)	[iuðaizmós]
judeu (m)	Ιουδαίος (αρ.)	[iuðéos]
budismo (m)	Βουδισμός (αρ.)	[vuðizmós]
budista (m)	βουδιστής (αρ.)	[vuðistís]

hinduísmo (m)	Ινδουισμός (αρ.)	[inðuizmós]
hindu (m)	ινδουιστής (αρ.)	[inðuistís]

Islã (m)	Ισλάμ (ουδ.)	[islʲám]
muçulmano (m)	μουσουλμάνος (αρ.)	[musulʲmános]
muçulmano (adj)	μουσουλμανικός	[musulʲmanikós]

xiismo (m)	Σιιτισμός (αρ.)	[siitizmós]
xiita (m)	Σιίτης (αρ.)	[siítis]

sunismo (m)	Σουνιτικό Ισλάμ (ουδ.)	[sunitikó islʲám]
sunita (m)	σουνίτης (αρ.)	[sunítis]

247. Religiões. Padres

padre (m)	ιερέας (αρ.)	[ieréas]
Papa (m)	Πάπας (αρ.)	[pápas]

monge (m)	καλόγερος (αρ.)	[kalʲójeros]
freira (f)	μοναχή (θηλ.)	[monaxí]
pastor (m)	πάστορας (αρ.)	[pástoras]

abade (m)	αβάς (αρ.)	[avás]
vigário (m)	βικάριος (αρ.)	[vikários]
bispo (m)	επίσκοπος (αρ.)	[epískopos]
cardeal (m)	καρδινάλιος (αρ.)	[karðinálios]

pregador (m)	ιεροκήρυκας (αρ.)	[ierokírikas]
sermão (m)	κήρυγμα (ουδ.)	[kíriɣma]
paroquianos (pl)	ενορίτες (αρ.πλ.)	[enorítes]

crente (m)	πιστός (αρ.)	[pistós]
ateu (m)	αθεϊστής (αρ.)	[aθeistís]

248. Fé. Cristianismo. Islão

Adão	Αδάμ (αρ.)	[aðám]
Eva	Εύα (θηλ.)	[éva]

Deus (m)	Θεός (αρ.)	[θeós]
Senhor (m)	Κύριος (αρ.)	[kírios]
Todo Poderoso (m)	Παντοδύναμος (αρ.)	[pandoðínamos]

pecado (m)	αμαρτία (θηλ.)	[amartía]
pecar (vi)	αμαρταίνω	[amarténo]
pecador (m)	αμαρτωλός (αρ.)	[amartolʲós]
pecadora (f)	αμαρτωλή (θηλ.)	[amartolí]

inferno (m)	κόλαση (θηλ.)	[kólʲasi]
paraíso (m)	παράδεισος (αρ.)	[paráðisos]
Jesus	Ιησούς (αρ.)	[iisús]
Jesus Cristo	Ιησούς Χριστός (αρ.)	[iisús xristós]

Espírito (m) Santo	Άγιο Πνεύμα (ουδ.)	[ájo pnévma]
Salvador (m)	Σωτήρας (αρ.)	[sotíras]
Virgem Maria (f)	Παναγία (θηλ.)	[panaγía]
Diabo (m)	Διάβολος (αρ.)	[ðiávolʲos]
diabólico (adj)	διαβολικός	[ðiavolikós]
Satanás (m)	Σατανάς (αρ.)	[satanás]
satânico (adj)	σατανικός	[satanikós]
anjo (m)	άγγελος (αρ.)	[ángelʲos]
anjo (m) da guarda	φύλακας άγγελος (αρ.)	[fílʲakas ángelʲos]
angelical	αγγελικός	[angelikós]
apóstolo (m)	Απόστολος (αρ.)	[apóstolʲos]
arcanjo (m)	αρχάγγελος (αρ.)	[arxángelʲos]
anticristo (m)	Αντίχριστος (αρ.)	[andíxristos]
Igreja (f)	Εκκλησία (θηλ.)	[eklisía]
Bíblia (f)	βίβλος (θηλ.)	[vívlʲos]
bíblico (adj)	βιβλικός	[vivlikós]
Velho Testamento (m)	Παλαιά Διαθήκη (θηλ.)	[paleá ðiaθíki]
Novo Testamento (m)	Καινή Διαθήκη (θηλ.)	[kení ðiaθíki]
Evangelho (m)	Ευαγγέλιο (ουδ.)	[evangélio]
Sagradas Escrituras (f pl)	Αγία Γραφή (θηλ.)	[ajía γrafí]
Céu (sete céus)	ουρανός (αρ.)	[uranós]
mandamento (m)	εντολή (θηλ.)	[endolí]
profeta (m)	προφήτης (αρ.)	[profítis]
profecia (f)	προφητεία (θηλ.)	[profitía]
Alá (m)	Αλλάχ (αρ.)	[alʲáx]
Maomé (m)	Μωάμεθ (αρ.)	[moámeθ]
Alcorão (m)	Κοράνι (ουδ.)	[koráni]
mesquita (f)	τζαμί (ουδ.)	[dzamí]
mulá (m)	μουλάς (αρ.)	[mulʲás]
oração (f)	προσευχή (θηλ.)	[prosefxí]
rezar, orar (vi)	προσεύχομαι	[proséfxome]
peregrinação (f)	προσκύνημα (ουδ.)	[proskínima]
peregrino (m)	προσκυνητής (αρ.)	[proskinitís]
Meca (f)	Μέκκα (θηλ.)	[méka]
igreja (f)	Εκκλησία (θηλ.)	[eklisía]
templo (m)	ναός (αρ.)	[naós]
catedral (f)	καθεδρικός (αρ.)	[kaθeðrikós]
gótico (adj)	γοτθικός	[γotθikós]
sinagoga (f)	συναγωγή (θηλ.)	[sinaγojí]
mesquita (f)	τζαμί (ουδ.)	[dzamí]
capela (f)	παρεκκλήσι (ουδ.)	[pareklísi]
abadia (f)	αβαείο (ουδ.)	[avaío]
convento (m)	γυναικείο μοναστήρι (ουδ.)	[jinekío monastíri]
monastério (m)	μοναστήρι (ουδ.)	[monastíri]
sino (m)	καμπάνα (θηλ.)	[kabána]

| campanário (m) | καμπαναριό (ουδ.) | [kabanarió] |
| repicar (vi) | χτυπάω | [xtipáo] |

cruz (f)	σταυρός (αρ.)	[stavrós]
cúpula (f)	θόλος (αρ.)	[θólʲos]
ícone (m)	εικόνα (θηλ.)	[ikóna]

alma (f)	ψυχή (θηλ.)	[psixí]
destino (m)	μοίρα (θηλ.)	[míra]
mal (m)	κακό (ουδ.)	[kakó]
bem (m)	καλό (ουδ.)	[kalʲó]

vampiro (m)	βρικόλακας (αρ.)	[vrikólʲakas]
bruxa (f)	μάγισσα (θηλ.)	[májisa]
demônio (m)	δαίμονας (αρ.)	[ðémonas]
espírito (m)	πνεύμα (ουδ.)	[pnévma]

| redenção (f) | λύτρωση (θηλ.) | [lítrosi] |
| redimir (vt) | λυτρώνω | [litróno] |

missa (f)	λειτουργία (θηλ.)	[liturjía]
celebrar a missa	τελώ λειτουργία	[telʲó liturjía]
confissão (f)	εξομολόγηση (θηλ.)	[eksomolʲójisi]
confessar-se (vr)	εξομολογούμαι	[eksomolʲoɣúme]

santo (m)	άγιος (αρ.)	[ájos]
sagrado (adj)	ιερός	[ierós]
água (f) benta	αγιασμός (αρ.)	[ajazmós]

ritual (m)	τελετουργία (θηλ.)	[teleturjía]
ritual (adj)	τελετουργικός	[teleturjikós]
sacrifício (m)	θυσία (θηλ.)	[θisía]

superstição (f)	δεισιδαιμονία (θηλ.)	[ðisiðemonía]
supersticioso (adj)	δεισιδαίμων	[ðisiðémon]
vida (f) após a morte	μεταθανάτια ζωή (θηλ.)	[metaθanátia zoí]
vida (f) eterna	αιώνια ζωή (θηλ.)	[eónia zoí]

TEMAS DIVERSOS

249. Várias palavras úteis

ajuda (f)	βοήθεια (θηλ.)	[voíθia]
barreira (f)	φραγμός (αρ.)	[fraɣmós]
base (f)	βάση (θηλ.)	[vási]
categoria (f)	κατηγορία (θηλ.)	[katiɣoría]
causa (f)	αιτία (θηλ.)	[etía]
coincidência (f)	σύμπτωση (θηλ.)	[símptosi]
coisa (f)	πράγμα (ουδ.)	[práɣma]
começo, início (m)	αρχή (θηλ.)	[arxí]
cômodo (ex. poltrona ~a)	άνετος	[ánetos]
comparação (f)	σύγκριση (θηλ.)	[síngrisi]
compensação (f)	αποζημίωση (θηλ.)	[apozimíosi]
crescimento (m)	ανάπτυξη (θηλ.)	[anáptiksi]
desenvolvimento (m)	εξέλιξη (θηλ.)	[ekséliksi]
diferença (f)	διαφορά (θηλ.)	[ðiaforá]
efeito (m)	αποτέλεσμα (ουδ.)	[apotélezma]
elemento (m)	στοιχείο (ουδ.)	[stixío]
equilíbrio (m)	ισορροπία (θηλ.)	[isoropía]
erro (m)	λάθος (ουδ.)	[lʲáθos]
esforço (m)	προσπάθεια (θηλ.)	[prospáθia]
estilo (m)	ύφος (ουδ.)	[ífos]
exemplo (m)	παράδειγμα (ουδ.)	[paráðiɣma]
fato (m)	γεγονός (ουδ.)	[jeɣonós]
fim (m)	τέλος (ουδ.)	[télʲos]
forma (f)	μορφή (θηλ.)	[morfí]
frequente (adj)	συχνός	[sixnós]
fundo (ex. ~ verde)	φόντο (ουδ.)	[fóndo]
gênero (tipo)	είδος (ουδ.)	[íðos]
grau (m)	βαθμός (αρ.)	[vaθmós]
ideal (m)	ιδανικό (ουδ.)	[iðanikó]
labirinto (m)	λαβύρινθος (αρ.)	[lʲavírinθos]
modo (m)	τρόπος (αρ.)	[trópos]
momento (m)	στιγμή (θηλ.)	[stiɣmí]
objeto (m)	αντικείμενο (ουδ.)	[andikímeno]
obstáculo (m)	εμπόδιο (ουδ.)	[embóðio]
original (m)	πρωτότυπο (ουδ.)	[protótipo]
padrão (adj)	τυποποιημένος	[tipopiiménos]
padrão (m)	πρότυπο (ουδ.)	[prótipo]
paragem (pausa)	στάση (θηλ.)	[stási]
parte (f)	κομμάτι (ουδ.)	[komáti]

partícula (f)	σωματίδιο (ουδ.)	[somatídio]
pausa (f)	διάλειμμα (ουδ.)	[ðiálima]
posição (f)	θέση (θηλ.)	[θési]
princípio (m)	αρχή (θηλ.)	[arxí]

problema (m)	πρόβλημα (ουδ.)	[próvlima]
processo (m)	διαδικασία (θηλ.)	[ðiaðikasía]
progresso (m)	πρόοδος (θηλ.)	[próoðos]
propriedade (qualidade)	ιδιότητα (θηλ.)	[iðiótita]

reação (f)	αντίδραση (θηλ.)	[andíðrasi]
risco (m)	ρίσκο (ουδ.)	[rísko]
ritmo (m)	τέμπο (ουδ.)	[témpo]
segredo (m)	μυστικό (ουδ.)	[mistikó]
série (f)	σειρά (θηλ.)	[sirá]

sistema (m)	σύστημα (ουδ.)	[sístima]
situação (f)	κατάσταση (θηλ.)	[katástasi]
solução (f)	λύση (θηλ.)	[lísi]
tabela (f)	πίνακας (αρ.)	[pínakas]
termo (ex. ~ técnico)	όρος (αρ.)	[óros]

tipo (m)	τύπος (αρ.)	[típos]
urgente (adj)	επείγων	[ipíγon]
urgentemente	επειγόντως	[epiγóndos]
utilidade (f)	χρησιμότητα (θηλ.)	[xrisimótita]

variante (f)	εκδοχή (θηλ.)	[ekðoxí]
variedade (f)	επιλογές (θηλ.)	[epilojés]
verdade (f)	αλήθεια (θηλ.)	[alíθia]
vez (f)	σειρά (θηλ.)	[sirá]
zona (f)	ζώνη (θηλ.)	[zóni]

250. Modificadores. Adjetivos. Parte 1

aberto (adj)	ανοιχτός	[anixtós]
afetuoso (adj)	τρυφερός	[triferós]
afiado (adj)	κοφτερός	[kofterós]
agradável (adj)	ευχάριστος	[efxáristos]
agradecido (adj)	ευγνώμων	[efɣnómon]

alegre (adj)	χαρούμενος	[xarúmenos]
alto (ex. voz ~a)	δυνατός	[ðinatós]
amargo (adj)	πικρός	[pikrós]
amplo (adj)	ευρύχωρος	[evríxoros]
antigo (adj)	αρχαίος	[arxéos]

apropriado (adj)	κατάλληλος	[katálilos]
arriscado (adj)	επικίνδυνος	[epikínðinos]
artificial (adj)	τεχνητός	[texnitós]

azedo (adj)	ξινός	[ksinós]
baixo (voz ~a)	σιγανός	[siɣanós]
barato (adj)	φτηνός	[ftinós]

belo (adj)	όμορφος	[ómorfos]
bom (adj)	καλός	[kaĺós]
bondoso (adj)	καλός	[kaĺós]
bonito (adj)	όμορφος	[ómorfos]
bronzeado (adj)	μαυρισμένος	[mavrizménos]
burro, estúpido (adj)	χαζός	[xazós]

calmo (adj)	ήσυχος	[ísixos]
cansado (adj)	κουρασμένος	[kurazménos]
cansativo (adj)	κουραστικός	[kurastikós]
carinhoso (adj)	στοργικός	[storjikós]
caro (adj)	ακριβός	[akrivós]

cego (adj)	τυφλός	[tifĺós]
central (adj)	κεντρικός	[kendrikós]
cerrado (ex. nevoeiro ~)	πυκνός	[piknós]
cheio (xícara ~a)	γεμάτος	[jemátos]

civil (adj)	δημόσιος	[ðimósios]
clandestino (adj)	κρυφός	[krifós]
claro (explicação ~a)	σαφής	[safís]
claro (pálido)	ανοιχτός	[anixtós]

compatível (adj)	συμβατός	[simvatós]
comum, normal (adj)	κανονικός	[kanonikós]
congelado (adj)	κατεψυγμένος	[katepsiɣménos]
conjunto (adj)	κοινός	[kinós]
considerável (adj)	σημαντικός	[simandikós]

contente (adj)	ευχαριστημένος	[efxaristiménos]
contínuo (adj)	μακρόχρονος	[makróxronos]
contrário (ex. o efeito ~)	αντίθετος	[andíθetos]
correto (resposta ~a)	σωστός	[sostós]
cru (não cozinhado)	ωμός	[omós]

curto (adj)	κοντός	[kondós]
de curta duração	σύντομος	[síndomos]
de sol, ensolarado	ηλιόλουστος	[ilióĺustos]
de trás	πίσω	[píso]
denso (fumaça ~a)	πυκνός	[piknós]

desanuviado (adj)	αίθριος, καθαρός	[éθrios], [kaθarós]
descuidado (adj)	αμελής	[amelís]
diferente (adj)	διαφορετικός	[ðiaforetikós]
difícil (decisão)	δύσκολος	[ðískoĺos]
difícil, complexo (adj)	δύσκολος	[ðískoĺos]

direito (lado ~)	δεξιός	[ðeksiós]
distante (adj)	μακρινός	[makrinós]
diverso (adj)	ποικίλος	[pikíĺos]
doce (açucarado)	γλυκός	[ɣlikós]
doce (água)	γλυκό	[ɣlikó]

doente (adj)	άρρωστος	[árostos]
duro (material ~)	σκληρός	[sklirós]
educado (adj)	ευγενικός	[evjenikós]

227

encantador (agradável)	ευγενικός	[evjenikós]
enigmático (adj)	αινιγματικός	[eniɣmatikós]
enorme (adj)	τεράστιος	[terástios]
escuro (quarto ~)	σκοτεινός	[skotinós]
especial (adj)	ειδικός	[iðikós]
esquerdo (lado ~)	αριστερός	[aristerós]
estrangeiro (adj)	ξένος	[ksénos]
estreito (adj)	στενός	[stenós]
exato (montante ~)	ακριβής	[akrivís]
excelente (adj)	άριστος	[áristos]
excessivo (adj)	υπερβολικός	[ipervolikós]
externo (adj)	εξωτερικός	[eksoterikós]
fácil (adj)	εύκολος	[éfkoļos]
faminto (adj)	νηστικός	[nistikós]
fechado (adj)	κλειστός	[klistós]
feliz (adj)	ευτυχισμένος	[eftixizménos]
fértil (terreno ~)	καρπερός	[karperós]
forte (pessoa ~)	δυνατός	[ðinatós]
fraco (luz ~a)	αμυδρός	[amiðrós]
frágil (adj)	εύθραυστος	[éfθrafstos]
fresco (pão ~)	φρέσκος	[fréskos]
fresco (tempo ~)	δροσερός	[ðroserós]
frio (adj)	κρύος	[kríos]
gordo (alimentos ~s)	λιπαρός	[liparós]
gostoso, saboroso (adj)	νόστιμος	[nóstimos]
grande (adj)	μεγάλος	[meɣáļos]
gratuito, grátis (adj)	δωρεάν	[ðoreán]
grosso (camada ~a)	παχύς	[paxís]
hostil (adj)	εχθρικός	[exθrikós]

251. Modificadores. Adjetivos. Parte 2

igual (adj)	όμοιος, ίδιος	[ómios], [íðios]
imóvel (adj)	ακίνητος	[akínitos]
importante (adj)	σημαντικός	[simandikós]
impossível (adj)	αδύνατος	[aðínatos]
incompreensível (adj)	ακατανόητος	[akatanóitos]
indigente (muito pobre)	πάμφτωχος	[pámftoxos]
indispensável (adj)	απαραίτητος	[aparétitos]
inexperiente (adj)	άπειρος	[ápiros]
infantil (adj)	παιδικός	[peðikós]
ininterrupto (adj)	συνεχής	[aðiákopos]
insignificante (adj)	ασήμαντος	[asímandos]
inteiro (completo)	όλος, ολόκληρος	[óļos], [oļókliros]
inteligente (adj)	έξυπνος	[éksipnos]
interno (adj)	εσωτερικός	[esoterikós]
jovem (adj)	νέος	[néos]

largo (caminho ~)	φαρδύς	[farðís]
legal (adj)	νόμιμος	[nómimos]
leve (adj)	ελαφρύς	[elʲafrís]

limitado (adj)	περιορισμένος	[periorizménos]
limpo (adj)	καθαρός	[kaθarós]
líquido (adj)	υγρός	[iɣrós]
liso (adj)	λείος	[líos]
liso (superfície ~a)	επίπεδος	[epípeðos]

livre (adj)	ελεύθερος	[eléfθeros]
longo (ex. cabelo ~)	μακρύς	[makrís]
maduro (ex. fruto ~)	ώριμος	[órimos]
magro (adj)	αδύνατος	[aðínatos]
mais próximo (adj)	πλησιέστερος	[plisiésteros]

mais recente (adj)	περασμένος	[perazménos]
mate (adj)	ματ	[mat]
mau (adj)	κακός	[kakós]
meticuloso (adj)	ακριβής	[akrivís]
míope (adj)	μύωπας	[míopas]

mole (adj)	μαλακός	[malʲakós]
molhado (adj)	βρεγμένος	[vreɣménos]
moreno (adj)	μελαψός	[melʲapsós]
morto (adj)	νεκρός	[nekrós]
muito magro (adj)	κοκαλιάρης	[kokaliáris]

não difícil (adj)	εύκολος	[éfkolʲos]
não é clara (adj)	ασαφής	[asafís]
não muito grande (adj)	μικρός	[mikrós]
natal (país ~)	καταγωγής	[kataɣojís]
necessário (adj)	αναγκαίος	[anangéos]

negativo (resposta ~a)	αρνητικός	[arnitikós]
nervoso (adj)	νευρικός	[nevrikós]
normal (adj)	κανονικός	[kanonikós]
novo (adj)	καινούριος	[kenúrios]
o mais importante (adj)	πιο σημαντικός	[pio simandikós]

obrigatório (adj)	υποχρεωτικός	[ipoxreotikós]
original (incomum)	πρωτότυπος	[protótipos]
passado (adj)	προηγούμενος	[proiɣúmenos]
pequeno (adj)	μικρός	[mikrós]
perigoso (adj)	επικίνδυνος	[epikínðinos]

permanente (adj)	μόνιμος	[mónimos]
perto (adj)	κοντινός	[kondinós]
pesado (adj)	βαρύς	[varís]
pessoal (adj)	προσωπικός	[prosopikós]
plano (ex. ecrã ~ a)	επίπεδος	[epípeðos]

pobre (adj)	φτωχός	[ftoxós]
pontual (adj)	συνεπής	[sinepís]
possível (adj)	πιθανός	[piθanós]
pouco fundo (adj)	ρηχός	[rixós]

presente (ex. momento ~)	τωρινός	[torinós]
prévio (adj)	προγενέστερος	[projenésteros]
primeiro (principal)	βασικός	[vasikós]
principal (adj)	κύριος	[kírios]
privado (adj)	ιδιωτικός	[iðiotikós]
provável (adj)	πιθανός	[piθanós]
próximo (adj)	κοντινός	[kondinós]
público (adj)	δημόσιος	[ðimósios]
quente (cálido)	ζεστός	[zestós]
quente (morno)	ζεστός	[zestós]
rápido (adj)	γρήγορος	[ɣríɣoros]
raro (adj)	σπάνιος	[spánios]
remoto, longínquo (adj)	μακρινός	[makrinós]
reto (linha ~a)	ευθύς	[efθís]
salgado (adj)	αλμυρός	[alʲmirós]
satisfeito (adj)	ικανοποιημένος	[ikanopiiménos]
seco (roupa ~a)	ξερός	[kserós]
seguinte (adj)	επόμενος	[epómenos]
seguro (não perigoso)	ασφαλής	[asfalís]
similar (adj)	παρόμοιος	[parómios]
simples (fácil)	απλός	[aplʲós]
soberbo, perfeito (adj)	υπέροχος	[ipéroxos]
sólido (parede ~a)	ανθεκτικός	[anθektikós]
sombrio (adj)	σκοτεινός	[skotinós]
sujo (adj)	λερωμένος	[leroménos]
superior (adj)	ο υψηλότερος	[o ipsilóteros]
suplementar (adj)	πρόσθετος	[prósθetos]
tranquilo (adj)	ήσυχος	[ísixos]
transparente (adj)	διαφανής	[ðiafanís]
triste (pessoa)	στεναχωρημένος	[stenaxoriménos]
triste (um ar ~)	θλιμμένος	[sliménos]
último (adj)	τελευταίος	[telaftéos]
úmido (adj)	υγρός	[iɣrós]
único (adj)	μοναδικός	[monaðikós]
usado (adj)	μεταχειρισμένος	[metaxirizménos]
vazio (meio ~)	άδειος	[áðios]
velho (adj)	παλιός	[paliós]
vizinho (adj)	γειτονικός	[jitonikós]

500 VERBOS PRINCIPAIS

252. Verbos A-B

abraçar (vt)	αγκαλιάζω	[angaliázo]
abrir (vt)	ανοίγω	[aníγo]
acalmar (vt)	ηρεμώ	[iremó]
acariciar (vt)	χαϊδεύω	[xaiδévo]

acenar (com a mão)	κουνάω	[kunáo]
acender (~ uma fogueira)	ανάβω	[anávo]
achar (vt)	νομίζω	[nomízo]
acompanhar (vt)	συνοδεύω	[sinoδévo]

aconselhar (vt)	συμβουλεύω	[simvulévo]
acordar, despertar (vt)	ξυπνάω	[ksipnáo]
acrescentar (vt)	προσθέτω	[prosθéto]
acusar (vt)	κατηγορώ	[katiγoró]

adestrar (vt)	εκπαιδεύω	[ekpeδévo]
adivinhar (vt)	μαντεύω	[mandévo]
admirar (vt)	θαυμάζω	[θavmázo]
adorar (~ fazer)	μου αρέσει	[mu arési]
advertir (vt)	προειδοποιώ	[proiδopió]

afirmar (vt)	ισχυρίζομαι	[isxirízome]
afogar-se (vr)	πνίγομαι	[pníγome]
afugentar (vt)	διώχνω	[δióxno]
agir (vi)	πράττω	[práto]

agitar, sacudir (vt)	ανακινώ	[anakinó]
agradecer (vt)	ευχαριστώ	[efxaristó]
ajudar (vt)	βοηθώ	[voiθó]
alcançar (objetivos)	πετυχαίνω	[petixéno]

alimentar (dar comida)	ταΐζω	[tézo]
almoçar (vi)	τρώω μεσημεριανό	[tróo mesimerianó]
alugar (~ o barco, etc.)	νοικιάζω	[nikiázo]
alugar (~ um apartamento)	νοικιάζω	[nikiázo]

amar (pessoa)	αγαπάω	[aγapáo]
amarrar (vt)	δένω	[δéno]
ameaçar (vt)	απειλώ	[apilió]
amputar (vt)	ακρωτηριάζω	[akrotiriázo]

anotar (escrever)	σημειώνω	[simióno]
anotar (escrever)	σημειώνω	[simióno]
anular, cancelar (vt)	ακυρώνω	[akiróno]
apagar (com apagador, etc.)	σβήνω	[zvíno]
apagar (um incêndio)	σβήνω	[zvíno]

apaixonar-se ...	ερωτεύομαι	[erotévome]
aparecer (vi)	εμφανίζομαι	[emfanízome]
aplaudir (vi)	χειροκροτώ	[xirokrotó]
apoiar (vt)	υποστηρίζω	[ipostirízo]
apontar para ...	στοχεύω σε ...	[stoxévo se]
apresentar (alguém a alguém)	συστήνω	[sistíno]
apresentar (Gostaria de ~)	συστήνω	[sistíno]
apressar (vt)	κάνω κάποιον να βιαστεί	[káno kápion na viastí]
apressar-se (vr)	βιάζομαι	[viázome]
aproximar-se (vr)	πλησιάζω	[plisiázo]
aquecer (vt)	ζεσταίνω	[zesténo]
arrancar (vt)	κόβω	[kóvo]
arranhar (vt)	γρατζουνίζω	[γradzunízo]
arrepender-se (vr)	λυπάμαι	[lipáme]
arriscar (vt)	ρισκάρω	[riskáro]
arrumar, limpar (vt)	τακτοποιώ	[taktopió]
aspirar a ...	επιθυμώ	[epiθimó]
assinar (vt)	υπογράφω	[ipoγráfo]
assistir (vt)	βοηθώ	[voiθó]
atacar (vt)	επιτίθεμαι	[epitíθeme]
atar (vt)	δένω	[δéno]
atracar (vi)	αράζω	[arázo]
aumentar (vi)	αυξάνομαι	[afksánome]
aumentar (vt)	αυξάνω	[afksáno]
avançar (vi)	προχωράω	[proxoráo]
avistar (vt)	βλέπω	[vlépo]
baixar (guindaste, etc.)	κατεβάζω	[katevázo]
barbear-se (vr)	ξυρίζομαι	[ksirízome]
basear-se (vr)	βασίζομαι	[vasízome]
bastar (vi)	φτάνω	[ftáno]
bater (à porta)	χτυπάω	[xtipáo]
bater (espancar)	χτυπάω	[xtipáo]
bater-se (vr)	παλεύω	[palévo]
beber, tomar (vt)	πίνω	[píno]
brilhar (vi)	λάμπω	[ljámbo]
brincar, jogar (vi, vt)	παίζω	[pézo]
buscar (vt)	ψάχνω	[psáxno]

253. Verbos C-D

caçar (vi)	κυνηγώ	[kiniγó]
calar-se (parar de falar)	σιωπώ	[siopó]
calcular (vt)	υπολογίζω	[ipoljojízo]
carregar (o caminhão, etc.)	φορτώνω	[fortóno]
carregar (uma arma)	γεμίζω	[jemízo]

casar-se (vr)	παντρεύομαι	[pandrévome]
casar (vt)	προκαλώ	[prokaľó]
cavar (vt)	σκάβω	[skávo]

ceder (não resistir)	υποχωρώ	[ipoxoró]
cegar, ofuscar (vt)	τυφλώνω	[tifľóno]
censurar (vt)	κατηγορώ	[katiγoró]
chamar (~ por socorro)	καλώ	[kaľó]

chamar (alguém para ...)	καλώ	[kaľó]
chegar (a algum lugar)	φτάνω	[ftáno]
chegar (vi)	φτάνω	[ftáno]
cheirar (~ uma flor)	μυρίζω	[mirízo]

cheirar (tem o cheiro)	μυρίζω	[mirízo]
chorar (vi)	κλαίω	[kléo]
citar (vt)	παραθέτω	[paraθéto]
colher (flores)	μαζεύω	[mazévo]

colocar (vt)	βάζω	[vázo]
combater (vi, vt)	μάχομαι	[máxome]
começar (vt)	αρχίζω	[arxízo]
comer (vt)	τρώω	[tróo]
comparar (vt)	συγκρίνω	[singríno]

compensar (vt)	αποζημιώνω	[apozimióno]
competir (vi)	ανταγωνίζομαι	[andaγonízome]
complicar (vt)	δυσκολεύω	[ðiskolévo]
compor (~ música)	συνθέτω	[sinθéto]

comportar-se (vr)	συμπεριφέρομαι	[siberiférome]
comprar (vt)	αγοράζω	[aγorázo]
comprometer (vt)	διακυβεύω	[ðiakivévo]
concentrar-se (vr)	συγκεντρώνομαι	[singendrónome]
concordar (dizer "sim")	συμφωνώ	[simfonó]

condecorar (dar medalha)	απονέμω	[aponémo]
confessar-se (vr)	ομολογώ	[omoľoγó]
confiar (vt)	εμπιστεύομαι	[embistévome]
confundir (equivocar-se)	μπερδεύω	[berðévo]
conhecer (vt)	γνωρίζω	[γnorízo]

conhecer-se (vr)	γνωρίζομαι	[γnorízome]
consertar (vt)	τακτοποιώ	[taktopió]
consultar ...	συμβουλεύομαι με ...	[simvulévome me]
contagiar-se com ...	μολύνομαι	[molínome]

contar (vt)	διηγούμαι	[ðiiγúme]
contar com ...	υπολογίζω σε ...	[ipoľoįízo se]
continuar (vt)	συνεχίζω	[sinexízo]
contratar (vt)	προσλαμβάνω	[prosľamváno]

controlar (vt)	ελέγχω	[elénxo]
convencer (vt)	πείθω	[píθo]
convidar (vt)	προσκαλώ	[proskaľó]
cooperar (vi)	συνεργάζομαι	[sinerγázome]

coordenar (vt)	συντονίζω	[sindonízo]
corar (vi)	κοκκινίζω	[kokinízo]
correr (vi)	τρέχω	[tréxo]
corrigir (~ um erro)	διορθώνω	[ðiorθóno]

cortar (com um machado)	αποκόβω	[apokóvo]
cortar (com uma faca)	κόβω	[kóvo]
cozinhar (vt)	μαγειρεύω	[majirévo]
crer (pensar)	πιστεύω	[pistévo]

criar (vt)	δημιουργώ	[ðimiurɣó]
cultivar (~ plantas)	καλλιεργώ	[kalierɣó]
cuspir (vi)	φτύνω	[ftíno]
custar (vt)	κοστίζω	[kostízo]

dar banho, lavar (vt)	λούζω	[lʲúzo]
datar (vi)	χρονολογούμαι από ...	[xronolʲoɣúme apó]
decidir (vt)	αποφασίζω	[apofasízo]
decorar (enfeitar)	στολίζω	[stolízo]

dedicar (vt)	αφιερώνω	[afieróno]
defender (vt)	υπερασπίζω	[iperaspízo]
defender-se (vr)	υπερασπίζομαι	[iperaspízome]
deixar (~ a mulher)	εγκαταλείπω	[engatalípo]

deixar (esquecer)	αφήνω	[afíno]
deixar (permitir)	επιτρέπω	[epitrépo]
deixar cair (vt)	ρίχνω	[ríxno]
denominar (vt)	ονομάζω	[onomázo]

denunciar (vt)	καταγγέλω	[katangélʲo]
depender de ...	εξαρτώμαι	[eksartóme]
derramar (~ líquido)	χύνω	[xíno]

desaparecer (vi)	εξαφανίζομαι	[eksafanízome]
desatar (vt)	λύνω	[líno]
desatracar (vi)	σαλπάρω	[salʲpáro]
descansar (um pouco)	ξεκουράζομαι	[ksekurázome]
descer (para baixo)	κατεβαίνω	[katevéno]

descobrir (novas terras)	ανακαλύπτω	[anakalípto]
descolar (avião)	απογειώνομαι	[apoɉiónome]
desculpar (vt)	συγχωρώ	[sinxoró]
desculpar-se (vr)	ζητώ συγνώμη	[zitó siɣnómi]

desejar (vt)	εύχομαι	[éfxome]
desempenhar (papel)	παίζω	[pézo]
desligar (vt)	σβήνω	[zvíno]
desprezar (vt)	περιφρονώ	[perifronó]

destruir (documentos, etc.)	καταστρέφω	[katastréfo]
dever (vi)	πρέπει	[prépi]
devolver (vt)	στέλνω πίσω	[stélʲno píso]
direcionar (vt)	κατευθύνω	[katefθíno]
dirigir (~ um carro)	οδηγώ αυτοκίνητο	[oðiɣó aftokínito]
dirigir (~ uma empresa)	διευθύνω	[ðiefθíno]

| dirigir-se (a um auditório, etc.) | απευθύνομαι | [apefθínome] |
| discutir (notícias, etc.) | συζητώ | [sizitó] |

disparar, atirar (vi)	πυροβολώ	[pirovolió]
distribuir (folhetos, etc.)	διανέμω	[ðianémo]
distribuir (vt)	διανέμω	[ðianémo]
divertir (vt)	διασκεδάζω	[ðiaskeðázo]

divertir-se (vr)	διασκεδάζω	[ðiaskeðázo]
dividir (mat.)	διαιρώ	[ðieró]
dizer (vt)	λέω	[léo]
dobrar (vt)	διπλασιάζω	[ðipliasiázo]
duvidar (vt)	αμφιβάλλω	[amfiválio]

254. Verbos E-J

elaborar (uma lista)	συντάσσω	[sindáso]
elevar-se acima de ...	υψώνομαι	[ipsónome]
eliminar (um obstáculo)	απομακρύνω	[apomakríno]
embrulhar (com papel)	τυλίγω	[tilíγo]

emergir (submarino)	αναδύομαι	[anaðíome]
emitir (~ cheiro)	διαχέω	[ðiaxéo]
empreender (vt)	αναλαμβάνω	[analiamváno]
empurrar (vt)	σπρώχνω	[spróxno]

encabeçar (vt)	ηγούμαι	[iγúme]
encher (~ a garrafa, etc.)	γεμίζω	[jemízo]
encontrar (achar)	βρίσκω	[vrísko]
enganar (vt)	εξαπατώ	[eksapató]

ensinar (vt)	διδάσκω	[ðiðásko]
entediar-se (vr)	βαριέμαι	[variéme]
entender (vt)	καταλαβαίνω	[katalavéno]
entrar (na sala, etc.)	μπαίνω	[béno]

enviar (uma carta)	στέλνω	[stélino]
equipar (vt)	εξοπλίζω	[eksoplízo]
errar (enganar-se)	κάνω λάθος	[káno liáθos]
escolher (vt)	επιλέγω	[epiléγo]

esconder (vt)	κρύβω	[krívo]
escrever (vt)	γράφω	[γráfo]
escutar (vt)	ακούω	[akúo]
escutar atrás da porta	κρυφακούω	[krifakúo]
esmagar (um inseto, etc.)	συνθλίβω	[sinθlívo]

esperar (aguardar)	περιμένω	[periméno]
esperar (contar com)	αναμένω	[anaméno]
esperar (ter esperança)	ελπίζω	[elipízo]
espreitar (vi)	κρυφοκοιτάζω	[krifokitázo]
esquecer (vt)	ξεχνάω	[ksexnáo]
estar	βρίσκομαι	[vrískome]

235

estar convencido	πείθομαι	[píθome]
estar deitado	ξαπλώνω	[ksapl'óno]
estar perplexo	απορώ	[aporó]
estar preocupado	ανησυχώ	[anisixó]
estar sentado	κάθομαι	[káθome]
estremecer (vi)	τρέμω	[trémo]
estudar (vt)	μελετάω	[meletáo]
evitar (~ o perigo)	αποφεύγω	[apofévγo]
examinar (~ uma proposta)	εξετάζω	[eksetázo]
exigir (vt)	απαιτώ	[apetó]
existir (vi)	υπάρχω	[ipárxo]
explicar (vt)	εξηγώ	[eksiγó]
expressar (vt)	εκφράζω	[ekfrázo]
expulsar (~ da escola, etc.)	αποβάλλω	[apovál'o]
facilitar (vt)	διευκολύνω	[ðiefkolíno]
falar com ...	μιλάω με ...	[mil'áo me]
faltar (a la escuela, etc.)	απουσιάζω	[apusiázo]
fascinar (vt)	μαγεύω	[maȷévo]
fatigar (vt)	κουράζω	[kurázo]
fazer (vt)	κάνω	[káno]
fazer lembrar	υπενθυμίζω	[ipenθimízo]
fazer piadas	αστειεύομαι	[astiévome]
fazer publicidade	διαφημίζω	[ðiafimízo]
fazer uma tentativa	προσπαθώ	[prospaθó]
fechar (vt)	κλείνω	[klíno]
felicitar (vt)	συγχαίρω	[sinxéro]
ficar cansado	κουράζομαι	[kurázome]
ficar em silêncio	σιωπώ	[siopó]
ficar pensativo	σκέφτομαι	[skéftome]
forçar (vt)	αναγκάζω	[anangázo]
formar (vt)	σχηματίζω	[sximatízo]
gabar-se (vr)	καυχιέμαι	[kafxiéme]
garantir (vt)	εγγυώμαι	[engióme]
gostar (apreciar)	μου αρέσει	[mu arési]
gritar (vi)	φωνάζω	[fonázo]
guardar (fotos, etc.)	φυλάω	[fil'áo]
guardar (no armário, etc.)	τακτοποιώ	[taktopió]
guerrear (vt)	πολεμώ	[polemó]
herdar (vt)	κληρονομώ	[klironomó]
iluminar (vt)	φωτίζω	[fotízo]
imaginar (vt)	φαντάζομαι	[fandázome]
imitar (vt)	μιμούμαι	[mimúme]
implorar (vt)	ικετεύω	[iketévo]
importar (vt)	εισάγω	[isáγo]
indicar (~ o caminho)	δείχνω	[ðíxno]
indignar-se (vr)	αγανακτώ	[aγanaktó]

infetar, contagiar (vt)	μολύνω	[molíno]
influenciar (vt)	επηρεάζω	[epireázo]
informar (~ a policia)	ειδοποιώ	[iðopió]

informar (vt)	πληροφορώ	[pliroforó]
informar-se (~ sobre)	ζητάω πληροφορίες	[zitáo pliroforíes]
inscrever (na lista)	καταχωρώ	[kataxoró]
inserir (vt)	εισάγω	[isáɣo]

insinuar (vt)	υπαινίσσομαι	[ipenísome]
insistir (vi)	επιμένω	[epiméno]
inspirar (vt)	εμπνέω	[embnéo]
instruir (ensinar)	διδάσκω	[ðiðásko]

insultar (vt)	προσβάλλω	[prozválʲo]
interessar (vt)	ενδιαφέρω	[enðiaféro]
interessar-se (vr)	ενδιαφέρομαι	[enðiaférome]
intervir (vi)	παρεμβαίνω	[paremvéno]
invejar (vt)	ζηλεύω	[zilévo]

inventar (vt)	εφευρίσκω	[efevrísko]
ir (a pé)	πηγαίνω	[pijéno]
ir (de carro, etc.)	πηγαίνω	[pijéno]
ir nadar	κάνω μπάνιο	[káno bánio]

ir para a cama	πηγαίνω για ύπνο	[pijéno ja ípno]
irritar (vt)	εκνευρίζω	[eknevrízo]
irritar-se (vr)	εκνευρίζομαι	[eknevrízome]
isolar (vt)	απομονώνω	[apomonóno]

jantar (vi)	τρώω βραδινό	[tróo vraðinó]
jogar, atirar (vt)	πετάω	[petáo]
juntar, unir (vt)	ενώνω	[enóno]
juntar-se a ...	ενώνομαι	[enónome]

255. Verbos L-P

lançar (novo projeto, etc.)	εκκινώ	[ekinó]
lavar (vt)	πλένω	[pléno]
lavar a roupa	πλένω	[pléno]
lavar-se (vr)	πλένομαι	[plénome]

lembrar (vt)	θυμάμαι	[θimáme]
ler (vt)	διαβάζω	[ðiavázo]
levantar-se (vr)	σηκώνομαι	[sikónome]
levar (ex. leva isso daqui)	παίρνω	[pérno]

libertar (cidade, etc.)	απελευθερώνω	[apelefθeróno]
ligar (~ o radio, etc.)	ανοίγω	[aníɣo]
limitar (vt)	περιορίζω	[periorízo]
limpar (eliminar sujeira)	καθαρίζω	[kaθarízo]
limpar (tirar o calcário, etc.)	καθαρίζω	[kaθarízo]
lisonjear (vt)	κολακεύω	[kolʲakévo]
livrar-se de ...	ξεφορτώνομαι	[ksefortónome]

lutar (combater)	πολεμώ	[polemó]
lutar (esporte)	παλεύω	[palévo]
marcar (com lápis, etc.)	σημειώνω	[simióno]
matar (vt)	σκοτώνω	[skotóno]
memorizar (vt)	απομνημονεύω	[apomnimonévo]
mencionar (vt)	αναφέρω	[anaféro]
mentir (vi)	ψεύδομαι	[psévðome]
merecer (vt)	αξίζω	[aksízo]
mergulhar (vi)	βουτάω	[vutáo]
misturar (vt)	ανακατεύω	[anakatévo]
morar (vt)	ζω, διαμένω	[zo], [ðiaméno]
mostrar (vt)	δείχνω	[ðíxno]
mover (vt)	μετακινώ	[metakinó]
mudar (modificar)	αλλάζω	[alʲázo]
multiplicar (mat.)	πολλαπλασιάζω	[polʲaplʲasiázo]
nadar (vi)	κολυμπώ	[kolibó]
negar (vt)	αρνούμαι	[arnúme]
negociar (vi)	διαπραγματεύομαι	[ðiapraɣmatévome]
nomear (função)	διορίζω	[ðiorízo]
obedecer (vt)	υπακούω	[ipakúo]
objetar (vt)	αντιλέγω	[andiléyo]
observar (vt)	παρατηρώ	[paratiró]
ofender (vt)	προσβάλλω	[prozválʲo]
olhar (vt)	κοιτάζω	[kitázo]
omitir (vt)	παραλείπω	[paralípo]
ordenar (mil.)	διατάζω	[ðiatázo]
organizar (evento, etc.)	διοργανώνω	[ðiorɣanóno]
ousar (vt)	τολμώ	[tolʲmó]
ouvir (vt)	ακούω	[akúo]
pagar (vt)	πληρώνω	[pliróno]
parar (para descansar)	σταματάω	[stamatáo]
parar, cessar (vt)	σταματώ	[stamató]
parecer-se (vr)	μοιάζω	[miázo]
participar (vi)	συμμετέχω	[simetéxo]
partir (~ para o estrangeiro)	φεύγω	[févɣo]
passar (vt)	περνάω	[pernáo]
passar a ferro	σιδερώνω	[siðeróno]
pecar (vi)	αμαρταίνω	[amarténo]
pedir (comida)	παραγγέλνω	[parangélʲno]
pedir (um favor, etc.)	ζητώ	[zitó]
pegar (tomar com a mão)	πιάνω	[piáno]
pegar (tomar)	παίρνω	[pérno]
pendurar (cortinas, etc.)	κρεμάω	[kremáo]
penetrar (vt)	διεισδύω	[ðiizðío]
pensar (vi, vt)	σκέφτομαι	[skéftome]
pentear-se (vr)	χτενίζομαι	[xtenízome]

perceber (ver)	παρατηρώ	[paratiró]
perder (o guarda-chuva, etc.)	χάνω	[xáno]

perdoar (vt)	συγχωρώ	[sinxoró]
permitir (vt)	επιτρέπω	[epitrépo]
pertencer a ...	ανήκω σε ...	[aníko se]
perturbar (vt)	ενοχλώ	[enoxlió]

pesar (ter o peso)	ζυγίζω	[zijízo]
pescar (vt)	ψαρεύω	[psarévo]
planejar (vt)	σχεδιάζω	[sxeðiázo]
poder (~ fazer algo)	μπορώ	[boró]

pôr (posicionar)	τοποθετώ	[topoθetó]
possuir (uma casa, etc.)	κατέχω	[katéxo]
predominar (vi, vt)	επικρατώ	[epikrató]
preferir (vt)	προτιμώ	[protimó]

preocupar (vt)	ανησυχώ	[anisixó]
preocupar-se (vr)	ανησυχώ	[anisixó]
preparar (vt)	προετοιμάζω	[proetimázo]
preservar (ex. ~ a paz)	διατηρώ	[ðiatiró]

prever (vt)	προβλέπω	[provlépo]
privar (vt)	αποστερώ	[aposteró]
proibir (vt)	απαγορεύω	[apayorévo]
projetar, criar (vt)	σχεδιάζω	[sxeðiázo]
prometer (vt)	υπόσχομαι	[ipósxome]

pronunciar (vt)	προφέρω	[proféro]
propor (vt)	προτείνω	[protíno]
proteger (a natureza)	προστατεύω	[prostatévo]
protestar (vi)	διαμαρτύρομαι	[ðiamartírome]

provar (~ a teoria, etc.)	αποδεικνύω	[apoðiknío]
provocar (vt)	προκαλώ	[prokalió]
punir, castigar (vt)	τιμωρώ	[timoró]
puxar (vt)	τραβάω	[traváo]

256. Verbos Q-Z

quebrar (vt)	σπάω	[spáo]
queimar (vt)	καίω	[kéo]
queixar-se (vr)	παραπονιέμαι	[paraponiéme]
querer (desejar)	θέλω	[θélio]

rachar-se (vr)	ραγίζω	[rajízo]
ralhar, repreender (vt)	μαλώνω	[malióno]
realizar (vt)	πραγματοποιώ	[praymatopió]
recomendar (vt)	προτείνω	[protíno]

reconhecer (identificar)	γνωρίζω	[ynorízo]
reconhecer (o erro)	παραδέχομαι	[paraðéxome]
recordar, lembrar (vt)	θυμάμαι	[θimáme]

239

recuperar-se (vr)	αναρρώνω	[anaróno]
recusar (~ alguém)	αρνούμαι	[arnúme]
reduzir (vt)	μειώνω	[mióno]
refazer (vt)	ξανακάνω	[ksanakáno]
reforçar (vt)	ενισχύω	[enisxío]
refrear (vt)	συγκρατώ	[singrató]
regar (plantas)	ποτίζω	[potízo]
remover (~ uma mancha)	απομακρύνω	[apomakríno]
reparar (vt)	επισκευάζω	[episkevázo]
repetir (dizer outra vez)	επαναλαμβάνω	[epanaIʲamváno]
reportar (vt)	αναφέρω	[anaféro]
reservar (~ um quarto)	κλείνω	[klíno]
resolver (o conflito)	διευθετώ	[ðiefθetó]
resolver (um problema)	λύνω	[líno]
respirar (vi)	αναπνέω	[anapnéo]
responder (vt)	απαντώ	[apandó]
rezar, orar (vi)	προσεύχομαι	[proséfxome]
rir (vi)	γελάω	[jelʲáo]
romper-se (corda, etc.)	σκίζομαι	[skízome]
roubar (vt)	κλέβω	[klévo]
saber (vt)	ξέρω	[kséro]
sair (~ de casa)	βγαίνω	[vjéno]
sair (ser publicado)	βγαίνω	[vjéno]
salvar (resgatar)	σώζω	[sózo]
satisfazer (vt)	ικανοποιώ	[ikanopió]
saudar (vt)	χαιρετώ	[xeretó]
secar (vt)	στεγνώνω	[steɣnóno]
seguir (~ alguém)	ακολουθώ	[akolʲuθó]
selecionar (vt)	επιλέγω	[epiléɣo]
semear (vt)	σπείρω	[spíro]
sentar-se (vr)	κάθομαι	[káθome]
sentenciar (vt)	καταδικάζω	[kataðikázo]
sentir (vt)	αισθάνομαι	[esθánome]
ser diferente	διαφέρω	[ðiaféro]
ser indispensável	χρειάζομαι	[xriázome]
ser necessário	χρειάζομαι	[xriázome]
ser preservado	διατηρούμαι	[ðiatirúme]
ser, estar	είμαι	[íme]
servir (restaurant, etc.)	εξυπηρετώ	[eksipiretó]
servir (roupa, caber)	ταιριάζω	[teriázo]
significar (palavra, etc.)	σημαίνω	[siméno]
significar (vt)	σημαίνω	[siméno]
simplificar (vt)	απλοποιώ	[aplʲopió]
sofrer (vt)	υποφέρω	[ipoféro]
sonhar (~ com)	ονειρεύομαι	[onirévome]
sonhar (ver sonhos)	ονειρεύομαι	[onirévome]

| soprar (vi) | φυσάω | [fisáo] |
| sorrir (vi) | χαμογελάω | [xamojel'áo] |

subestimar (vt)	υποτιμώ	[ipotimó]
sublinhar (vt)	υπογραμμίζω	[ipoɣramízo]
sujar-se (vr)	λερώνομαι	[lerónome]
superestimar (vt)	υπερτιμώ	[ipertimó]

supor (vt)	υποθέτω	[ipoθéto]
suportar (as dores)	αντέχω	[andéxo]
surpreender (vt)	εκπλήσσω	[ekplíso]
surpreender-se (vr)	εκπλήσσομαι	[ekplísome]

suspeitar (vt)	υποπτεύομαι	[ipoptévome]
suspirar (vi)	αναστενάζω	[anastenázo]
tentar (~ fazer)	προσπαθώ	[prospaθó]
ter (vt)	έχω	[éxo]

ter medo	φοβάμαι	[fováme]
terminar (vt)	τελειώνω	[telióno]
tirar (vt)	βγάζω	[vɣázo]
tirar cópias	κάνω αντίγραφα	[káno andíɣrafa]

tirar fotos, fotografar	φωτογραφίζω	[fotoɣrafízo]
tirar uma conclusão	συμπεραίνω	[siberéno]
tocar (com as mãos)	αγγίζω	[angízo]
tomar café da manhã	παίρνω πρωινό	[pérno proinó]

tomar emprestado	δανείζομαι	[ðanízome]
tornar-se (ex. ~ conhecido)	γίνομαι	[jínome]
trabalhar (vi)	δουλεύω	[ðulévo]
traduzir (vt)	μεταφράζω	[metafrázo]
transformar (vt)	μετατρέπω	[metatrépo]

tratar (a doença)	γιατρεύω	[jatrévo]
trazer (vt)	φέρνω	[férno]
treinar (vt)	προπονώ	[proponó]
treinar-se (vr)	προπονούμαι	[proponúme]
tremer (de frio)	τρέμω	[trémo]

trocar (vt)	ανταλλάσσω	[andal'áso]
trocar, mudar (vt)	αλλάζω	[al'ázo]
usar (uma palavra, etc.)	χρησιμοποιώ	[xrisimopió]
utilizar (vt)	χρησιμοποιώ	[xrisimopió]

vacinar (vt)	εμβολιάζω	[emvoliázo]
vender (vt)	πουλώ	[pul'ó]
verter (encher)	χύνω	[xíno]
vingar (vt)	εκδικούμαι	[ekðikúme]
virar (~ para a direita)	στρίβω	[strívo]

virar (pedra, etc.)	αναποδογυρίζω	[anapoðojirízo]
virar as costas	γυρίζω	[jirízo]
viver (vi)	ζω	[zo]
voar (vi)	πετάω	[petáo]
voltar (vi)	επιστρέφω	[epistréfo]

votar (vi)	ψηφίζω	[psifízo]
zangar (vt)	θυμώνω	[θimóno]
zangar-se com ...	θυμώνω	[θimóno]
zombar (vt)	κοροϊδεύω	[koroiðévo]

www.ingramcontent.com/pod-product-compliance
Lightning Source LLC
Chambersburg PA
CBHW062052080426
42734CB00012B/2621